결혼은 리얼리티다

결혼은 리얼리티다

결혼은 리얼리티다

초판 1쇄 인쇄 | 2011. 12. 7
초판 1쇄 발행 | 2011. 12. 14

편   자 | 이종의
펴낸이 | 이환호
펴낸곳 | 나무의꿈

등록번호 | 제 10-1812호
주 소 | 서울특별시 마포구 서교동 463-31 플러스빌딩 4층
전 화 | 02)332-4037 팩 스 | 02)332-4031

ISBN 978-89-91168-37-4   03180

* 잘못 만들어진 책은 구입처나 본사에서 교환해 드립니다.

결혼은 리얼리티다

이종의 지음

나무의 꿈

＊이 책의 부부 상담 사례는 당사자들의 허락을 얻어 실었다. 개인정보와 사생활 보호를 위해 이름은 모두 가명으로 처리하였다. 아픈 사연을 용기 있게 세상에 드러내신 여러분께 감사와 위로를 함께 전한다.

＊한국에니어마인드연구소 인터넷 카페 주소 홈페이지 http://www.enneamind.com
http://cafe.naver.com/enneagram119 네이버 카페 검색창에 '한국에니어그램마인드코치협회' 로 검색

머리말

우리는 죽는 날까지 사는 방법을 배워야 한다. 동시에 죽는 법도 배워야 한다.
-스콧 펙

나는 누구일까.

열 길 물속은 알아도 한 길 사람 속은 모른다는 말처럼, 우리는 자기 자신에 더해서 제대로 아는 바가 없어 자신과 갈등하며 하루하루를 고통 속에 살아간다. 언제나 쉽게 여겨지던 일이 어떤 때는 어렵게 느껴질 때가 있고 평소 별 문제 없던 일이 풀기 힘든 문제로 다가올 때가 있다. 그런 일이 일어나는 이유는 뭘까? 그건 내 속에 내가 너무도 많기 때문이다. 너무 많은 자신들이 내 속에서 싸우기 때문이다.

갈등이 어디 내 안에서만 국한되는 문제이던가. 인간이 겪는 대부분의 갈등은 나와 너 사이에 일어나는 관계의 갈등이다. 네가 나를 모르는데 난들 너를 알겠느냐, 라는 노랫가사처럼 우리는 서로를 모른 채 각자의 기준대로 행동하고 남을 판단하며 살아간다. 우리는 각자 생긴 대로 살면서 상대를 도무지 이해할 수 없다고, 또는 상대가 틀렸다고 아집을 부리기도 한다.

자기 자신과 남에 대해서 아무것도 모르면서, 거기다 제멋대로 판단하기까지 하는 게 우리의 모습인 것이다. 그런 우리의 삶에 어찌 사랑과 평화가 깃들 수 있겠는가. 갈등은 당연한 것이다.

여기, 연꽃과 선인장이 있다.

연꽃은 진흙에 심을 때 건강하게 자라서 꽃을 피운다. 반대로 선인장은 모래에 심을 때 잘 자란다. 그처럼 우리도 자신이 연꽃인지 선인장인지 알아야 한다. 그래야 자신에게 맞는 토양을 찾을 수가 있다.

또 여기, 소금이 있다. 배추에 소금을 뿌리면 숨이 죽고, 미역에 뿌리면 파릇파릇 생기가 난다. 그처럼 내가 갖는 관심과 사랑이 어떤 사람을 살려내기도 하고, 또 어떤 사람을 힘들게도 한다. 내가 연꽃인지 선인장인지 상대가 배추인지 미역인지를 제대로 알고 그에 맞는 사랑과 관심을 주는 것, 바로 그것이 갈등을 푸는 첫걸음이다.

연꽃이나 선인장처럼 우리 내면에 흐르고 있는 성격적 기질은 각각 다르다. 이 기질적 특성은 모든 삶의 현장에서 그대로 나타난다. 생긴 형태에서 나타나고 표정에서 나타나고 사람의 말, 행동, 가치관에 지대한 영향을 끼치는 것이다. 우리는 이 기질을 제대로 알았을 때 우리 삶을 성공적으로 이끌 수가 있고 무엇보다 자기 삶의 진정한 주인이 될 수 있다.

나를 주인으로 이끌고 성공으로 이끌 수 있는 리얼리티 프로그램이 있다. 다름 아닌 에니어그램이다. 에니어그램은 고대의 전통철학이며 나와 인간관계를 심도 있는 통찰과 정연한 논리로 풀어낸 인간 성찰학이다.

에니어그램을 한 마디로 정의하면 "나와 너를 알고 있는 그대로 이해하며 그대로 받아들여 주는 것"이다. 이것이 자신과 이웃을 사랑하는 첫걸음이 되는 것이다.

　우리에게는 남과 차별되는 각자의 잠재능력이 있다. 내 기질적 특성을 제대로 알았을 때 잠재능력을 올곧게 개발할 수 있고 통합적인 성장으로 나를 이끌 수가 있다. 이것이 에니어그램이 우리에게 주는 가장 큰 선물이다.

　에니어그램을 처음 만났을 때, 그때의 전율을 나는 아직도 잊을 수 없다.

　어떻게 나보다 나를 더 잘 아는 것이 존재할 수 있을까. 왜 진즉에 이걸 몰라 그토록 고생을 했을까.

　나는 누가 시킨 것도 아닌데 내가 원하는 것을 이루기 위해 앞만 보고 달려왔다. 주위를 둘러보지 않았기에 나는 가족들이 뭘 원하는지 몰랐고 내 자신이 누구인지조차 몰랐다. 결국 갈등이 싹 트는 것은 당연한 일이었다.

　힘든 시기를 보낼 무렵, 마치 구원처럼 내게 다가온 것이 바로 에니어그램이었다. 잠시 숨을 고른 후 마음먹고 에니어그램을 공부하기 시작했다. 나에 대해 알아가면 갈수록 나는 수많은 눈물을 흘렸다.

　오직 에니어그램만이 아무도 알아보지 못하는 나를 알아주었을 때의 그 위안과 감격이란! 나조차도 몰랐던 내 속의 진실을 깨달았을 때, 묵은 갈등의 원인이 사실은 나에게 비롯되었다는 것을 알았을 때, 나는 진실로 후회와 반성을 넘어 진짜 나를 알아가고 이해하고 받아들이는 감동을 맛보았다.

　하지만 그 길이 결코 평탄하지만은 않았다. 에니어그램은 보고 싶지 않은 나와 인정하고 싶지 않은 나를 똑바로 쳐다보라며 밀어부칠 때도 있었다. 도무지 뚫리지 않는 내 안의 벽과 부딪혔을 때의 그 답답함이란, 그리고 문득문득 찾아오는 회의감 속 막막함이란 또한 이루 말할 수 없다. 그래도 나는 굴하지 않고 계속 앞으로 나아갔다.

내가 에니어그램을 공부한 지 15년의 세월이 흘렀다. 처음엔 에니어그램이란 용어가 굉장히 생소하여 애니메이션과 혼동을 일으키기도 했다.

나는 그 생소한 분야를 사람들에게 알리면서 나의 잠재력이 사람들을 가르치고 강의하는 데 있다는 사실을 깨달았다. 훌륭한 강의를 위해서 나는 쉴 새 없이 공부하고, 나를 필요로 하는 곳이면 주저 없이 달려갔다. 그리고 사람 때문에 고민하는 사람들과 만나 그들을 위로하고 상담해왔다. 나는 지금 나를 '에니어그램의 전도사' 라고 부르고 있다.

이 책은 그동안 나의 공부와 강의 그리고 상담을 기초로 엮은 에니어그램 이야기이다.

요즈음 에니어그램에 관한 책은 대체로 이론서 형태의 번역서가 주종을 이루고 있다. 그러기에 이 책에서는 이론으로 파고드는 접근은 피하고, 삶의 이야기 형태로 편하게 접근하고자 한다. 에니어그램은 지식과 이론이 아니고 삶의 과정이기 때문이다.

삶의 통찰인 에니어그램은 직장, 가정, 학교, 종교단체, 상담기관 등 여러 곳에서 적용될 수 있는데 이 책에서는 특히 결혼과 부부생활관계에 초점을 맞추었다. 가화만사성(家和萬事成)이란 말처럼 집안이 화목하고 부부의 금실이 좋아야 모든 일이 잘 풀리는 법이기에 무엇보다 먼저 부부에게 관심을 둔 것이다.

책은 크게 에니어그램에 대한 기초이론과 실제상담으로 구성되어 있다. 1장과 2장에서는 세 가지 힘의 중심과 아홉 가지 유형에 대한 이론을 최대한 알기 쉽게 설명하려고 했다. 기초이론에다 15년 넘게 강의와 상담을 해오며 만난 여러 사람들의 이야기를 더한 이 장들은 내 이웃의 모습에서 공통된 나의 모습을 찾아내 자신의 유형을 발견하는 데 도움을 줄 것이다.

3장은 30년 동안의 결혼생활에서 겪고 느낀 남녀의 차이와 결혼에 대한 나의 단상을 정리했다. 그리고 4장과 5장은 실제 부부들이 겪은 갈등과 그 해결책을 모색한 상담의 장들이다. 4장은 아직은 평탄한 상황이지만 내버려두면 큰 화를 부를 수 있는 부부 갈등의 실제사례와 해결책을 모았고, 5장은 일반 상황을 넘어 이미 이혼과 별거의 위기에 처한 부부들을 위한 사례와 해결책을 제시하였다.

마지막 6장은 에니어그램으로 분석해본 영화에 관한 장들이다. 각 유형의 인물들이 삶에서 어떠한 역동을 일으키는지 영화를 통하여 리얼하게 간접경험을 할 수 있다.

에니어그램에 대해 공부하면 사람은 물론이고 영화, 드라마, 책을 보는 시선 등 세상을 보는 안목이 달라진다. 모든 우주의 이치에는 에니어그램이 담겨 있고, 모든 현상은 에니어그램으로 설명될 수 있다는 이바노비치 구루지예프*의 이야기를 실감할 수 있게 된다.

내게 에니어그램을 처음 알려준 분은 예수성심 전교수도회의 황지연 요한 신부님이시다. 수도회 소속이라 세속과의 인연을 최소화하며 살아가는 분이지간, 나와 인연이 닿아 큰 가르침을 전해준 분이시다. 신부님은 외국에서 동부하고 한국에 에니어그램을 전한 소수의 분들 중 한 명이며, 배포

---

* 이바노비치 구루지예프(George Ivanovich Gurdjieff, 1872~1949): 비전되던 에니어그램을 세상에
  처음 소개한 러시아의 영성가)

가 남달리 커서 자신의 지식을 널리 전수하는 데 전혀 인색하지 않은 분이시다. 나 또한 그분의 넓은 사랑으로 에니어그램을 접할 수 있었다. 신부님께서는 당신은 에니어그램을 이 땅에 처음 전하는 역할이고, 나는 에니어그램을 이 땅에 널리 전파하는 역할이라고 말씀하셨다. 내가 '에니어그램의 전도사'가 될 수 있었던 것도 신부님의 그와 같은 격려 덕분이었다.

책을 내며 무엇보다 황지연 신부님께 감사드린다. 그분이 없으셨다면 나는 이렇게 변하지도 못했고 이 책도 나오지 못했을 것이다.

30년간 참고 살아준 나의 남편에게도 감사한다. 남편은 처음에는 종갓집 며느리인 내가 강의활동을 할 때 반대했지만, 이제는 누구보다도 든든한 후원자로 나를 지켜봐주고 있다. 태어나준 것만으로 감사한 나의 아들 딸들에게도 다시 한 번 사랑을 전한다.

한국에니어마인드연구소의 연구원들과 함께 늦도록 영화를 보면서 유형 분석에 도움을 주고, 상담의 길을 안내해 준 이야기치료의 대가 김번영 교수님(목사)과 나에게 많은 사례를 제공해준 카톨릭대학교 교육대학원의 제자들에게도 두 손 모아 감사를 드린다. 그리고 나를 부모교육 강사로 길러주고 교육의 장을 마련해준 KACE(한국지역사회교육협의회)에 특별한 감사를 드린다. 나는 전국에 소재한 각 지역의 KACE를 통하여 수많은 학부모들에게 마음의 씨앗을 심어줄 수가 있었다.

끝으로 나의 강의를 들어주신 전국의 모든 분들, 내게 상담을 청해온 분들께 감사와 함께 이 책을 통해 힘찬 에너지를 전해주고 싶다.

이 땅에 에니어그램이 널리 전파되길 바라며,

당신이 자신의 감옥에서 해방되어 자유롭기를 바라며,

그 감옥을 열 열쇠가 에니어그램이길 바라며,

당신이 진정한 자신과 만나는 감동을 바라며,
타인을 이해와 연민으로 끌어안기를 바라며,
그래서 당신은 그 누구도 아닌 진정한 당신 자신이 되길 바라며,

알고 이해하고 받아들이기를.

한국에니어마인드연구소 소장 이종의 씀.

추천사

저는 가톨릭 신앙을 가진 조용한 집안에서 단조롭게 살다가 수도원에 들어와서 인간이 참 다양한 성격을 가지고 산다는 것을 알았습니다. 그 다양한 종류의 성격이 어디에 뿌리를 내리고 있는지 궁금하던 차에 에니어그램을 알게 되었고 거기서 일부 해답을 찾았습니다. 많은 사람이 종교 생활을 하고 있지만 현실적으로는 별반 달라지는 것이 없는 이유도 에니어그램을 알고 이해가 되었습니다.

이종의 선생님과는 1990년대 중반에 수도원에서 처음으로 만나게 되었습니다. 학구열이 많고 삶에 대한 열정이 강해서 에니어그램을 통해서 하느님과 일치하는 삶을 살아보시라고 권했는데 흔쾌히 받아들이셨습니다.

15년을 넘게 이 분야에 투신하면서 하느님께 대한 자신의 신앙을 완성시켜 나가는 이종의 선생님의 모습을 보면서 에니어그램이 삶의 전부는 아니지만, 자신의 성격에서 자유로워지고 삶에서 깊은 신앙으로 연결해주는 매개체 역할은 확실히 증명이 되었습니다. 처음 수도회에서 만나 면담시간에 "신부님. 미사참례도 빠지지 않고 단체에서 임원 봉사도 하면서 열심히 신앙생활을 하는데 충분한 만족과 행복이 없습니다. 신앙심이 부족한 듯하여 죄책감이 듭니다"라고 고백하던 모습이 떠오릅니다. 그때 "신앙생활은 꼭 교회 안에서 교회적 활동만을 이야기하지 않습니다. 사회에서 여러 사람을 만나면서 그들의 마음에 성령의 씨앗을 싹틔워주는 것 또한 좋은 신앙 활동입니다. 좋은 역할을 할 수 있을 겁니다."

그 후 이종의 선생님은 누구보다도 열심히 에니어그램을 공부하셨고 삶으로 실천하면서 많은 사람들에게 전파하기 시작하였습니다. 의문이 있을 때마다 간간히 저에게 지도를 청하면서 왜곡시키지 않으려는 진지한 태도를 만날 수 있었습니다.

이 선생님은 2004년 3월 한국에니어마인드연구소를 개소하여 매년 전문강사를 배출하고, 연구원들과 함께 보급과 연구, 후속모임, 수련지도 등을 하는 것으로 알고 있습니다. 지역사회강의와 기업체교육, 카톨릭대학교 교육대학원 출강, 교사연수 등. 누구보다도 활발히 에니어그램을 전파하는 사람이라고 말할 수 있습니다.

이 책은 한국에서 직접 에니어그램을 오랫동안 강의하고 상담하면서 체험을 통해 쓴 가장 최초의 책이라고 생각합니다. 살아 있는 사례 등이 갈등에 빠져 있는 사람들에게는 해결의 실마리를 제공할 것이고, 잘 지내고 있는 모든 이들에게는 갈등을 예방하는 지혜가 될 것입니다.

특히 사회적으로 큰 문제가 되고 있는 부부의 갈등을 에니어그램을 통해 해소할 수 있는 사례를 든 점은 큰 의미가 있다고 생각합니다.

많은 분들이 이 책을 통해서 자기라는 성격의 감옥에서 해방되고 삶의 새로운 장을 맞이하시기 바라며, 끝으로 한국에니어마인드연구소의 무궁한 발전을 기원합니다.

2011년 9월 황지연 신부(예수성심전교수도회)

추천사

"인생에서 가장 중요한 일은 누군가를 사랑하고 사랑받는 것이요, 나머지는 전부 배경 음악이다."라고 정호승 시인은 말합니다.

사람은 소중합니다. 사람은 사랑받고 사랑하며 살아가는 존재입니다. 사람은 사랑의 대상이지 믿음의 대상도 존경의 대상도 두려움의 대상도 아닙니다.

우리는 세상을 떠나 하나님 앞에 서면 두 가지 질문에 답해야 한다고 합니다. 하나는 "네가 인생을 살아가면서 얼마나 감사하며 기뻐하며 살았느냐"이고, 또 다른 하나는 "네가 인생을 살아가면서 만난 사람들을 얼마나 사랑하며 살았느냐"입니다. 우리는 이 세상에 살면서 이 질문에 늘 답할 준비를 하며 살아가고 있습니다. 내 삶을 성공적으로 이끄는 사람은 바로 나 자신이기 때문입니다.

에니어그램에서는 어느 유형과의 관계이건 사랑하고자 한다면 어울리지 않는 사람이 없다고 말합니다. 인간의 부정성을 통해 인간의 진실을 찾아, 나의 발목을 잡은 부정성이 나를 성장시키는 긍정성으로 변화할 때 나는 성장한다고 말합니다. 이때 타고난 나를 교육받은 나로 감추면서 진실을 외면하게 되면 내 안에 갈등을 불러 일으키게 됩니다.

이 책은 어떤 유형도 더 우월하거나 열등하지 않다고 말합니다. 어느 유형이든지 유형의 근원적인 문제를 극복하면 가장 훌륭한 강점이 될 수 있음을 보여줍니다. 내 유형은 하나님이 이 땅에 태어날 때 나에게 준 소명이기 때문에 나의 유형이 무엇인지 알아야 그 소명을 완수할 수 있다고 합니다.

나와 남을 아는 지혜가 에니어그램의 지혜입니다. 나와 너를 알고 받아들이는 것이 에니어그램의 목적이고, 삶에서 의식을 붙잡고 깨어 있는 수련과 함께 가야 에니어그램이 내 안에서 완성됨을 강조합니다.

사람은 불안전하고 복잡한 존재이나, 온전한 인간으로 가기 위해 노력합니다. 죽을때까지 나를 찾는 여정은 계속될 것입니다.

세상은 내가 갖고 있는 잣대만이 기준이 될 수 없다는 것을 받아들이고, 있는 존재 모두가 완전함의 가치가 있다는 것을 수용할 때 인간관계는 유연하게 살아날 수 있음을 이 책은 보여줍니다.

특히 제 5장에서 결혼은 로맨스가 아니고 리얼리티고, 행복의 리얼리티가 아니고 갈등의 리얼리티임을 저자가 현장에서 만난 다양한 사례들을 통해 실감나게 그려냅니다. 결혼은 자신밖에 모르는 아이 마음을 가졌던 두 성인이 만나 갈등하고 풀어가면서 어른이 되어가는 과정임을 이 책은 보여줍니다.

제 6장에서 벼랑 끝에선 위기의 부부들의 절박하고 다양한 이야기 사례는 마음을 안타깝게 합니다. 존중하지 않고 신뢰하지 않는 결혼생활, 대접하기

보다는 대접받기만 원하는 결혼생활, 사랑하기보다는 사랑받기만 원하는 결혼생활, 한 방향을 보고 함께 가기보다는 마주보고 기대하기만 한 결혼생활이 얼마나 힘들고 어려운 과정인가를 잘 보여줍니다.

부부는 한 마디 잔소리보다 한 번의 눈맞춤을, 한 번의 손찌검보다 한 번의 포옹을, 통제하고 지배하는 말투보다 칭찬과 사랑의 말을 먼저 건넬 때 행복한 결혼 생활을 영위할 수 있음을 깨닫게 해줍니다. 상대에게 유익한 것이 결국 자신에게 유익한 행위임을 알게 합니다.

제7장 에니어그램으로 본 영화에서는 저자는 에니어그램 전문가답게 분석적으로 섬세하게 그 유형을 찾아내 읽는 동안 압축된 영화를 보는 듯이 빠져들게 합니다. 에니어그램을 알게 되면 영화를 보는 태도도 달라지겠구나 생각됩니다.

이 책은 에니어그램의 이론과 실제 사례가 적절한 비율로 구성되어 있어 이해가 쉽고 무엇보다 막힘없이 술술 읽게 되어 한번 잡으면 놓게 되질 못합니다. 스토리텔링 방식으로 에니어그램이 삶의 과정임을 보여줍니다.
이 책을 통해 다양한 유형의 사람들의 사례를 만남으로서 세상을 이해하고 어떤 유형의 사람들을 만나도 잘 살아갈 것 같습니다.

아직도 내 배우자가 누군지 모르는 사람들, 결혼을 앞둔 예비부부들, 아직 신혼의 달콤함에 빠져 있는 신혼부부들, 이젠 서로 지겨워져 그래서 서로에게 무심한 채 살아가는 중년부부들, 서로에게 기대기만 하는 서로에게 바라기만 하는 노년부부들, 서로에게 최선을 다하며 매일매일 행복한 결혼생활을 위해 함께 노력하는 성실한 부부들에게 이 책을 권합니다.

15년 동안 에니어그램을 공부하고 에니어그램을 전파하기 위해 스스로를 에니어그램 전도사로 부르는 저자의 그 동안의 삶이 이 책에 녹아 있음이 읽는 사람에게 감동을 주기에 충분합니다.

그 수고와 노력에 힘찬 박수를 보냅니다.

(재)한국지역사회교육연구원 이사장 주성민

고대의 지혜와 현대 심리학이 통합된 에니어그램은 인간을 심도 있게 이해하고, 성격을 개발할 수 있는 인류 최고의 프레임워크이다.

에니어그램은 인간과 관련된 다양한 문제를 해결할 수 있는 강력한 도구로서 성장, 치유 및 영성 회복까지 도움을 줄 수 있다.

이 책은 결혼이라는 삶의 핵심적인 주제를 에니어그램이라는 커다란 맥락에서 풀어낸 지침서이다. 뿐만 아니라 사례, 영화, 이론적 개념을 조화롭게 구조화하여 에니어그램의 본질을 이해하고, 아홉 가지 성격 유형의 특징을 심도 있게 이해하고, 부부 생활에 도움을 줄 수 있는 탁월한 책이다.

이 책은 교사, 상담가, 치유 및 치료자, 트레이너 등 인간의 성장과 치유에 관련된 모든 사람들은 물론이고 예비 부부, 부부와 같은 일반 독자들도 반드시 읽어야 할 필독서이다.

한국에니어그램협회 회장 김환영(교육학 박사)

목차

제4장 결혼은 리얼리티다

제5장 어떻게 만난 인연인데! 애인으로 살래? 원수로 살래?

–이종의 소장의 부부 상담실 1 (우리 이웃들의 이야기)

제1장

에니어그램과 결혼

에니어그램이란 무엇인가

내가 무엇을 먹는지는 알지만 무슨 짓을 하는지는 모른다.
–살바도르 달리

●→ 개요

에니어그램이란 말은 에니어(ennea, 9, 아홉)와 그램(gram, 점, 무게)의 합성어이다. 그램의 어원은 그라모스(grmmos, 그림)로, 에니어그램은 아홉 개의 점으로 이루어진 그림이라는 뜻을 갖고 있다. 에니어그램에 의하면 인간에게는 아홉 가지 성격 유형이 있고 그중 하나를 갖고 태어난다고 한다. 인간은 태

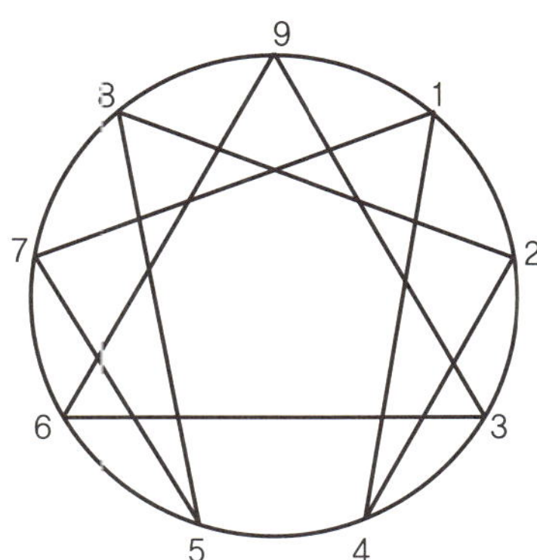

초의 완전함(본질)을 잃게 되면서 죽음을 맞고, 죽음의 두려움에서 벗어나기 위해 각 유형이 부여받은 소명을 이루려 한다.

인간은 냉혹한 현실에서 소명을 이루기 위해 강박적으로 집착을 발전시킨다. 이러한 집착은 선물인 동시에 재앙이 될 수 있다. 에니어그램은 나를 부정적으로 움직이게 하는 집착을 찾아내어 극복하게 함으로써, 본질을 회복하여 성숙한 삶으로 이끄는 성찰을 위한 공부이다.

●→ 에니어그램의 역사

에니어그램은 기원전 2,500년 고대 근동 지방(바빌론 또는 아프가니스탄 일대)에서 시작된 것으로 추정된다. 근동 지역을 중심으로 퍼진 에니어그램은 서양 철학과 서양 종교와 밀접한 연관관계를 이루면서 소수의 사람들에게만 비전되어 왔고 은둔수행자들인 이슬람 수피들에게도 비밀리에 전승되면서 인간과 신을 만나는 영적 도구의 역할을 했다.

5,000년 이상 숨겨져 있던 에니어그램이 세상에 드러나게 된 것은 20세기에 들어 러시아의 영적 스승인 구르지예프가 수피들을 만나서부터였다. 이후 종교가, 영성가, 정신의학자, 심리학자 등 인간의 마음을 연구하고 신을 탐구하는 사람들은 바로 그것의 우수성을 깨달았다. 그들에 의해 에니어그램은 영성의 도구가 되기도 하고, 의학과 심리학에 접목되기도 하면서 현대적으로 발전하기 시작했다. 전 세계에 널리 퍼진 에니어그램은 이제 종교와 심리학의 영역을 넘어 인간관계, 심리치료, 상담, 팀워크 훈련, 경영이론, 자녀교육, 자기계발 등 여러 분야에 활용되며 내면의 성장을 돕고 있다.

에니어그램의 상징은 세 도형이 통합되어서 만들어졌다. 각각에는 고유의 의미가 있다.

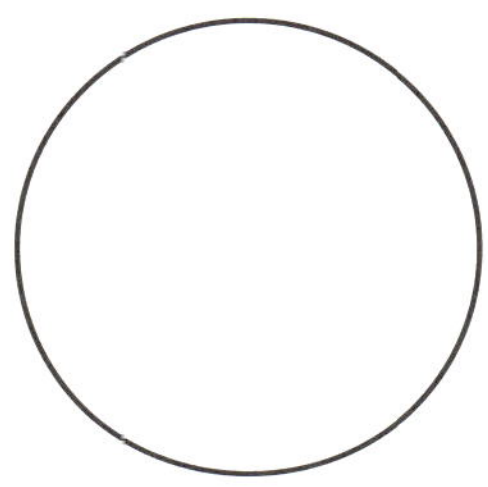

원(통합, 완성): 우주의 만다라. 완전함, 본질, 신과의 일치 되고자 하는 것.

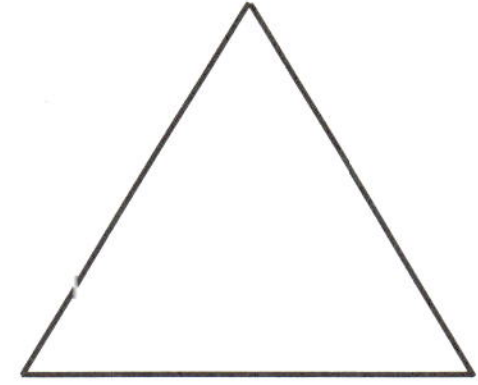

삼각형(조화, 균형): 우주의 중심이 되는 세 가지 기운. 그것이 조화와 균형을 이루면서 완성으로 가려는 지향점을 갖고 있다. 1은 머리(지적인 영역), 2는 심장(천체의 영역), 3은 배와 생식기(원소의 세계)에 해당한다. 세상을 살려는 욕망은 결국 잘살고 싶다는 욕망이며 바로 원으로 가려는 지향이다. 그러기 위해서 내가 가진 기운을 조화, 균형 있게 잘 써야 한다. 구르지예프는 이것을 3의 원칙*이라고 말한다. 다리가 셋인 것은 어디에도 세울 수 있다. 카메라의 다리처럼.

---

*3의 원칙: 크리스트교의 성부·성자·성령, 불교의 불·법·승, 유교의 천·지·인, 여자·남자·아이, 지·덕·체 등처럼 3의 원칙은 서양과 동양을 막론하고 어디에나 적용되고 있다.

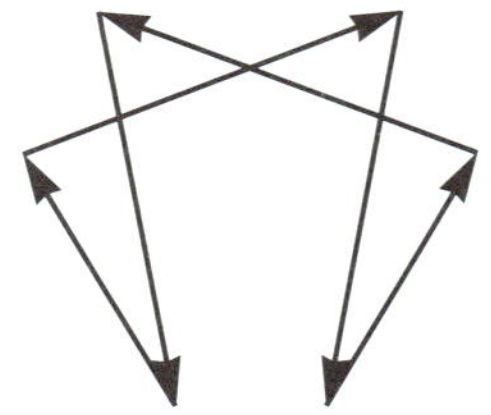

헥사드(변화): 우주 기운의 역동을 의미한다.

헥사드의 화살표는 내 의식의 움직임이다. 건강할 때, 건강하지 못할 때 의식이 흘러 들어가는 방향을 말하기도 한다. 모든 존재하는 것은 끊임없이 움직이고 역동하면서 변화하려는 추구를 지녔다. 노력 여부에 따라 건강하게 변하면서 완성으로 가고 노력을 제대로 안 하면 완성되지 않는 인간이 된다.

⟶ 나를 찾는 방법

에니어그램은 첫 번째 목표는 나의 진짜 모습을 찾는 것이다. 내가 누구인지 정확히 알고 있는 탄탄한 자기 인식 위에서 남이 누구인지도 공부할 수 있다. 그러나 진짜 내 모습을 찾는 게 쉽지만은 않다. 아홉 가지 유형이 우리 안에 조금씩 존재하고 있기 때문에 어떤 것이 진짜 나인지 분간이 안 될 수도 있고 또 나의 진짜 모습을 보는 데 스스로 두려워하는 경우도 있다. 에니어그램을 통해 나를 찾는 과정에서 몇 가지 유념해야 할 사항이 있다. 이는 나를 찾는 정확한 방법이기도 하고, 에니어그램을 제대로 공부하기 위한 방법이기도 하다.

– 자신의 성격 유형은 반드시 자기가 찾아야 한다.

자기 자신은 자신이 제일 잘 안다. 남이 지정해준 모습으로 살 필요도 없고, 내가 내 모습대로 사는 데 남에게 승인을 받을 필요도 없다. 있는 그대로의 나를 직접 찾는 게 나대로 사는 첫 걸음이다.

–유형을 찾을 때는 성격의 '부정적인 면'을 가지고 찾아가자.

양의 탈을 쓰고 있는 내 안의 늑대를 보자.

–그러기 위해서는 자신의 부정적인 모습을 인정할 수 있는 '용기'와 '정직성'이 반드시 필요하다.

– 외견상 똑같은 행동을 할 때도 그 '행동의 동기'가 무엇이냐를 분별해야 한다.

행동이 같더라도 그 뿌리는 사람마다 다르다. 일중독도 어떤 사람은 완벽 때문에 걸리고, 어떤 사람은 남보다 먼저 성공하고 싶어서, 어떤 사람은 일이 잘못되면 어쩌나 하는 걱정 때문에 걸린다. 그래서 그 뿌리, 즉 동기를 봐야만 진정한 내 모습을 찾을 수 있다. 쉽지 않지만 내 행동을 꾸준히 관찰하다보면 언젠가는 알 수 있다.

–어떤 번호도 다른 번호보다 더 '우월'하거나 '열등'하지 않다.

에니어그램의 아홉 가지 성격은 내가 선택한 것이 아니다. 태어나면서 저절로 가진 것, 즉 절대자가 나에게 준 소명이다.

–자신이 지니고 태어난 소명이기에 건강하게 활용하는 것이 중요하다.

나 그대로 살기에는 문화가 주는 거북함이 있고 여자라서 남자라서 주는 거북함이 있다. 그런 것 때문에 방해받을 거면 에니어그램을 공부할 필요가 없다. 있는 그대로의 나를 내 안의 특징과 재능을 받아들이면서 살아보자.

하나의 성향에는 빛과 그림자, 즉 긍정성과 부정성의 양면성이 존재한다. 에니어그램은 긍정성과 부정성 중에 인간의 부정성을 통해 인간의 진실을 찾아간다. 왜냐하면 그 부정성에 나의 집착과 욕망이 묻어 있기 때문에 긍정성일 때보다 더 나를 잘 알 수가 있다. 하지만 부정성은 듣고 싶지 않고, 보고 싶지 않은 내 모습이다. 그 모습을 용기와 정직으로 인정하면 부정성은 그 때부터는 긍정성으로 변모하기 시작한다. 나의 발목을 잡는 부정성이 나를 성장시키는 긍정성으로 변화할 때 나는 성장하고 거룩해질 수 있다.

● Many I에서 Real I로

1자에서 9자 중 못 고치는 숫자가 있다.

바로 8자, 팔자인 것이다. 8은 바로 써도 바꿔 써도 8자라서 변하지 않는다. 그리고 우리는 "아이고, 내 팔자야." 하며 탄식하고 "팔자인 걸 어떡하냐." 하며 팔자는 타고나서 고칠 수 없다고 여긴다. 하지만 사람 팔자를 진짜 못 고칠까? 아니다. 노력하면 얼마든 고칠 수 있는 게 팔자다.

쳇바퀴를 도는 다람쥐는 백년 전이나 지금이나 똑같은 팔자다. 그네들은 불쌍하게도 자신의 팔자를 바꿀 방법이 없다. 생존만이 존재할 뿐이다. 하지만 인간은 백년 전과 지금을 비교해 보면 엄청난 변화와 발전을 거듭해왔다. 그렇다면 다람쥐와 인간의 가장 큰 차이는 뭘까? 인간은 어떠한 자극에 생각하고 판단하여 행동을 선택할 수 있다는 것이다. 각자의 결단에 변화하려는 의지가 있느냐 없느냐에 따라 인간의 팔자는 얼마든지 달라지게 된다.

인간을 이성적인 동물이라고는 하나 우리 역시 판단하고 결정할 때 너무나 힘든 과정을 겪는다. 그 이유는 앞서 말했듯이 내 속에 내가 너무도 많기 때문이다. 그래서 어제는 이 일에 오늘은 저 일에 시달리고 사는 것이다. 심리학에서는 이걸 Many I(I)라고 한다. 너무나도 많은 나. 에니어그램에서 가장 중요한 사안은 Many I에서 진짜 나 Real I(I)를 만나는 것이다. 내 안의 진짜 나를 만나기 위해, Many I에서 Real I로 가기 위해 에니어그램은 존재한다.

● 양의 탈을 쓴 늑대

우리는 모두 양의 탈을 쓰고 있다. 우리 안에는 모두 늑대가 있다. 의식이 높은 사람일수록 늑대를 자꾸 만나려고 하고 그걸 인정한다. 그걸 모르는 사람은 "나는 늑대가 아니야, 나는 양이야."라며 자신이 양이라고 우기며 남들에게 인정받고 싶어한다. 에니어그램은 내 안의 늑대를 만나려고 하는 것이다. 늑대를 제대로 알아야 그로부터 벗어나 속과 겉이 같은 양이 될 수 있기 때문이다. 그 길을 안내하는 것이 바로 에니어그램이다.

● 에니어그램과 수련

에니어그램을 공부하다 보면 자연스럽게 자아를 발견하게 되고 자기를 이해하게 된다. 그러면 자신에 대한 측은한 마음이 일어나면서 스스로를 용서할 수 있게 된다. 이웃을 이해하는 데에도 마찬가지다. 에니어그램을 알면 내 관점에서가 아니라 그 사람의 관점에서 봐줄 수 있기 때문이다.

자신과 이웃을 있는 그대로 받아들이는 것, 즉 나와 너를 알고 이해하고 받아(수용)들이는 것이 에니어그램의 목적이다. 하지만 그러기엔 말이 쉽지 절대 쉬운 일이 아니다.

그래서 머리로 알고 가슴으로 이해하고 몸으로 받아들여야 하며, 수련(명상)을 통해야 빨리 쉽게 목적에 다다를 수 있다. 왜냐하면 몸의 기운을 가장 빨리 바꾸는 게 수련이기 때문이다. 수련이란 다른 게 아니다. 삶에서 생활에서 의식을 붙잡고 깨어 있으려고 하는 것이 바로 수련이다. 그래서 밥을 먹으면서도 걸으면서도 이야기 중에서도 수련을 할 수 있는 것이다. 수련과 함께 가야 에니어그램을 내 안에서 완성할 수 있다. 생각과 마음은 상황에 따라 알게 모르게 조작이 가능하다. 가장 정직한 것은 몸이기에 몸의 변화가 진정한 변화라고 할 수 있다.

공부라는 것

공부의 어원은 쿵후이다. 이는 정신집중과 자기수양의 무술이며 시간의 집적으로 완성된다.

공부를 하는 궁극적인 목적은 안목과 통찰을 기르기 위함이다. 안목은 보이지 않는 것을 볼 수 있게 하는 능력이고, 통찰은 초래될 어떠한 현상을 알게 해주는 능력이다. 사람 성격을 다룬 에니어그램을 공부하는 것은 내가 내 마음과 네 마음을 돌보지 않고 살았을 때 미래에 어떠한 위험이 올 수 있고, 또 내 자녀가 어떻게 성장할 수 있는지 등의 안목과 통찰을 갖게 하여 오늘의 마음을 끊임없이 살피게 한다. 그래서 이를 마음공부라 칭하는 것이다.

에니어그램의 활용

인간관계와 관련된 모든 것, 즉 인간관계 개선, 심리치료, 조직운용, 진로지도, 인성관리, 영성지도 등에서 에니어그램을 적극적으로 활용할 수 있다.

각자 다른 유형의 사람들이 모인 회사에서 에니어그램을 활용한다면 회사는 각 직원들의 특성을 살릴 수 있도록 환경이 뒷받침해줄 수 있고 그리하여 회사는 위로 성장할 수 있을 것이다.

또한 에니어그램은 종교가 아님에도 수많은 종교적 집단에서 수련하고 공부를 한다. 내 안의 늑대가 곧 내가 지닌 근원적 문제로 곧장 죄로 연결될 수 있기 때문이다.

에니어그램은 종교가 아니다

에니어그램은 동양의 고대 전통철학에서 잉태된 후 서양철학, 종교, 학문, 사상, 예술 등이 접목되어 보존 발전되어 왔으며 인간이 속하는 모든 곳에 활용되어온 인간 성찰의 공부이지 종교가 아니다. 인간의 소명과 집착을 통해 잃어버린 본질과 영성을 이어주는 에니어그램은 특정 종교와 상관없이 어떤 종교를 믿든 좀 더 영적인 존재로 성장할 수 있는 지혜를 전해준다. 그러한 까닭에 모든 종교에서 에니어그램을 선호하고 이를 통한 영적 성장을 도모하는 것이다. 또한 에니어그램은 우주의 이치를 이해하게 하고 우주와 인간을 이어주는 지혜를 제공해준다.

에니어그램과 결혼

선남선녀가 결혼을 한다.

턱시도를 입은 신랑이 씩씩하고 당당하게 걸어 들어오자 우렁찬 박수가
울려 퍼진다. 결혼식의 꽃, 신부가 하얀 드레스를 입고 우아한 모습으로 등
장하자 그녀의 눈부신 모습에 반한 하객들이 탄성을 지른다. 젊고 아름답고
행복한 두 남녀가 결혼서약을 맺고 부부로 거듭난다. 세상의 축복 속에서 행
복에 겨운 이들에겐 장밋빛 미래만이 달콤하게 빛나고 있다.

인생 선배들, 먼저 결혼을 해본 이들은 알고 있다. 신혼부부가 바라보는
미래가 장밋빛이 아니라는 것을. 얼마 안 가 장미가 곧 콩나물이 된다는 것
을 말이다. 이 세상을 다 줘도 안 바꿀 연인이 웬수로 변하는 시간은 순식간
이다.

우리의 사랑은 왜 이리도 급하게 식는 것일까. 사랑하던 사람이 결혼을 하
면 왜 이리 미워지는 걸까. 무슨 이유 때문일까.

우리는 자주 자신의 정서가 부리는 장난에 휘둘리곤 한다. 우리가 연애할

때는 사랑 때문에 정서의 수준이 아주 높은 상태를 이룬다. 그와 동시에 의식도 아주 높아진다. 의식 수준이 높게 된 우리는 평소에는 하지 못했던 용서와 너그러움을 자연스럽게 행할 수 있다. 상대가 어떤 잘못을 해도 용서할 줄 알고 상대의 단점을 마음에 두지 않는다. 한마디로 눈에 콩깍지가 씐 것이다. 이렇게 좋은 상태를 계속 유지할 수 있다면 얼마나 좋으련만 우리의 높았던 의식은 곧 떨어질 수밖에 없다.

결혼이라는 현실을 만나면 높았던 의식은 뚝 떨어지고 만다. 높았던 의식이 떨어지면서 그동안 보이지 않던 남편의 단점이 아내의 단점이 슬슬 눈에 보인다. 그때부터 부부싸움이 시작된다.

또 우리는 사랑이라는 감정이 과잉하면서 연인을 나 자신으로 착각할 수 있다. 저 남자가 바로 나인 것 같고, 저 여자가 바로 나의 운명인 것 같다고 느끼며 하나됨, 즉 일체감을 느낀다. 하지만 그 일체감도 결혼이란 현실 앞에서는 다시 쪼개지는 운명에 처하고 만다.

의식이 높아졌다 낮아지고, 하나였던 사람이 다시 둘로 쪼개져 남보다도도 못한 사람이 되고…… 이게 바로 자기 정서의 장난이다. 내가 어찌지 못한 나의 정서에 내가 속고 만 것이다. 하지만 그걸 나 때문이라고 인정하는 신혼부부는 거의 없다. 오히려 상대에게 속았다고 상대를 원망하고 속을 박박 긁으며 본격적인 갈등을 시작한다.

사실 결혼 생활은 지금부터가 진짜다.

나를 속인(?) 사랑의 감정도 진짜고 결혼도 진짜고 우리를 불행하게 하는 갈등도 진짜다. 지금부터 진짜 인생을 만나는 것이다. 지금부터 갈등을 잘 풀고 잘 살아야 우리는 진짜 행복한 것이다. 너와 나 사이, 부부 사이를 가로막는 갈등은 푸는 방법이 바로 행복으로 가는 길이다.

결혼이란 하나가 다른 하나를 만나서 확장된 하나가 되는 것이다.

나의 불완전하고 부족한 면을 배우자를 통해서 메우고, 배우자 또한 나를 통해 자신을 메우는 것이다. 서로를 통해 완전한 상태로 가는 것이 바로 확장된 하나이며 결혼인 것이다. 결혼을 통해 성장된 나, 확장된 하나가 되려면 우선 나를 버려야 한다. 그래야 내 빈 자리에 상대가 들어와 나를 채우는 것이다.

그러나 몇 십 년을 따로 살아온 남녀가 상대를 위해 자신을 비우기란 쉽지 않은 일이다. 수십 년 동안 고착된 내 습관, 내 사고를 버리고 상대에게 맞춰주기가 쉬운 일은 결코 아니다. 그래서 결혼해서 싸우는 것은 당연한 일이다. 그러나 상대의 기질적 특성을 안다면 우리는 좀 더 쉽게 마음을 열 수 있을 것이다. 에니어그램은 나와 상대의 기질을 아는데 안내자 역할을 할 것이다.

나를 알고 너를 알면 백전백승? 알고 나면 승리는 할 수 있지만 거기다 이해하고 받아들이면 승리할 뿐 아니라 행복과 평화도 함께 얻을 수 있다.

그래서 에니어그램 공부는 이렇게 말할 수 있다. 알고, 이해하고, 받아들이는 것. 그래서 너와 내가 모두 행복해지는 것.

지금부터 우리 모두 행복해지자. 행복해지는 길을 걷자. 그래서 우리의 만남을 아름다운 만남으로 바꿔보자.

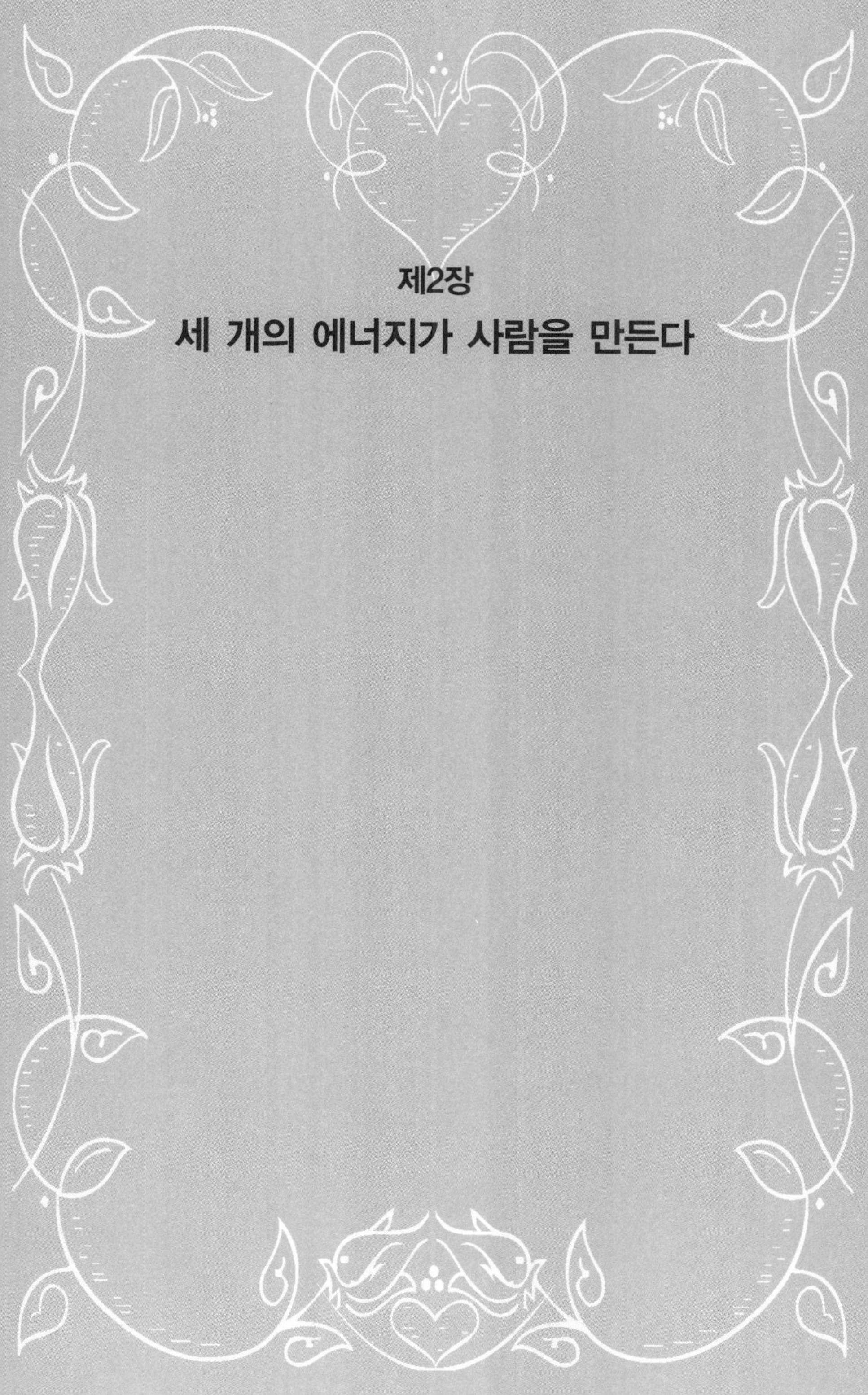

제2장
세 개의 에너지가 사람을 만든다

세 가지 힘의 중심

만일 당신이 누군가를 미워한다면 당신은 그 사람 안에서 당신의 일부인 그 어떤 점을 발견하고 미워하는 것이다. 우리 자신의 일부가 아닌 것은 아무것도 우리를 괴롭힐 수 없다.

–헤르만 헤세

→ 깊은 밤의 주택가

어디선가 밤의 고요를 깨는 소리가 들린다. 옆집에서 부부싸움을 시작한 것이다. 오늘도 애기 아빠가 술을 마시고 늦게 돌아왔나 보다. 아내의 날카로운 목소리와 남편의 호통 소리, 거기에다 아이의 우는 소리까지 한밤중의 합창이 온 동네 사람들을 다 깨운다. 이제 잠은 다 잤다. 내일 출근해야 하는데, 어떡하나. 나가서 중재라도 해볼까? 나 혼자는 힘들고 남편이 함께 가야 하는데, 그러려면 이 와중에도 잠만 잘 자는 저 무심한 남편을 깨워야 할 텐데. 깨우면 내게 짜증만 내겠지. 아니면 경찰에 신고해버릴까? 그리고 모른 척해? 그러기엔 너무 미안하고. 에이 언젠가는 끝나겠지, 지들도 사람인데, 이불 뒤집어쓰고 잠이나 자자.

사람 사는 곳이라면 흔히 볼 수 있는 한밤중의 풍경이다. 이런 때 당신은 어떻게 하겠는가?

밖으로 나가, 싸우는 사람들보다 더 큰 목소리로 "밤중에 너무 심한 거 아니에요. 조용히 하세요. 잠 좀 잡시다."라며 배짱 있게 말한다. 아니면, 누구라도 밤중에 소란을 피우는 것은 경범죄에 해당된다며 내일 옆집 부부가 어떻게 나오건 상관없이 경찰에 신고해버린다. 또 아니면, 한 소리 해줄 배짱도 없고, 이웃과 관계도 생각해서 신고도 못 하겠고, 우리도 가끔 싸운 적도 있고 해서 그냥 조용히 잠을 청한다. 이중에 당신은 어떤 행동을 취하는가. 잠시 생각해보라. 그리고 다른 상황을 하나 더 가정해보자.

●→ 저녁의 지하철 역

일을 마치고 집으로 향하는 사람들로 역이 북적인다. 이어폰을 꽂고 음악을 듣는 사람, 책을 읽는 사람, 핸드폰으로 누군가와 이야기를 하는 사람, 이런 사람들을 관찰하는 사람 등 다양한 모습의 다양한 사람들이 언제 들어올지 모르는 만원 지하철을 기다리고 있다. 그사이로 할아버지 한 분의 모습이 보인다. 술을 드셨는지 걸음이 이리저리 흔들리고 고개를 제대로 들지도 못해 금방이라도 쓰러질 것 같다. 할아버지는 불안한 걸음을 옮기다 아직 공사 중인 스크린도어 옆에 기대선다. 그리고 꾸벅꾸벅 조는 것 같다. 그때 멀리서 지하철이 다가오는 소리가 들리고 불빛이 들이친다. 졸던 할아버지가 발이 미끄러져 그만 철도로 떨어지고 만다. 쓰러진 할아버지는 일어나지 못하고 신음만 하고 있다. 그 모습을 발견한 젊은 여성이 소리를 지르자 여기저기에서 비명이 터져 나온다. "어머 어떡해, 이를 어째!" "누가 좀 나서봐요." 사람들은 모두 놀라고 애가 타지만 아무도 선뜻 할아버지를 구하지 못한다. 그러는 사이 지하철은 빠른 속도로 다가오고 있다.

이럴 때 당신은 어떻게 하겠는가. 주저없이 철로에 뛰어내려 할아버지를 구하는가. 위험에 처한 할아버지를 걱정하며 비명과 탄식을 지르는가. 아니면 위험 상황에 질려서 그만 몸과 마음이 바짝 굳어버리는가.

어떤 상황에서 사람을 대할 때 우리의 대처방식은 크게 세 가지 형태로 나눠볼 수 있다. 앞뒤 안 가리고 행동으로 직접 나서느냐, 상황이나 사람에 몰입해서 마치 내가 겪는 것처럼 느끼느냐, 아니면 이성적으로 냉정하게 생각하느냐가 바로 그것이다. 즉 본능적으로 행동이 앞서는 본능형, 감정과 관계가 우선인 감정형, 이성과 머리를 우선시 하는 사고형으로 우리의 대처방식을 나눠 볼 수 있는 것이다.

본능형은 싸우는 부부들에게 직접 말을 하고, 철로에 뛰어내려 할아버지를 구할 수 있는 사람이다. 감정형은 이웃과의 관계 때문에 어쩔 수 없이 잠을 청하고, 할아버지를 구하지 못하지만 어쩔줄 몰라하며 동동거리는 사람들이다. 사고형은 차분하고 이성적인 나머지 가만히 있거나 이웃 부부를 경찰에 신고하고, 위급 상황에 질려 순간 몸과 마음이 굳어버리는 사람들이다.

왜 우리는 세 가지 형태로 움직일까. 그 이유는 우리가 우리 몸에서 나오는 세 가지 기운에 따라 움직이기 때문이다. 세 가지 기운은 머리, 가슴, 배(또는 장)에서 나오는 기운이며, 그것은 우리의 마음과 행동을 결정하는 중요한 역할을 한다. 이 세 가지 기운에 따라 사람을 장의 기운을 쓰는 장형, 가슴의 기운을 쓰는 가슴형, 머리의 기운을 쓰는 머리형으로 나눌 수 있다.

이 세 가지 기운은 앞서 말한 대로 세 가지 대처방식을 만든다. 장의 기운은 행동이 먼저 나서는 본능형을, 가슴의 기운은 감정과 관계를 우선시하는 감정형을, 머리의 기운은 이성을 먼저 쓰는 사고형을 만드는 것이다.

장형은 생과 사에 민감하게 반응하며 강력한 힘을 지닌다. 일본 지하철에서 취객을 구하고 사망한 고 이수현 씨가 바로 장형에 속한다. 가슴형은 상대의 감정을 자신의 감정으로 느낀다. 지하철의 상황에서 내가 뛰어들 용기를 내지는 못하지만 할아버지가 꼭 나인 것 같아 안절부절못하는 반응을 보인다. 머리형은 즉각적인 판단보다 생각을 한 뒤 행동을 한다. 어떤 생각이 떠올라서 그 생각이 어떤 판단으로 가야 행동이 나온다. 그러니 즉각적인 행동보다는 생각한 후 행동이라서 한 박자 늦게 드러난다.

에니어그램의 아홉 가지 성격 유형은 바로 이 세 가지 기운에서 나온다.

장형에서 3가지 성격, 8번, 9번, 1번 유형이 나오고, 가슴형에서 3가지 성격, 2번, 3번, 4번 유형이 나오고, 머리형에서 3가지 성격, 5번, 6번, 7번 유형이 나온다. 자신의 성격을 찾기 전 우리는 자신이 어떤 기운을 더 많이 쓰는지, 자신이 주로 어떤 힘을 중심으로 살고 있는지 알아야 자신이 가진 성격 유형을 정확하고 바람직하게 찾아낼 수 있다. 세 가지 기운은 동시에 내 안에 존재한다. 우리는 그중 어느 하나를 더 강하게 쓰면서 자신의 마음과 행동을 결정짓는다. 그렇기 때문에 세 가지 기운의 중심, 즉 세 개의 에너지 센터는 내 성격을 찾아가는 첫 번째 관문이다.

●→ 에니어그램은 감을 찾는 것

나를 찾는 여행, 에니어그램에서 또 중요한 것은 바로 이미지와 감이다. 제시하고 예시하는 단어와 문장에 머물러 있지 말고 그 말과 글이 주는 이미지가 무엇인지 자꾸 떠올려보자. 그렇게 해서 글이 주는 진짜 느낌이 무엇인지 알아야 한다. 한 마디로 말하면 글을 통해 감을 찾아야 한다. 그렇지 않고 글이 주는 정보에만 집착하다 보면 정작 중요한 것, 자신을 찾지 못하고 헤매게 된다. 이미지를 떠올리고, 글의 느낌을 느껴보고, 감을 살려보자. 내 자신은 말과 글보다 더 깊은 것이 아니던가. 감을 잡는데 도움을 주기 위해 동물, 색깔, 국가, 인물, 노래 등도 활용하게 된다.

장 중심의 사람들

건강한 성격의 출현을 위한 첫째 요건은 유아기의 무조건적이고 긍정적인 관심
이다.

– 듀에인 슐츠

장형의 힘의 중심(에너지 센터)은 내장과 소화기관이다.

소화기관은 식도와 위를 말하고 이러한 부위에 에너지가 뭉쳐져 있다. 우
선 내장의 이미지를 떠올려보자. 소 곱창을 씹어보면 굉장히 질기다. 위는
아무리 딱딱한 음식물이 들어와도 주물럭 주물럭하여 소화시켜내는 강력함
이 있다. 이들의 이미지는 내장처럼 강력함과 질김이다. 장 중심의 사람들은
장의 특징으로 설명할 수 있다.

이들은 생존력이 강하며 강력한 기운을 갖고 있다. 이들의 이미지는 체격
이 좋고 근육이 울퉁불퉁한 인상을 준다. 표정은 엄격하고 강하다. 장형들
은 의지가 강하고 몸과 생존에 관심이 많다. 그래서 삶과 죽음에 아주 민감
한 편이다. 이들은 조난 상황에서 모두가 죽어도 나는 안 죽을 거라는 생각
한다.

기(氣)가 형(形)을 만든다는 입장에서 보면 강력한 이들의 기운은 골격이 크
고 통뼈를 지닌 기골이 장대한 사람의 모습을 갖게 한다. 또한 이들은 어투

가 단도직입적이고 이지선다(二枝選多)로 사람들에게 묻는 경우가 많다. 할래, 말래? 좋아, 싫어? 이것이 장형들의 이지선다이다.

장형의 엄마는 밥을 안 먹는 아이를 쫓아다니며 떠먹이는 엄마들을 볼 때 한심하게 여긴다. 장형의 엄마들은 이렇게 말한다. "삼일만 굶겨봐. 지가 안 먹고 배겨?" 그래도 안 먹으면 밥을 하수구에 쏟아버린다.

이들의 가슴 깊숙이에는 분노가 도사리고 있고 남을 지배하고자 하는 욕망이 크다. 이들은 낯선 자리에 가도 결코 구석진 자리에 쭈뼛거리며 앉아 있지 않는다. 이들은 뒤에 가서 앉는 것을 좋아한다. 왜냐하면 뒤에 앉아야 전체를 볼 수 있으니까. 다리를 꼬고 거만하게 앉아서 좌중을 훑어보고, 오늘 처음 보는 사람들 중에서도 누가 실세인지를 단번에 알아본다. 그리고 그 사람에게 자신의 에너지가 꽂혀 시간 내내 그 사람을 의식한다. 그 사람이 한 마디 하면 왠지 나도 한 마디 해야 될 것 같고, 그때부터 장형들은 상대와 기 싸움을 벌인다. 만약 이 싸움에서 지면 장형은 이렇게 생각한다. '오늘은 내가 첫 자리라서 싸움에서 밀렸어. 하지만 두고 보자. 언젠가 본때를 보여주겠어.'

이것은 장형들의 지배욕에서 나온다. 이들은 강력한 힘으로 남을 지배하고 통제하고 싶어한다. 통제욕은 남을 자기 마음대로 통제하고 싶은 마음이다. 이게 안 되면 분노가 나온다.

이들의 지배욕은 리더십과 종종 연관을 갖는다. 사람들이 나를 따라야 존재한다고 느끼는 이들은 전장에서 가장 먼저 앞서고 가장 나중에 나오는 군인들의 리더십과 닮아 있다.

장이 발달한 이들은 동물적 본능이 발달했다. 그래서 어떤 흐름이나 느낌을 본능적으로 알아차리는 경우가 많다. 과거 우리 사회에서 부동산 불패의 신화를 주도했던 복부인들 중 바로 돈의 흐름과 땅 냄새를 단번에 알아차리는 장형들이 많았다.

　모든 집착은 부정성과 긍정성을 동시에 갖고 있다. 장형들의 지배욕과 분노가 긍정성으로 드러나면 굉장히 강력한 정의감으로 나타난다. 강하고 질긴 이들에게 약자는 보호의 대상이지 싸워서 이길 대상이 아니다. 이들은 자기보다 힘 있는 사람에게 에너지가 꽂힌다. 그래서 도전하고 싶어한다. 나보다 힘이 세니까 그들을 무찔러야 내 지배욕이 채워지고 분노가 사라진다.

　또한 이들은 목소리도 크다. 무찌르려면 강하게 보여야 하니까. 또 말을 장황하게 늘어놓지 않는다. 짧게 굵고 단호하게, 단순하게 원색적으로 자신의 의견을 표현한다. 장형이 아닌 사람이 듣기에 이들은 무섭고 무식하기까지 하다. 그래서 곧잘 가까이 하기에 힘들게 느껴지곤 한다.

　하지만 이들의 이미지인 장곱창)을 생각해보자. 곱창을 먹을 때 질기다 해서 몇 번 씹고 뱉어버리면 제대로 맛을 알 수 없다. 열심히 씹는 수고를 하고 나면 고소하고 단맛이 죽 올라온다. 곱창의 진미는 오래 씹어야 알 수 있다. 이들도 마찬가지다. 오래 두고 만나면 이들처럼 진국이 없다. 이들처럼 진미이고 통이 큰 이들도 없다.

　에니어그램을 통해 장형들은 지배욕으로 사람과 관계 맺지 않아도 되는구나, 라는 깨달음을 얻어야 한다. 이들의 강함 밑에는 굉장한 부드러움과 여림이 붙어 있다. 그 여림이 드러나면 생존전략상 불리할 것 같아서 강한 척하는 것이다. 강해야 나를 우습게 여길 것 같지 않아서 강하게 나간다. 그래서 이들은 부드러워야 할 상황에서조차 인상을 쓴다. 그렇다고 이들에게 '너 속은 여린데 그걸 숨기려고 그러지?' 라고 말하면 이들은 더욱 무장하고 강하게 나온다. 대신 그 부드러움을 은근히 알아주면서 장형의 지배욕에 도전하지 않고 받아들여준다. 그렇게 하면 비로소 이들의 진짜 여림과 부드러움이 자연스럽게 올라오고 이들은 아주 넉넉하고 너그러워진다.

가슴 중심의 사람들

가슴형의 힘의 중심(에너지 센터)은 심장과 순환계이다.

순환계는 혈관을 말하는 것으로 심장과 혈관의 이미지와 역할을 떠올리면 이들 기운의 역동성을 쉽게 짐작할 수 있다.

우선 심장의 이미지를 떠올려보자.

심장은 동글동글한 하트의 모양을 띠고 있고 색깔은 붉고 표면은 매끈매끈하다. 또 눌러보면 쏙 들어가지만 다시 튕겨져 나온다. 이 이미지가 가슴형의 외관의 모습이다. 얼굴과 몸이 동글동글하고 혈색이 좋으며 피부가 매끈하고 미소 띤 모습에 통통거리는 생동감이 있다. 한 마디로 호감 가는 인상이다. 이들은 걸음걸이도 사뿐사뿐하며, 말을 할 때도 미소를 띠고 말에 운율이 있으며 표정도 화려하여 때로는 꾸민 듯한 인상을 주기도 한다. 이들은 이미지를 중시하는 사람들로서 다른 사람이 자신을 마음이 곱고 따뜻하며 매력적인 사람으로 보아주었으면 좋겠는데 하는 바람이 있다. 이들의 인상이나 말투 속에는 모두 사람들에게 호감을 얻고 싶은 이들의 기대가 깔려 있다.

또한 심장은 따뜻하고 깨끗한 혈액을 우리 몸 전체에 보내 생명을 유지시켜주는 장기다. 심장의 강한 펌프운동은 혈액을 온몸 구석구석 빠짐없이 퍼뜨리고, 다시 빨아들여 깨끗한 피로 정화할 수 있도록 돕는다. 이처럼은 심장은 붉은 혈액을 끊임없이 보내고 다시 받으면서 우리의 생명을 유지시켜주고 있다. 가슴형은 심장이 따뜻한 피를 온몸에 공급하는 것처럼 사랑을 이웃들에게 전파하는 사람들이다. 이들에게 사랑은 혈액이고, 심장이 온몸으로 혈액을 보내듯 주위 사람들에게 사랑의 기운을 전해준다.

심장에 혈액이 많듯이 이들에게는 사랑이 많다. 다른 유형들은 상상도 못할 정도로 이들의 사랑은 어마어마하게 많다. 사랑이 많아서 이들은 초점이 인간관계에 쏠려 있다. 가족, 연인, 친구, 직장동료들과의 관계에서 이들은 사랑이라는 정서를 공유하고 싶어한다.

이들이 상냥하고 사랑스럽고 정서를 공유하고 싶은 이유는 그 사랑이 내게 다시 돌아오기를 기대하고 있기 때문에 그렇다. 심장이 내보낸 혈액을 돌려받듯이, 가슴형은 자신이 나눠준 사랑을 돌려받기를 늘 기대하고 있다. 이들이 사랑하는 이유는 사랑받고 싶어서다. 가슴형의 사랑을 받고 만약 사랑을 표현하지 않으면, 이들은 무척 섭섭해하며 가슴을 친다. 그리고 이렇게 말한다. "내가 지한테 얼마나 잘해줬는데, 나한테 이럴 수 있어."

사랑과 관계를 우선시하는 가슴형들은 이미지를 중시하는 사람들이며 '타인이 나를 어떻게 보는가'를 언제나 의식하고 있다. 이들은 속에서 천불이 나는데도 남의 시선을 의식해서 방긋방긋 웃을 수 있다. 그렇게 해야만 상대가 나를 친절하고 사랑스러운 사람으로 볼 것이라고 생각한다. 그런 이들은 자신도 모르게 남을 의식하기 때문에 내 인생보다 남의 인생을 사는 경우가 흔하다. 또 끊임없이 자신과 타인을 비교하면서 있지도 않은 열등감과 자만심을 스스로 키워가면서 주위의 인정과 관심을 끌어내고 그들의 시선에 맞추기 위해 쉴 틈 없이 움직이고 있다.

이들이 긍정적일 때는 우리의 주위가 환해진다. 타인의 감정을 느끼는 데 탁월한 가슴형들은 주위 사람들의 심리상태를 즉각적으로 알아내 그들을 위로하고 배려한다. 이들의 섬세한 손길은 우리의 마음을 따뜻하게 만들고 이들의 존재만으로 우리는 어두운 기분을 몰아내고 밝고 긍정적인 힘을 얻을 수 있다. 하지만 이들이 부정적이면 어떨까. 이들의 강점인 공감과 배려가 잘못 발휘되면 이들은 남을 과도하게 간섭하고 남의 인생을 조정하려 들 수 있다. 자식과 자신을 동일시한 나머지 자식의 인생을 대신 살려 하는 수많은 부모의 모습에서 우리는 가슴형들의 부정적인 모습을 찾아볼 수 있다.

사람은 자신의 욕구가 채워져야 그 욕구로부터 풀려날 수 있고 욕구를 긍정적으로 발휘할 수 있다. 욕구가 채워지지 않으면 그 욕구를 채우려고 전전긍긍하기 때문에 자신의 질서가 왜곡되어 부정적인 성향을 드러내는 게 우리들의 모습이다.

우리는 누구나 사랑받고 싶어한다. 우리 속에 있는 사랑의 탱크에 사랑을 꽉꽉 채워놓고 싶어한다. 내 속처럼 남들에게도 사랑으로 채워야 하는 탱크가 있음을 우리는 알아야 한다. 특히 가슴형이 가진 사랑의 탱크는 무지무지하게 크다는 것을 알자. 이들의 요구는 다른 유형들에게 과도하게 보여 힘들게 느껴질 수 있다. 남편에게 매순간 '나 사랑해? 나 사랑해?' 라고 묻는 아내가 철이 없어 보이고 때론 지겨울 수 있어도, 그녀의 마음속에 채워도 채워도 채워지지 않는 거대한 사랑의 탱크가 있음을 알도록 하자. 그 탱크가 아무리 크다 해도 언젠가는 채워지게 마련이다. 그리고 가득 찬 사랑은 자연스럽게 흘러 넘치며 세상을 사랑으로 흠뻑 적셔줄 것이다.

머리 중심의 사람들

만약 악마들이 나를 버린다면, 천사들 역시 내게서 떠나버리지 않을까 두렵다.
－라이너 M. 릴케

머리형의 힘의 중심(에너지 센터)은 뇌와 신경계이다.

그래서 머리형 하면 즉각 떠오르는 것이 바로 우리 머릿속에 있는 '뇌' 다. 회백색의 고불고불한 뇌를 손바닥 위에 올려놓았다고 생각해보자. 뇌는 따뜻하기보다는 왠지 차가울 것 같고, 만져보면 튀어나오는 탄성보다는 쉽사리 부서질 것만 같다. 어찌 보면 순두부 같기도 한 이 기관은 정서상 감성보다는 차가운 이성을 떠올리게 한다.

뇌는 차갑고 약하지만 우리 몸의 모든 것을 관장하고 조종하는 사령탑이다. 뇌에서 내려진 메시지는 그것을 전달하는 신경계를 통해 즉각적으로 우리 몸의 어딘가로 전달되고, 전달을 받은 부분은 명령에 따라 그대로 움직인다. 그리고 다시 감각기관을 통해 들어오는 외부의 정보를 신경계의 전달을 받아 하나도 놓치지 않고 수집한다.

그래서 뇌는 세상의 어떤 기계보다도 섬세하고 치밀하다. 뇌는 한 치의 오차도 없이 명령을 내리고 계산을 하고 정보를 수집한다. 뇌는 나의 안과 밖의 모든 정보를 저장하고 계산하고 명령한다. 뇌과학에서는 뇌를 '바로 나'라고 정의하기도 한다. 뇌는 우리 몸의 가장 핵심이며 중추적인 기관이지만 직접 움직이지는 않는다. 또 뇌는 매우 약하다. 그래서 단단한 두개골로 보호받고 있다. 뇌는 조금만 손상을 입어도 우리 몸에 즉각 반응을 나타낸다. 뇌의 특정 부위가 손상되면 우리 몸의 어딘가는 반드시 고장이 난다.

중추적이지만 약하고, 이성적이며 차가운 느낌의 뇌. 바로 이런 이미지가 머리 중심 사람들의 주된 모습들이다. 이들은 뇌처럼 약하기 때문에 다른 유형보다 쉽게 '잘못되면 어떡하지!' 하는 의심과 두려움에 잘 빠지는 편이다. 두려움 속에 사는 머리형들은 줄곧 기가 질리고, 기겁을 하고, 기절을 해서, 그 공포와 두려움에서 벗어나기 위해 모든 것을 미리 알려고 노력한다. 도전보다는 안정을 택하는 이들은 이미 검증된 것들 전통, 통계, 지식, 정보를 추구하여 불안하고 두려움에서 조금이라도 벗어나려고 무의식적으로 움직이고 있다. 그래서 이들은 감정을 공유하고 앞에 나서서 직접적으로 행동하기보다는 한 발짝 뒤로 물러서서 심사숙고하는 타입이다. 뛰어들기보다는 점잖게 거리를 두고 이성을 갖고 판단하려고 한다. 심사숙고 끝에 판단이 서고 모든 준비가 완료된 상태가 되어야 이들은 상황에 뛰어든다.

많은 머리형들이 지식과 정보에 수많은 관심을 보인다. 남이 보기에는 많이 배웠는데도 자신은 아직 덜 배웠다며 대학원에 등록하는 사람들을 보면 머리형들이 많고, 또 학자나 지식인 등 학문과 지식 분야에 종사하는 사람들 중에도 머리형이 많은 편이다. 그렇다면 머리형이라고 해서 이들은 지능도 우수할까? 그렇지는 않다. 머리형과 지능은 아무 상관없다. 지능은 유형과 상관없이 개인에 따라 다른 것일 뿐이다. 머리형이 지식을 추구하는 이유는 지식을 통해 불안을 덜어내고자 하는 욕구 때문에 그렇다.

이들은 어떤 유형보다도 생각이 많은 사람들이다. 생각이 많은 것도 지식을 추구하는 것과 동일하게 불안을 덜 느끼기 위한 방책이다. 하지만 생각이 생각을 낳듯이 자꾸 생각에만 빠져 있으면 불안이 불안을 낳게 되는 악순환이 일어나게 마련이다. 그래서 머리형들에게 무엇보다도 중요한 것은 그 불안과 두려움에 빠지지 않기 위해 사람을 많이 만나고 운동을 자주 하는 것이다.

외모를 통해 이들의 성향을 파악하고자 한다면 이런 사람을 상상해보면 된다. 키는 크고 몸매는 호리호리하고 목은 가늘고 길며 손은 하얗고 몸에는 근육이 없어 마른 그리고 왠지 안경을 쓰고 있을 것 같은 학자풍의 사람. 걷다가 넘어질 것 같은 이들은 기가 약해서 몸을 너무 크게 쓰면 기가 빠져나갈 수 있어 조심스럽게 움직인다. 말을 할 때도 에너지를 낭비하지 않기 위해 작은 목소리로 간결하고 요약적으로 말을 하고 말투에도 감정을 배제하고 이성적이고 분석적으로 말하려는 경향을 보인다. 물론 머리 중심 사람들이 모두 그렇다는 말은 아니다. 이해하기 쉽게 대표적인 이미지를 제시하는 것이다.

이들은 자신이 기운이 약하다는 것을 잘 알고 있기에 쓸모없이 기가 빠져나가는 것을 꺼린다. 한 것도 없는데 쉽게 피곤하고, 사람 많은 곳에 가면 또 쉽게 피곤해지는 게 이들이다. 그래서 이들은 주로 혼자 있으면서 고갈된 에너지를 충전시키고 에너지가 충만해지면 다시 세상에 나가 사람을 만나고 일을 한다.

혼자 있으려는 성향과 거리를 두려는 성향 때문에 이들은 타인에게 냉정한 사람으로 비칠 수 있다. 거기다 말도 간결하게 하는 편이라, 특히 사랑을 갈구하는 가슴형들에게 냉혈한으로 쉽게 오해를 살 수도 있다.

또한 이들은 생각을 지배하는 머리의 기운을 너무 쓰느라 자기 생각을 행동으로 옮기는 배짱이 부족한 경우가 많다. 상상 속에서 백번도 더 집을 짓고, 새로운 세상을 건설해내지만 정작 현실에서는 돌멩이 하나 못 옮기고 상상만으로 그치는 경우가 있다. 머리형들에게는 무엇보다 자신의 생각을 실행하려는 의지와 행동이 필요하다. 건강한 머리형들이 뱃심을 길러 상상을 현실로 옮길 때 우리는 꿈도 꾸지 못한 새로움을 이들을 통해 경험해볼 수 있을 것이다.

실생활에 드러나는 세 가지 에너지

여기 상처입은 디오니소스·아프로디테가 앉아 있다. 그를 본연의 원형으로 돌아가게 하라.

－조지프 캠벨

➡ 세 가지 유형 비교

세 가지 기운의 모습을 살펴보아도 그 에너지가 실제로 어떻게 모습을 드러내고 내가 어떤 기운을 주로 쓰는지 아직은 감감할 것이다. 세 가지 중심들이 실생활에서 드러내는 구체적인 모습을 안다면 내 기운의 중심을 좀 더 쉽게 알 수 있다.

눈에 넣어도 안 아플 내 아이가 밖에서 맞고 들어왔을 때 속상하지 않을 엄마는 한 명도 없을 것이다. 아이가 맞고 들어왔을 때 세 유형들은 어떻게 반응할까.

먼저 장형의 엄마의 경우. 상처 난 아이의 얼굴을 보자마자 엄마는 노발대발하며 "왜, 얻어터지고 다녀! 엄마가 뭘 못해줬다고? 앞장 서! 어떤 녀석이 내 아들을 이렇게 만들어놨어!" 하며 아이의 손을 잡고 때린 아이를 찾으러 밖으로 나갈 것이다.

가슴형의 엄마라면 어떨까. 성숙한 가슴형의 엄마라면, 두렵고 놀라고 화가 난 아이의 감정을 헤아려 아이를 먼저 달랠 것이다. 울고 있는 아이를 두말없이 꼭 안아준다면 훌륭한 엄마다. 하지만 대부분 가슴형 엄마는 아이에게 이렇게 묻는다. "누구하고 싸웠니, 응? 누구하고 싸웠어, 누구하고?" 관계를 중시하는 가슴형의 엄마는 아이보다 혹시 내 아들과 싸운 아이의 엄마와 사이가 나빠질 것을 먼저 걱정하고 있다.

그렇다면 머리형의 엄마는? 이성적이고 분석적인 엄마는 아이에게 싸우게 된 자초지종을 묻는다. 처음부터 끝까지 냉정을 잃지 않고 아이의 억울함을 들은 엄마는 이렇게 말한다. "듣고 보니, 네가 잘못했네. 씻고 와, 밥 먹게."

장형, 가슴형, 머리형의 세 친구가 있다.

함께 모임에 나가기로 했는데 가슴형의 친구가 사정이 생겨 못 가게 되었다. 가슴형의 친구가 다른 친구들에게 전화를 걸어 이 사실을 알린다. "어머, 애, 어떡하니? 내가 막 나가려고 하는데, 시어머니가 전화를 하신 거야. 오늘 집에 오시겠다고, 약속 있으니까 다음에 오시라고는 못하겠고, 그래서 어머니 알아듣기 좋게 말씀드렸는데도 어머니가 꼭 오시겠다는거야, 나 오늘 그 모임에 꼭 가고 싶은데 어떡하지……" 친구들에게도 어머니에게도 잘 보이고 싶은 가슴형은 자신의 상황과 마음을 자세하게 설명한다. 그 설명이 장형의 친구에게는 장황스럽게 들리고, 이 친구가 가겠다는 건지 말겠다는 건지 종잡을 수 없다. 그래서 퉁명스런 목소리로 이렇게 말한다. "그래서 갈 거야, 말 거야?" 한편 가슴형의 전화를 받은 머리형 친구는 길고 긴 통화에 머리가 지끈거린다. 머리형의 친구는 전화기를 귀에서 멀리 떼고, 친구의 이야기가 끝나길 기다리고 있다.

대화 도중, 상대와 나의 의견이 다를 때도 세 유형의 대체 방식은 사뭇 다르다.

장형은 이 상황을 도전으로 받아들인다. "야, 싫으면 관둬!"라며 일방적으로 대화를 종결해버릴 수 있다. 가슴형은 상대가 자신을 싫어해서 자신을 반대한다고 생각한다. 그래서 상대를 설득해가면서 상대가 자신의 섭섭한 마음을 눈치 채어주었으면 한다. 머리형은 반대의견을 감정과 떨어져 객관적으로 생각한다. 상대에게 합리적이고 이성적으로 조곤조곤 설명한다.

세 가지 에너지 센터는 에너지를 얻는 경우도 각자 다르다. 장형의 경우는 음식에서 에너지를 얻고, 관계형인 가슴형은 대인 관계에서 힘을 주로 얻는 편이고, 머리형의 경우는 일단 쉬어야 에너지를 얻을 수 있다.

장형, 가슴형, 머리형이 가진 각자의 힘의 크기와 특성은 땅과 하늘 중 어디를 기준으로 놓느냐에 따라 그 특성이 알기 쉽게 파악된다. 땅에서 보자면 장형, 가슴형, 머리형 순으로 에너지가 강하고, 하늘에서 보자면 머리형, 가슴형, 장형의 순으로 에너지가 강하다.

에너지가 땅에 가까울수록 단단하고 든든한 느낌이 들고 근기와 배짱이 센 인상을 준다. 반면 땅에서 멀어질수록 근기가 점점 약해져 간다. 장형은 뱃심이 좋아 위험한 상황에서도 몸을 던져 뛰어들고, 머리형은 무모한 일에 뛰어들기보다는 안전한 일을 하고 싶어한다. 하늘이 기준일 때는 하늘에서 가장 가까운 사람들 즉 머리형은 지식과 지혜를 갖춘 경우가 많다. 이들은 하늘과 가까워서 하늘의 뜻을 알아차리기가 쉽다. 밑으로 내려갈수록 하늘의 기운을 알아차리기 더딜 수 있고 그 대신 무모한 행동을 하고 위험을 초래할 수도 있다. 이렇듯 힘의 크기란 기준이 뭐냐에 따라 다르고 강약도 달라진다. 가운데 있는 가슴형의 에너지는 심력이 좋다. 남의 입장을 파악하는 능력은 머리형이나 장형보다 훨씬 뛰어나다.

➡ 사회에서 드러나는 세 가지 에너지

장, 가슴, 머리의 세 가지 에너지는 개인은 물론 단체나 기업에서도 자신의 특색을 유감없이 발휘한다. 한국을 대표하는 명문대학 3개 대학교를 비교해 보면 세 가지 특성이 재미있게 보인다. 실제로 그곳에 다니는 대학생 개개인이 아니라 우리에게 널리 알려진 대학의 이미지와 세 가지 기운은 이렇게 만난다.

한국의 명문대

	서울대	연세대	고려대
유형	머리형	가슴형	장형
이미지	고지식한, 여림	세련되고 부드러움	우직, 투박함
상징 동물	백학	독수리	호랑이
교훈	진리	진리, 자유	진리, 자유, 정의

서울대는 샌님 같은 이미지다. 공부만 하고 운동은 잘 하지 못하는 약골 같은 느낌으로 머리형과 잘 어울린다. 연세대는 세련되고 도회적이고 매너 있는 부잣집 아이들이 다니는 학교라는 이미지가 있다. 도회적인 느낌의 연세대는 남들 앞에서 금방 웃을 수 있는 가슴형과 닮아 있다. 고려대는 우직하고 투박한 느낌이 강하다. 도회적인 면과는 거리가 멀고, 시골에서 올라온 고학생이 열심히 공부해서 성공하는 장형과 비슷하다. 단체에 대한 이미지는 사람마다 시기마다 조금씩 다를 수 있지만 건학 이념에 따라 비슷한 양상을 보이며 발전한다. 각 학교의 상징물을 보면 좀 더 기운과 연관이 있다. 고

대는 상징은 호랑이다. 나중에 살펴보겠지만 장형에 속하는 8유형의 상징동
물이 호랑이다. 또 연대의 상징은 독수리이다. 역시 가슴형 중에 3유형을 상
징하는 동물이 바로 독수리이다. 반면 서울대의 상징동물은 백학이다. 유형
중에 상징을 갖고 있지는 않지만 목이 가늘고 긴 이미지에서 머리형과 많이
닮아 있다.

한국을 대표하는 기업의 이미지를 떠올려도 에너지는 각각 다르다.

한국의 대표 기업

	삼성	LG	현대
유형	머리형	가슴형	장형
주력 사업	IT산업	생활가전용품	건설, 조선

삼성의 이건희 회장은 머리형(5유형)이다. 그래서 삼성은 머리와 연관된 IT
산업, 반도체가 우수한 기업이다. 현대를 일으킨 정주영 회장이 바로 장형(8
유형)에 속하는 인물이다. 현대는 주로 힘을 쓰는 조선업, 건설업에서 회사를
일으켰다. LG의 경우 구자경 회장은 부드러운 장형(9유형)에, 구본무 회장(3
유형)은 가슴형에 속하는 인물들이다. 웃는 모습의 LG 로고에서 알 수 있듯
이 LG는 생활가전 제품 즉 가슴과 관계된 제품을 많이 생산하며 로고송이
'사랑해요 사랑해요 L~G' 이다.

2002년 한일 월드컵 당시 우리에게 현장을 생생하게 중계한 해설자들 사
이에서도 재미있는 차이가 있다.

월드컵 방송 해설자

	허정무	신문선	차범근
유형	머리형	가슴형	장형
해설 방식	많은 데이터와 분석력	말이 많고 끼가 있음	직설적인 말

월드컵의 흥분된 상황에서는 아무래도 가슴형의 신문선 씨의 해설이 잘 먹혀들었다. 재치 있고 흥분을 일으키는 그의 해설에 많은 사람들이 함께 흥분할 수 있었다. 장형의 차범근 감독은 우리 편이라도 신랄하게 비판하는 꾸밈없는 모습이 사람들에게 당당한 인상을 주었다. 반면 머리형의 허정무 씨는 정보 분석력이 뛰어나 정확한 해설로 정평이 나 있었으나 말이 단조롭고 건조해 두 해설자에 비해 인기는 끌지 못했다.

에너지 센터의 균형과 조화

만약 당신이 가슴형이라면?

혹 당신이 가슴형이라서 장형의 분노나 지배욕이 없고 머리형의 공포와 두려움이 없을까. 아니다. 사람 안에는 머리, 가슴, 장이 모두 있고 그래서 세 가지 기운이 모두 존재한다. 중요한 것은 우리가 한쪽의 에너지만을 많이 쓰고 다른 쪽의 에너지는 적게 쓴다는 것이다. 그래서 장의 기운을 써야 할 때도 가슴의 에너지를 쓰고, 머리의 기운을 써야 할 때도 가슴의 에너지를 쓰는 불균형의 상황이 자꾸 벌어진다. 아이가 맞고 들어왔을 때, 적절한 기운은 아이를 달래주는 가슴의 에너지다. 지하철 역에 떨어진 할아버지를 보았을 때는 내가 안전하면서 동시에 할아버지를 구할 수 있는 장의 에너지가 필요하다. 또 인재를 뽑는 면접관은 학연, 지연과 상관없이 냉정하고 객관적 근거로 인재를 볼 수 있는 머리의 에너지가 중요하다.

깨진 균형을 회복하려면 우선 자신의 에너지가 어디에 몰려 있는지 알아야 한다.

그렇다고 몰린 그 에너지를 쓰지 않으려 노력하면 균형이 맞춰질까? 그건 아니다. 우리는 모두 장, 가슴, 머리 에너지의 장점과 단점을 지니고 있다. 나의 주 에너지를 줄이려 하면 이는 스트레스 상태가 되어 나의 강점이 약화되는 결과가 초래된다. 어떠한 상황에 맞닥뜨렸을 때 잠깐 멈춰서 그 상황에 적절한 에너지를 회복시켜야 한다. 이는 의식적 행위인 까닭에 내게 취약한 에너지의 장점이 드러나게 되고 내 주에너지는 위축되지 않고 장점이 그대로 남아 있게 된다. 다시 말해 내 주에너지는 그대로 존중하되 상황에 맞는 에너지를 적절하게 발휘시켜 균형을 이루고자 하는 것이다. 즉 가슴형은 가슴형의 에너지인 사랑과 배려와 관계의 에너지를 그대로 쓰면서 상황에 맞게 장과 머리의 에너지를 회복시키는 것이다. 이 균형 잡힌 온전함으로 가기 위해 첫 번째 해야 할 일은 무엇보다 내가 무슨 에너지를 많이 쓰는지 아는 것임을 잊지 말도록 하자.

제3장
하나에서 나온 아홉 유형 사람들

나보다 나를 더 잘 아는
리얼리티 프로그램: 에니어그램

내가 남을 알지 못하는 것이 죄일 뿐이다. 남이 나를 알아주지 않는 게 무슨 죄란
말인가.
– 장영실

세상에는 수많은 사람들이 살고 있다.

수많은 사람들은 각자의 개성에 따라 서로 다르게 살고 있는 각각의 '나'
이다. 나를 나이게 하는 내용에는 정말로 많은 요소들이 있다. 역사, 문화,
기후, 국가, 민족 같은 사회적인 특징이 있는가 하면, 경험, 의식수준, 가정
환경, 교육정도, 성별의 차이, 물질적 풍요, 나이 같은 개인적인 특징이 있기
도 하다. 우리는 나를 규정하는 수많은 특징이 조합되어 있는 '나'로서 한 사
람 한 사람이 모두 저마다 다르다.

에니어그램은 이렇게 다양한 사람들을 아홉 가지의 성격으로 나누어 바라
본다. 사람은 수십억 명이 넘는데 나누는 기준이 고작 아홉 가지인 게 가능
한 일일까. 에니어그램은 차이가 아무리 많고 성격을 둘러싼 껍질이 아무리
겹겹이 쌓여 있다 하더라도, 사람들 안에 숨어 있는 기본적인 성향만은 아홉
가지라는 사실을 이미 오래전에 알았다. 그래서 아무리 사람이 많아도 아홉
가지로 충분히 설명할 수가 있었던 것이다.

에니어그램에서 상대와 내가 같은 유형이라는 것은 기본적으로 동기가 같다는 뜻이다. 겉모습은 달라도 속알맹이, 즉 행동의 동기가 같은 사람들은 비슷하게 말하고 행동을 한다. 비슷한 방식으로 세상을 바라보고, 내면에 비슷한 신념을 갖고 있으며, 닥친 상황을 비슷한 방식으로 헤쳐 나간다.

그러니까 이 세상에는 나 말고도 나처럼 생각하고 행동하는 사람이 수백만, 수천만 명에 이른다는 뜻이다. 이 험한 세상을 사는데 나와 같은 동지가 몇 천만 명이나 되다니! 얼마나 큰 위안인가! 남에게 말 못할 고민에 홀로 빠져 있을 때 나 말고도 수많은 사람이 나와 비슷한 고민을 한다는 사실만으로도 왠지 모를 안도감이 느껴진다. 이처럼 전체적으로 볼 때 아홉 유형이 9분의 1로 고루 퍼져 있다는 것이 에니어그램의 지혜이고 신비이다.

아홉 유형 중 어떤 유형 하나가 잘나고 못난 경우가 없이 각자 장점과 단점을 갖고 똑같은 부피와 무게로 나누어져 있다. 유형이 다르다는 것은 우열의 문제도 아니고 승패의 문제도 아니다. 각 유형마다 특성이 다르고 거기에 따른 존엄의 가치가 저절로 부여되어 있기에 모든 유형은 평등하고 균등하다.

내가 원하는 나는 진짜 내가 아닐 수 있다. 다른 사람을 부러워한 나머지 자기도 모르게 따라할 수도 있는 것이다. 그래서 내가 원하는 성격 유형이 나왔다고 해서 좋아할 것도 없고, 아니라서 좌절할 것도 없다. 중요한 것은 내가 원래 갖고 태어난 진짜 나의 모습, 즉 집착과 욕망을 에니어그램을 통해서 알아내는 것이다. 그리고 그것을 극복해서 소명으로 건강하게 쓸 때 태어난 값을 제대로 하게 되는 것이다. 내가 무슨 유형인지 알아야, 내가 나를 만나야, 나는 나를 존중할 수 있다. 그것은 남에 대해서도 마찬가지이다.

아홉 가지 유형은 크게 장형, 가슴형, 머리형으로 나눈다.

　그리고 장형은 8, 9, 1유형으로, 가슴형은 2, 3, 4유형으로, 머리형은 5, 6, 7유형으로 나눈다. 설명하는 순서는 장형부터 머리형으로 8유형부터 7유형까지 설명하게 된다. 유형의 소개를 1유형부터 하지 않고 왜 8유형부터 시작할까?

　에니어그램은 우선 욕망에 잡혀 있는 나의 집착(성격)을 통해 부정적인 나를 만나려 하는 것이다. 사람들은 자신의 부정성을 잘 알지도 인정하지도 않을 뿐 아니라, 남에게도 잘 들키려고 하지도 않는다. 그래서 세 힘의 중심 중에 근기가 가장 강해서 자신을 용기 있게 바라보고, 남에게도 솔직하게 자신을 드러내 보일 수 있는 장형부터 설명을 한다. 그래야 가슴형이나 머리형들이 장형에 대한 설명을 보고 듣고 일종의 안심을 한 후 자신을 찾아갈 수 있기 때문이다. 이는 책을 통해 에니어그램을 경험하는 것보다 여럿이 함께 에니어그램을 접하는 실제 교육현장에서는 공감할 수 있는 순서이다. 8유형은 장형 중에서도 자신의 기운을 밖으로 유감없이 내보이는 유형이다. 그래서 8유형을 에니어그램 아홉 가지 유형 중 첫 번째로 소개한다.

용어 설명

사랑은 기생적 의존도 가학적 지배도 아니다.
–카렌 호니

각 유형의 끝마다 '심리용어로 알아보는 각 유형'이 추가로 설명된다. 이는 각 유형에 대한 좀 더 깊은 이해를 위한 것이다. 아래는 해당하는 심리용어에 대해 개략적인 설명들이다. 지금은 가벼운 마음으로 읽고 넘어가도록 하자. 필요할 때 다시 돌아와 읽으면 된다.

자아 이미지: 자기 자신에 대한 이상상이자 세계관으로 스스로의 존재 근거이기도 하다.

집착(심리적 고착): 본인도 모르게 이미 자신의 삶에 패턴화되어 있다는 개념이다.

유혹, 함정(정신적 습관): 잃어버린 실재와의 연결을 위해 무의식적으로 이끌리는 개념이다.

회피: 회피 책략은 집착(심리적 고착)과 상대적인 개념이다.

방어기제: 자신의 약점이 드러날까봐 스스로를 방어하기 위하여 자동적으로 취하는 태도이다.

죄의식: 죄의식은 죄라 할 수는 없다. 그 유형 고유의 생각일 뿐이다. 허나 죄의식에 계속 빠져 있으면 의식이 퇴행되므로 그 의식으로부터 벗어나야 한다.

근원적 문제(정서적 습관): 이는 우리 모두가 극복해야 할 죄성(罪性)이다. 해당 유형은 이 죄성에 더 많이 함락당할 수 있다.

덕목: 미덕(Virtue)으로 해당 유형이 왜곡된 집착에서 극복되었을 때의 모습이다.

8유형: 도전하는 사람

8유형에게 호랑이처럼 잘 어울리는 동물도 없을 것이다.

호랑이는 강한 기세와 힘으로 상대방의 싸울 의지를 꺾고 순식간에 제압해버리는 천부적인 사냥꾼이고, 한 번 포효하면 지축이 울리고 산천초목이 벌벌 떠는 두려움의 대상이다. 또한 산중의 왕 호랑이는 굶어죽을지언정 죽은 고기나 풀뿌리는 입에도 대지 않는다 하여 꺾이지 않는 기개와 의지를 상징하기도 한다.

8유형들의 마음속에는 "나는 강하다. 그래서 무엇이든 할 수 있고, 누구와도 맞설 수 있다. 그리고 나는 정의롭다."라는 신념이 있다. 험난한 세상을 강한 힘과 의지로 정면으로 뚫고 나가는 8유형의 기질은 호랑이의 기질과 많이 닮아 있다.

이들은 또한 슈퍼맨과도 닮아 있다. 보통 사람을 능가하는 초인적인 힘으로 인간을 돕는 슈퍼맨처럼 8유형들은 강한 힘과 의지로 문제를 해결하는 데 탁월한 능력을 갖고 있다. 한편 이들의 마음 한쪽에는 또 이런 생각이 자리잡고 있다. "나는 강하다. 그래서 다른 사람은 당해도 나는 살아남을 수 있다. 충분히."

자신의 강한 힘과 의지를 믿고 상황에 주저 없이 뛰어드는 사람들. 자신이 옳다고 생각하는 정의에 대해서는 전력을 다해 싸우는 전사들. 누가 강자이고 누가 약자인지 한눈에 알 수 있고, 눈앞에 벌이지는 상황이 어떻게 돌아가는지 본능적으로 알아채는 뛰어난 감각의 소유자들. 건강한 의식을 가진 자는 정의롭고 병든 의식을 가진 자는 정의라는 이름으로 폭력을 서슴지 않는 사람들. 이것이 호랑이, 즉 8유형의 다양한 모습들이다.

⦿→ 그 무엇도 나를 꺾을 수는 없지

한국전쟁을 겪은 어느 8유형의 할머니는 당시를 이렇게 회상하고 있다.

"난리가 터졌을 때, 내 나이가 고작 열두 살이었다우. 아버지하고 동생들은 피난을 가는데 나는 엄니가 병이 든 바람에 엄니와 단 둘이 남을 수밖에 없었지. 지금 생각해도 기가 막히는 노릇이지. 당시 우리는 마포에 살았다우. 내가 근처의 미군기지에서 얻어 온 양식으로 두 식구는 겨우 목숨이나 부지할 수 있었지. 나는 동네 어른들을 쫓아 한강 가에서 미나리를 뜯어다 시장에 팔았어. 그래야 병든 엄니 약값을 마련할 수 있었거든.

서울이 수복되고 돌아온 아버지는 아내고 딸이고 당연히 죽은 줄만 알았대. 그런데 웬걸, 죽은 줄만 알았던 딸이 버젓이 살아 있어! 그것도 시장에서 조그맣게 난전까지 펼쳐놓고 병든 어머니를 봉양하면서. 그것뿐이야, 돌아올 가족을 위해 얼마 안 되지만 돈까지 모아놓은 거야. 그 난리 통에 죽은 줄만 알았던 어린 딸이 말이야. 그 당시에 내가 무슨 마음으로 살았는지 아시

우? 내 사지육신이 멀쩡한 데 뭔들 못하겠느냐! 그 마음은 일흔이 넘은 지금
도 변함없다우.”

이들은 그 무엇보다도 ‘힘’ 과 ‘지배’ 에 집착하는 사람들이다.

이들이 느끼는 세상은 결코 상냥하지 않다. 이들을 둘러 싼 세상은 적대적
이며 위협적이다. 그런 세상에서는 강하지 않고는 살아남을 수가 없기에 이
들은 힘에 집착하고 강함을 욕망한다. 세상이 이들을 통제하고 지배하려 들
면 이들은 그것을 공격적인 도전으로 받아들이고 즉각적으로 공격적인 자세
를 취한다. 8유형은 어린 아이들조차 누군가 자신을 잘못 건드리면(친구가 실
수로 어깨를 툭 쳐도) 자신을 공격하는 줄 알고 즉각적으로 주먹을 쥐고 공격태
세를 취한다.

한 8유형 젊은 여성의 어린 시절 사건이다.

“초등학교 시절, 기르던 고양이가 엄마의 화장대에 올라가에 화장품과 향
수를 깨뜨린 적이 있었어요. 집에 돌아온 엄마는 누가 그랬냐며 저를 윽박지
르셨어요. 고양이 짓이라 말해도 믿지 않으셨어요. 평소 제가 사고를 좀 많
이 쳤거든요. 엄만 계속 혼을 내고 아무리 변명해봤자 소용없겠다는 생각이
들더군요. 그래서 어떻게 한지 아세요? 엄마가 보는 앞에서 멀쩡한 화장품과
향수병을 모조리 부수고 깨버렸어요. 와장창 깨지는 소리가 얼마나 통쾌한
지 몰라요. 그리고 흠씬 두들겨 맞았죠, 호호호. 당시 전 이렇게 생각했어요.
좋아, 벌을 받기로 하지. 하지만 그 전에 마음껏 깨면서 재미나 실컷 느껴보
자구. 호호호.”

많은 8유형의 사람들은 어린 시절 그들의 강한 성품 탓에 어른들에게

대들다 혼나기 십상이었다. 흥미로운 점은 혼이 날수록 이들은 기가 죽는 게 아니라 더 강한 맷집으로 버티면서 자신을 무장해 나간다는 것이다. 그래서 고집 센 아이, 문제 많은 아이라 오해받는 경우가 흔하다는 게 8유형이다.

이들은 물리적인 공격은 물론이고 그 어떤 것도 도전과 응전의 방식으로 의식한다. 결단코 남에게 자신에 대한 지배권과 통제권을 내어주지 않으려 한다. 자신이 직접 상황을 통제하고 이끌어가야만 비로소 마음이 놓인다. 이들은 자기 주장을 강하고 직설적으로 표현해야만 남들에게 자신의 의견이 '먹힌다고' 생각한다. 그래서 상대에게 겁을 줘서라도 자신의 의견을 관철시키고 자신이 무리의 대장이 되고자 거의 본능적으로 행동한다.

8유형의 사람들은 강하다고 생각하는 것은 무엇이든지 하려고 든다. 근육의 힘을 기르고, 싸움의 기술을 익히고, 목소리가 크고, 큰 돈을 벌고, 큰 일을 벌리고, 큰 아파트로 이사 가고, 큰 자동차를 타는 등 강하고 크다고 생각되는 것을 원한다. 8유형의 강하고 큰 것에 대한 욕구는 남성이건 여성이건 공통적이다. 그런 만큼 여성들도 남성적이고 공격적으로 보일 때가 많다. 여장부라 불리는 여성들의 대부분이 8유형이다.

●→ 강함 속에 숨겨진 부드러움

강함을 추구하는 이들은 약함은 인정하지 않는다. 타인의 약함은 물론 자신 안에 분명히 존재하는 약함을 외면하고 부정한다. 이들이 자신의 약함을 인정하면 자신은 강하지 않다는 말이 되고 그로 인해 남들이 자신을 약하게 여길까봐 약함을 회피하는 것이다.

약함은 곧 부드러움과 연결되기도 한다. 이들은 여성성으로 대변되는 부드러운 분위기를 체질적으로 못 견뎌 한다. 8유형의 남자들에게 가장 힘겨운 일 중에 하나가 사랑 고백일 것이다. 사랑하는 여인을 위해 로맨틱한 분위기를 연출하기도 꺼려지고 설령 그런 상황에서도 사랑을 고백하기란 무엇보다도 낯간지럽고 힘겨운 일이다.

8유형의 여성들도 사정은 마찬가지다. 그녀들은 부드러운 여성미를 그렇게 선호하지도 않는 편이다. 여성적인 스타일 즉 머리를 길게 기르거나 화려한 화장을 하거나 우아한 옷을 입는 경우는 결혼하기 전 여성성을 크게 강조할 때뿐이다. 대부분의 8유형의 여성들은 결혼을 하고 나서는 화려하고 우아한 스타일보다는 활동하기 편하고 여유 있는 스타일을 선호한다. 여장부에 털털하고 넉넉해 보이는 가수 '양희은'을 생각해보면 그 이미지가 얼른 떠오를 것이다.

하지만 이들의 마음속 깊은 곳에 남들이 알지 못하는 숨겨진 부드러움과 여림이 있다는 사실은 주변 사람들이 웬만해서는 잘 알지 못한다. 8유형은 기질상 여림을 드러내지 못하는 것뿐이지 이들 역시 누구 못지않게 여리고 정이 많은 사람들이다.

필자의 연구소 연구원 중에는 8유형의 남편과 사는 이가 있다. 강한 줄만 알았던 남편이 사실은 여린 사람이란 걸 그녀는 결혼하고 10년이 지나서야 알았다.

그녀의 남편은 부당하고 부패한 직장 상사와 맞서 싸워 상사를 그만두게 하고 자신도 회사를 그만둘 정도로 정의롭고 배짱이 두둑한 사람이다. 그러나 화가 나면 어떤 대화도 불가능하고, 아내를 위해 한 번도 로맨틱 분위기를 연출해준 적 없는 무뚝뚝하고 가부장적인 남자이다.

그런데 이런 남편이 애완견에게만은 그렇게 다정할 수가 없다. 가족에게는 무뚝뚝해도 강아지에게는 "그랬져, 우리 강아지!"라며 닭살이 돋는 멘트를 날리며 애정을 유감없이 표현한다. 그럴 때마다 평소 그에게서 다정한 말 한 마디도 들은 적 없는 아내와 자식들은 그가 전혀 딴사람으로 보였다. 그렇게 아끼던 강아지가 죽자, 남편은 가족들에게 한 번도 보이지 않던 눈물까지 흘렸다. 장례를 치르고, 납골당에 강아지를 묻고, 애도 기간을 정해 슬퍼하고, 죽은 강아지에게 편지를 쓰고, 진짜 사람이 죽은 것처럼 예의를 갖추고 슬퍼했다. 이 모습을 본 그녀는 어이가 없었다. 직장상사도 끌어내리고 한 번 터지면 화산처럼 화를 내는 사람이 강아지에게 저렇게 약할 수가 있을까?

보통 8유형은 내면에서 여리고 약한 모습이 불쑥 올라오면 강함으로 더욱 무장한다. 방송에서 눈물을 자극하는 장면이 나오면 이들은 눈물이 나오려는 것을 원천적으로 봉쇄해버려 자신의 약함을 옆사람에게 절대 들키지 않으려 노력한다.

그녀의 남편 역시 평소에는 눈물이 나올 상황에서도 꾹 참고 삼켜서 무뚝뚝한 사람으로 보였을 것이다. 특히 아내에게만은 약한 모습을 보이고 싶지 않았을 것이다. 하지만 강아지에게만은 강할 필요가 없기 때문에 그의 여림과 부드러움이 자연스럽게 올라오게 된 것이다.

그래서 8유형들의 겉모습만 보고 지레 겁먹을 필요가 없다. 이들의 고압적인 행동과 언성은 자신의 약함을 들키지 않으려는 데에서 오는 것이고, 이들의 속은 누구보다도 따뜻한 사람들이기 때문이다.

☞ 정의롭기에 응징하고, 통이 커서 허풍도 세다

강하고 지배욕이 있는 8유형의 성격적인 본능은 나는 정의롭다는 신념으로 발전한다. 정의에 대한 신념은 다시 나는 정의롭기에 피해자와 약자를 보호해야 한다는 또 다른 신념으로 발전한다.

정의는 8유형들에게 반드시 되짚고 넘어가야 할 정신이다. 내가 정한 나만의 정의인지, 많은 사람들에게 공감을 얻을 수 있는 사회적 정의인지, 자신이 무엇을 위해 누구를 위해 싸우는지 8유형들은 언제나 생각해봐야 한다. 그렇지 않는다면 자신만의 정의를 남에게 힘으로 강요하는 지배자가 될 수도 있다.

복수는 이들이 빠지기 쉬운 정신적인 함정이다. 이들은 정의를 위해 투쟁하고 정의롭지 못한 자들에게는 복수와 응징해야만 한다고 생각한다. 또한 나에게 손해를 끼치거나 도전하는 사람들에게는 서슴지 않고 앙갚음을 한다.

8유형 사람들의 죄(진짜 문제)는 이들이 지닌 파렴치함과 과도한 욕망이다.

파렴치함은 자신의 수치심을 보지 않으려는 태도이다. 이들은 약함을 보기 싫어하듯 자신의 수치심도 약함이라고 여기고 보려 하지 않는다. 그래서 이들은 남들로부터 '염치를 모르고 뻔뻔한 사람, 얼굴이 두꺼워 부끄러움을 모르는 사람' 이라는 비난을 받을 수도 있다. 통이 크고 화끈한 이들은 욕망도 크게 부린다. 집도 크고, 차도 크고, 가짜일지언정 반지도 알이 굵고 목걸이 메달도 큰 것으로 해야 직성이 풀린다. 이들의 과도한 욕망이 나오는 것이 다름 아닌 '허풍' 이다.

☞ Stop, Think, Choose

정의가 이들의 신념이기 때문에 이들은 자신이 정의롭지 못할 때 남들은 모르는 죄의식을 느낀다. 또한 강하게 추진하지 못하고 우물쭈물거릴 때 이들은 자신만의 죄의식을 느낀다. 8유형인 그녀의 오빠가 8유형의 죄의식에 사로잡히지 않았다면 화를 면할 수 있었을지도 모른다.

한 중년 부인이 은행에서 거액의 전세금을 찾아 나왔을 때, 부인을 몰래 주시하고 있던 소매치기는 순식간에 거액이 든 가방을 채 곧바로 달아났다. 부인과 가장 가까이 있던 사람들은 어찌할 바를 몰랐지만 은행을 지나던 그는 곧바로 상황을 파악하고 빠른 속도로 소매치기를 쫓는다. 건장한 체구와 빠른 움직임으로 소매치기에게서 가방을 빼앗아온 그는 의기양양하게 부인에게 전세금을 돌려주었다. 안도한 부인의 감사 인사와 주위 사람들의 치하가 오고 갈 때, 그가 갑자기 땅바닥에 피를 흘리며 쓰러진다. 앙심을 품은 소매치기가 칼로 그의 배를 찌르고 달아난 것이다. 병원 응급실에 후송되었지만 그는 하루 만에 저세상으로 떠나고 만다. 예쁜 아내와 세 살 된 아들과 그리고 아내의 뱃속에 든 둘째 아이를 세상에 두고서.

이 사건은 필자의 한 수강생이 들려준 자신의 오빠에 대한 이야기이다. 많은 사람들이 이 사연을 듣고 안타까움을 금치 못했던 장면이 아직도 생생하게 기억이 난다.

많은 8유형의 사람들은 이와 같은 경우를 보고는 그냥 넘어가지 못한다. 불의를 못 본 척하고 그냥 넘어가면 자신이 정의롭지 못하다는 죄책감이 들기 때문에……. 이들은 행동중심의 사람들로 위기상황에서 우선적으로 본능적으로 행동을 한다. 순간 이성은 마비가 되는 것이다. 이성적으로 생각해볼 때, 남의 물건을 훔치는 소매치기라면 자신을 보호하기 위해 흉기를 소지했을 거라고 짐작할 수 있어야 한다. 그러고 나서 자신도 구하고 남도 구할 수 있는 방법을 찾아야 한다. 하지만 8유형의 사람들은 나는 웬만하면 죽지 않을 것이라는 신념이 있어 더욱 저돌적으로 행동하게 된다. 이렇게 죄의식과 신념과 행동력이 결국은 돌이킬 수 없는 무모한 선택을 하게 만드는 것이다.

일단 저질러 놓고 보는 8유형의 사람들은 자신의 행동을 일단 멈추는 소리 'Stop'을 마음속으로 외쳐야 한다. 그래야 이성적으로 생각할 수 있는 'Think'의 기회가 생기고, 비로소 올바른 선택 'Choose'를 할 수 있게 된다. Stop, Think, Choose는 8유형이 올바른 선택을 하기 위해 꼭 기억해야 할 단어들이다.

8유형이 성장하는 길

8유형이 자신의 문제를 극복하고 의식을 성장시킬 수 있는 '변화의 길'은 어디에 있을까.

우선 이들은 자신의 감정을 접하고 인정해야 한다. 특히 약하다고 생각하는 감정을 말이다. 또한 주변 사람들은 이들의 약함을 보았을 때 의아해 하거나 놀리지 말고 모른 척하고 넘어가주는 것이 좋다. 이들의 약함을 공론화시키면 이들은 더욱 강해지려고 한다.

신뢰할 만한 사람을 찾아 당신의 문제를 이야기한다. 타인의 충고를 깊이 받아들이고 용서하는 자애로운 연민의 마음을 가짐으로써 이들은 관대해져야 한다. 용서와 자애로운 마음은 결코 약한 게 아니다.

상황에 타협해야 한다. 상황에 타협하려면 Stop, Think, Choose를 기억하자. 그래야 무모한 선택을 하지 않는다.

자신이 힘을 어떻게 사용하는지 직시하자. 이들이 중요시 하는 힘은 파워(Power)와 포스(Force) 두 가지로 나뉜다. 파워는 내면에서 나오는 영적인 상태의 긍정적인 힘을 말하며 포스는 무력적인 힘을 의미한다. 즉 파워는 남을 이끌어주는 부드러운 카리스마이고, 포스는 독재자가 쓰는 폭력적인 힘, 곧 파쇼이다. 8유형이 건강하면 파워를 쓰고 건강하지 못하면 포스를 쓴다. 자신이 쓰는 힘이 파워인지 포스인지 본인 스스로 직시해야 한다.

이들이 건강하게 자신을 극복하면 강력한 힘의 카리스마를 지닌 지도자로 변모한다. 지배력과 리더십을 갖추고 단호하고 대담하며 믿음직한 지도자가 되는 것이다. 이들의 자신감과 결단력은 구성원의 마음속에 있는 불신과 의심을 깡그리 없애버린다. 구성원들은 그를 믿고 자신의 재능을 유감없이 발휘하게 된다. 성숙한 8유형은 그 옆에만 가도 보호받는 느낌이 들고 안심이 되는 통이 큰 사람들이다.

이들이 세상을 바꾸려고 하면, 세상은 크게 바뀐다.

⊶ 8유형의 대표적 인물

국내: 김구(대한민국 임시정부 주석), 전두환(전 대통령), 정주영(현대 창업자), 양희은(가수), 박세리(프로골퍼), 강호동(개그맨) 등

국외: 마틴 루터 킹(목사), 거스 히딩크(축구 감독), 헤밍웨이(작가), 엘리자베스 1세(전 영국 여왕) 등

⊶ 심리용어로 알아보는 8유형

별칭(이미지):

보호자, 도전하는 사람, 보스, 제공하는 사람, 바윗덩어리, 남성, 아버지, 복수하는 자아,

일반적 특성 :

자신감이 넘치고 체격이 건장하며 지배, 통제를 좋아하고 강하고 질기다. 존재를 확실히 드러내려 하고 표정과 태도가 단호하다. 보복을 통해 잘못을 바로 잡으려 한다. 슬픔, 나약함, 부드러움이 드러날까 두려워 표정과 말투가 거칠고 투박하다. 가장 남자답고 여장부이며 의지력이 강한 사람들이다. 이들은 건강할 때 위엄 있고 정의로우며 넉넉한 아버지의 모습이고, 건강하지 못할 때는 폭군, 야수의 모습인데, 이들이 분출하는 폭발적 화는 자신과 주변을 전소시킨다.

자아 이미지 :

나는 강해서 무엇이든지 할 수 있으며 불의와 맞설 수 있는 정의로운 사람이다.

집착(심리적 고착): 힘, 강함

이들이 이상화('실재(I)'와의 연결)한 의식은 '본질적 강함'이다. 세상은 강한 자만이 살아남을 수 있다는 이들의 신념은 감수성과 열린 마음을 거부하고 '나는 누구에게도 조종당하지 않아.' 하면서 결연히 밀어붙인다. 모든 일을 통제하려 하고 자신의 권위 아래에 놓여 있기를 원한다. 자신의 힘과 영향력이 미쳤을 때 관대해지며 보호적 리더십을 발휘하고 그렇지 않을 때는 뻔뻔하고 대결적이며 무신경하고 복수심을 강하게 드러낸다.

유혹, 함정: 정의 추구, 복수

세상이 불평등하여 약자들이 생겨나고 이러한 약자를 힘센 내가 지켜줘야 한다고 생각한다. 불의는 그대로 되갚아주어야 한다는 생각에 '눈에는 눈,

이에는 이'로 보복하려고 한다. 건강할 때는 사회를 크게 정화시킬 수 있고, 건강하지 못할 때는 개인적 정의, 즉 무자비한 폭력으로 나타난다.

회피: 약함

강함을 추구하는 이들은 약함(부드러움)을 극도로 회피한다. 자신의 힘으로 살아남아야 한다는 신념을 갖고 사는 이들에게 약함은 무력감과 세상에의 항복이다. 이 정서는 어린 시절의 무관심, 학대 등으로 강화되었을 수 있다.

방어기제: 부정, 부인

이들의 가장 깊은 부정은 선(善)에 대한 부정이다. 사물의 낙관적, 희망적인 면을 부인하는 것이다. 자신이 약해보일 듯한 의식이 들어오는 모든 것을 막는다. 부드러운 말투, 맞장구, 동의 등을 거부하고 무능하다거나 일에 도움이 필요하거나 아쉬운 처지를 부정한다. 허풍으로 나타나기도 한다.

죄의식 :

정의롭지 못하고 약함을 드러냈을 때 이들은 죄의식을 갖는다.

근원적 문제: 과도한 욕망, 파렴치함

이들의 과도한 욕망은 물질의 세상에서 최대한 많이(크게) 흡수하고 게걸스럽게 섭취함으로써 내면의 메마름을 완화시키려고 하는 시도이다. 큰 물건(큰 집, 큰 차, 큰 액세서리, 큰 가구 등)에 대한 집착으로도 나타나고 많이 먹고 세게 운동하고 일을 허풍스럽게 벌이는 것 등으로도 나타난다.

파렴치함은 양심의 움직임에 둔감한 것으로 잘못을 저지르고도 호통을 치는 것이다.

덕목: 순수, 소박

순수한 사람은 선입견이나 자신의 판단에 잡혀 있지 않고 매순간 새롭게 반응한다. 더 이상 세상에게 공격당하고 침범당하지 않는다는 것을 받아들일 때 이들은 본래의 모습인 있는 그대로의 깨끗함, 온화함, 소박함을 회복할 것이다. 이들이 공격(방어)하지 않아도 될 대상인 어린아이, 동물, 화초 등을 대할 때의 태도이기도 하다. 단순하면서 정직한 이들은 실재와의 연결을 통하여 영웅적 모습을 보이게 된다.

9유형: 평화를 사랑하는 사람

가장 이상적인 생활태도는 물과 같은 것이다. 물은 만물에 혜택을 주면서 상대를 거역하지 않고, 사람이 싫어하는 낮은 곳으로 흘러간다. 물처럼 거스름이 없는 생활태도를 가져야 실패를 면할 수 있다.

– 노자

느티나무 그늘 아래서

시골마을에 가면 느티나무 한 그루쯤은 어디에나 있다. 한여름이면 나무의 서늘한 그늘 아래에서 마을 사람들은 오순도순 모여앉아 한가롭게 부채질을 하며 시원한 수박을 나눠먹고, 털이 복슬복슬해서 유난히 더위를 타는 누렁이들은 혀를 쭉 내밀고 찬 바닥에 드러누워 있었다. 해가 뉘엿뉘엿 지는 저녁이면 새들이 느티나무 속 보금자리로 돌아왔고 내일 다시 해가 뜨고 햇살이 비칠 때까지 캄캄한 밤을 보냈다. 시골마을의 느티나무는 사람이건 동물이건 그 무엇이건 간에 커다란 그늘 아래에서 모든 것을 품어주고 안아주는 넉넉하고 편안한 존재였다.

에니어그램에는 이 느티나무처럼 평화롭고 여유로운 사람들이 있다. 바로 9유형의 사람들이다. 조선시대의 명승 황희, 최규하 전 대통령, 가수 송창식과 김창완이 대표적인 인물들이다. 미국소설가 호손의 단편소설 「큰 바위 얼굴」에 나오는 주인공 어니스트 역시 9유형과 많이 닮아 있다.

매사에 급할 것 없이 평화롭고 여유로운 사람들. 그래서 자주 말과 동작이 굼뜨다는 소리를 듣는 사람들. 다른 사람들의 말을 잘 따라줘서 마음씨 좋은 동네 아저씨 같은 사람들. 하지만 내면에 고집스러움과 저항이 있어 한 번 고집을 피웠다 하면 누구도 말릴 수 없는 사람들. 그리고 모두를 수용할 수 있는 넓은 마음과 다양하고 폭넓은 의견과 비전을 갖춘 소유자. 이것이 9유형의 일반적인 모습들이다.

●→ 총알이 빗발쳐도 무사태평

이들의 깊은 마음에는 "나는 느긋하고 안정되어 있으며 흔들리지 않는다."라는 신념이 바위처럼 굳건히 버티고 있다. 그래서 이들은 안정과 평화를 그 어떤 것과도 바꾸려 하지 않고, 그 어떤 종류의 갈등과도 마주치길 바라지 않는다. 생사에 있어 심각할 일이 없어 극단적으로 태평할 뿐 아니라 가혹한 진실마저도 자신의 일이 아닌 양 조용하고 덤덤하게 표현해 옆사람을 놀라게 한다. 태평함은 게으르고 나태함으로 나타날 수 있다. 서 있으면 앉고 싶고, 앉으면 눕고 싶고, 누우면 자고 싶은 게 바로 이들의 태평함이다.

9유형의 남편을 둔 영애 씨는 남편의 태평함을 두고 "총알이 빗발쳐도 태평하게 밥을 먹을 사람"이라며 웃는다. 사내아이가 둘인 영애 씨의 집은 한시도 조용한 날이 없는데 특히 휴일이면 두 아이의 말썽과 싸움을 진정시키느라 하루가 전쟁처럼 지나간다. 그날도 거실에서는 아이들이 TV 리모컨을 서로 갖겠다며 맞붙었고 그 소리에 놀란 영애 씨가 거실로 서둘러 나왔다. 남편이 없어서 애들이 싸우나 했더니, 남편은 거실에 분명히 있다. 그것도 두 아이가 치고 박고 싸우는 사이에서 태평스럽게 신문을 보면서! 하도 어이가 없어 남편에게 "애들이 싸우면 혼을 내야지, 뭐 하는 거예요!" 하고 타박을 주었더니 남편이 하는 말이 가관이다. "내비 둬. 애들은 싸우면서 크는 거여."

한없이 태평스러운 이들은 자신의 안정과 평화를 깨고 싶지 않다. 이들은 남과 반대되는 자신의 의견을 숨기고 남의 의견을 잘 따라주기도 하며, 남에게 큰 이익을 주는 대신 자신의 이익은 조금만 가져가기도 한다. 이들이 이러는 이유는 상대와 갈등을 겪고 싶지 않아서다. 내 의견을 내세워서 생기는 갈등, 내 이익을 우선시해서 생기는 갈등, 이 세상의 모든 갈등을 피하고 언제까지나 안정되고 느슨한 상태에서 태평하고 싶어서 이들은 손해 보는 장사도 마다하지 않고 남이 하자는 대로 모두 따라하는 것이다.

또 이들은 자주 결단이나 선택을 못하고 일의 우선순위를 정하지 못하는 경우가 허다하다. 자신의 의견이 없어서가 아니라 판단하는 시각이 워낙 넓기 때문에 무엇을 선택해야 하는지 고민이 깊어 이들은 빠른 결단을 못 내리곤 한다.

갈등이 싫고, 판단 시각이 넓은 이들은 쓸 데 없는 말은 물론 필요한 말마저도 적게 하는 편이다. 상황에 적극적으로 뛰어들어 행동하기가 귀찮고 그냥 편안한 순간에만 머무르고 싶고, 어떤 문제에 대해 자신의 의견을 내놓아 생기는 남과의 의견충돌을 피하고 싶다. 그래서 이들은 화도 잘 내지 않는다. 하지만 분노는 누구에게나 있는 정서이고 장형들에게는 공통되는 핵심적인 정서이다. 다른 장형인 8유형은 분노를 유감없이 폭발시키고, 다음에 설명할 1유형은 자신 안에 분노가 없다고 스스로를 속이는 반면, 9유형은 이 분노를 알아차리고 싶지 않고, 회피하고 싶어한다. 화도 안 내고, 말도 안 하니 어릴 적부터 '순둥이' 라는 별명도 있었지만 매사에 묵묵하고 굼뜬 행동 때문에 '느림보'라는 별명도 함께 달고 다닌다.

➡ 자기비하와 혼수상태의 늪

어려서부터 자신의 의견을 무시하고 남의 의견을 따르면서, 스스로 선택하지 않는 행동을 반복하는 이들은 자기비하에 빠지기 아주 쉬운 사람들이다. 평소에는 한 마디도 않다가 하루는 용기를 내서 의견을 말했더니 아무도 들어주지 않고, 누르고 참아온 화를 터뜨리고 보니 화를 낼 상황이 아니라서 주위의 핀잔만 듣는다. 이런 일이 반복되면 9유형은 남들에게 함부로 취급받을 수 있다. 아울러 이들은 자신을 비하하면서 남들이 자신을 소중하게 여기지 않는다는 함정에 빠질 수 있다.

그럴 때마다 이들은 잠 속으로 음식 속으로 취미 속으로 빠져든다. 앞도 뒤도 생각하지 않아도 되고 오직 그 상태에만 머물러 있는 멍한 상태, 이른바 '혼수상태'다. 이것이 외부로부터 자신을 보호하려는 9유형의 방어기제이다. 혼수상태는 한 곳만 파며 발전적인 상태에 이르는 마니아들의 모습과는 전혀 다르다. 이들이 빠지는 혼수상태는 앞으로 나아가지 않고 그냥 그 자리에 머물러 있을 뿐이다, 멍한 상태로.

9유형인 홍승우 씨의 취미는 테니스다. 보통은 두세 시간 정도 치는데 한 번은 여섯 시간이 넘도록 테니스만 친 적이 있었다. 토요일 오전에 시작한 테니스는 상대를 번갈아가며 계속되었고, 그를 상대한 사람들은 승우 씨가 토요일에 다른 약속은 잡지 않고 테니스만 치는 테니스광인 줄만 알았다. 하지만 승우 씨는 그날 오후 세 시에 아내와 함께 처가 어른들을 만나는 어렵고 중요한 약속이 있었다. 화가 난 아내가 테니스코트에 나타났을 때에야 승우 씨는 오늘 약속을 간신히 떠올렸다.

9유형의 혼수상태는 누군가 제재를 안 하면 계속된다는 것이다. 만일 승우 씨의 경우 상대방이 약속있는 거 아니냐고 물었다면 그 약속을 자각했을 것이다. 이들의 혼수상태는 마치 건망증과도 같아서 복잡하거나 갈등을 초래하는 일은 자기도 모르게 잊어버린다. 승우 씨는 테니스를 치는 동안 복잡하고 갈등이 생길 것 같은 약속을 자기도 모르게 잊어버리고 혼수상태에 빠지고 말았던 것이다.

●→ 관성의 법칙이 만들어내는 아름다운 혼수상태

한 자리에 한없이 멈추고만 싶은 9유형은 일단 한번 움직이기만 하면 아주 크게 오랫동안 움직이는 사람들이다. 마치 관성의 법칙처럼. 누군가 이들의 긍정성을 잘 건드려주기만 하면, 이들은 영원히 움직이는 관성처럼 무한정 움직이기 시작한다. 그럴 때 이들의 혼수상태는 엄청난 힘을 발휘한다.

한국의 여성 골퍼로 이름난 신지애는 혼수상태에서 나오는 인내와 힘이 얼마나 대단한지 알려주는 대표적인 사람이다. 골프를 시작했을 무렵, 그녀는 교통사고로 어머니를 잃고 동생은 크게 다치는 예기치 않은 비극적인 일을 겪었다. 그녀의 아버지는 심사숙고 끝에 아내의 사망 보험금을 딸의 골프 유학비로 쓰기로 하는 어려운 결정을 내렸다. 떠나는 딸에게 아버지는 단 한마디만 했다. "너는 아무 생각하지 말고 골프만 치거라." 이후 그녀는 오직 골프에만 전념하고 또 전념했으며 마침내 세계 정상에 올랐다. 많은 기자들이 그녀에게 성공비결을 물었을 때 그녀는 이렇게 대답했다. "아버지가 하라고 해서요."

가족의 비극으로 슬픔에 빠져 있을 상황에도 신지애가 흔들리지 않았던 것은 그녀의 아버지가 그녀에게 긍정적인 동기부여를 해주었기 때문이다. 오직 골프에만 전념하라는 아버지의 한 마디가 신지애를 골프연습이라는 혼수상태에 빠지게 만들었던 것이다. 그 혼수상태 안에서 슬픔도 두려움도 잊고 오로지 연습에만 집중해서 마침내 세계정상이라는 결과를 성취해 내었다. 이처럼 9유형은 자신의 방어수단인 혼수상태를 잘만 쓰면 신지애처럼 '아름다운 혼수상태'에 얼마든지 이를 수 있다. 이들의 혼수상태는 끈기와 맥을 같이 하고 있다.

하지만 그 전에 이들이 넘어야 할 산이 있다.

이들을 가로막는 산은 바로 갈등 상황을 피하려는 자기 자신들이다. 이들은 무엇보다 피하고 싶은 갈등이 발생되어 내면의 안정감과 평화가 깨뜨려졌을 때 심한 죄의식과 죄책감을 느낀다.

중학교 1학년인 태균이는 친구 집에 놀러가 중국 음식을 시켜먹었다. 친구 중에 누군가 짜장면과 짬뽕 중 하나를 골라서 시키자는 의견을 냈고 태균이도 다른 친구들도 모두 찬성했다. 태균이와 친한 영선이는 태균이가 밀가루 알레르기가 있다는 것을 알고 있어서 태균이가 짜장면을 시키는 게 걱정이 됐다. 영선이는 태균에게 조용히 다가가 "너, 밀가루 먹으면 안 되잖아. 근데 왜 시켰어?"라고 물었다. 그러자 태균이는 "나만 다른 걸 시키면 애들이 싫어할지도 몰라. 그냥 한 번만 먹고 배탈 나고 말래."라며 대수롭지 않게 넘겼다. 다음날 태균이에게 알레르기 때문에 학교에 빠지고 말았다.

자신이 알레르기가 있음을 친구들에게 알리고 다른 음식을 시켜먹었다면 태균이는 탈이 날 리 없었다. 하지만 태균이는 그 사실을 전혀 말하지 않았다. 무엇보다 자신에게 집중되는 이목이 거북하고, 친구들이 알레르기라고 놀릴지도 모르고, 다른 음식을 시키면 '너만 왜 그래?' 하는 눈총을 받을까 봐 두려웠다. 말하자면 그와 같은 갈등상황을 초래하는 것에 죄의식을 느꼈기에 태균이는 아무 말 없이 그냥 넘어간 것이다. 이들은 이런 죄의식으로 많은 손해를 감수하면서 자신의 함정인 자기비하에 빠져버린다.

⦿→ 게으름 속에 스며든 나태한 정신

하지만 이들의 진짜 잘못된 문제는 갈등의 회피가 아니라 나태와 게으름이다. 행동과 정신 모두에 나타나는 나태와 게으름은 거기에 빠지면 생각도 동작도 마치 늪에 빠지는 것처럼 한없이 빨려 들어간다. 9유형은 다른 어떤 유형보다도 이 나태의 늪에 빠지기 쉽고 그 속에서 여간해서는 벗어나기가 힘들다. 세상에 뛰어들어 활기차게 살려고 하지 않고 안일하게 살려고 하는 이들은 잠만 자다가 인생의 중요한 순간을 놓치고 일을 그르칠 수 있다. 무엇보다 문제는 게으른 행동보다도 정신적 나태이다. 무엇이든지 새로운 시도를 주저하는 나태한 정신은 게으른 행동을 낳기 때문이다.

워크숍에 참석한 한 중년 남성의 이야기이다.

"제 아내는 초등학교 교사입니다. 교사로서 충실하고 스스로도 만족하고 있습니다. 그런데 몇 년 전 돌연 학교에 사표를 내겠다며 운 적이 있었습니다. 당시 새로운 교육 개혁안이 발효되면서 모든 학사기록을 컴퓨터로 입력하는 방식(나이스)으로 바뀔 때입니다. 아내는 갑자기 바뀐 체계가 싫고 시스템을 새롭게 익히려니 골치가 아파서 그냥 퇴직하고 싶다는 겁니다. 이게 말이나 됩니까? 잠깐 수고해서 입력절차를 익히면 그만인데, 그게 귀찮고 싫어서 교사를 그만두겠다니! 20년을 함께 산 아내지만 도저히 이해가 안

됩니다.”

하지만 워크숍에서 9유형을 마주한 그는 “아~ 내 아내가 바로 9유형이라서 그랬던 거군요. 이제야 이해가 되네요.”라며 허탈한 웃음과 함께 고개를 끄덕였다.

그렇다고 9유형이 모든 일에서 정신과 행동이 나태하고 게으른 것은 아니다.

자신이 좋아하는 일에는 이들 역시 부지런하다. 아침잠이 많은 9유형이라도 화초 기르기에 취미가 생기면 아침마다 벌떡 일어나 화초에 물을 준다. 또한 이들이 말과 행동이 언제나 느린 것은 아니다. 기분이 좋고 자신의 좋아하는 분야를 접할 때는 이들 역시 말과 행동이 아주 빨라진다.

‘순둥이’ 9유형이 어쩌다 화를 제대로 내면 말릴 사람이 없다. 이들이 묵혀놓은 분노는 바위처럼 묵직하게 드러나거나 썩은 퇴비처럼 고약한 냄새를 오랫동안 풍기며 나올 수 있다. 8유형처럼 분노를 터뜨리는 것이 아니라 큰 바위처럼 버티고 앉아 남들에게 자신이 얼마나 화가 났는지 아주 오랫동안 드러낸다. 이런 행동을 수동적 공격이라고 부르는데 한번 화가 나면, 아무리 타이르고 윽박지르고 협박을 해도 좀처럼 꿈쩍하지 않는다. 또한 공격할 상대에게 직접적으로 화를 내기보다 우회적인 방법으로 상대에게 피해를 입히고 골탕을 먹인다.

→ 9유형이 성장하는 길

이들이 자신의 부정성을 극복하고 성장하려면 어떤 길을 걸어야 할까.

9유형들이 가장 먼저 할 일은 자신의 가치를 ‘스스로’ 인정하는 일이다.

어려서 부모나 중요한 사람에게 자신이 소중하지 않거나 거부당한 존재라는 인식을 무의식적으로 받아들인다. 그래서 자신의 의견을 말하지 않고 화를 낼 정당한 상황에서도 화를 내지 않아야만 자신이 거부당하지 않는다고 착각한다. 그럴수록 남에게 함부로 취급당할 수 있고 그로 인해 자기비하가 더욱 심해질 수밖에 없다. 사람은 누구나 거부당할 수 있다. 하지만 이들은 거부를 더욱 크게 생각하기에 문제가 생기는 것이다. 9유형은 거부와 상관없이 자신은 그 자체로 소중한 존재임을 알아야 한다.

이들은 자주 빠지는 중독과 현실도피를 직면하기 위해 계획을 세우고 직접 실행에 옮겨야 한다. 끊임없이 스스로 목표를 정하고 실행해야만 중독과 혼수상태에서 빠져나올 수 있다. 이들은 안목이 긴 사람들이기 때문에 장기적인 목표를 잘 세운다. 10년의 목표를 세우고 장기적으로 움직일 수 있는 인내력이 강하고 통이 큰 사람들이다. 하지만 9년 9개월 동안 나태하다가 막판이 되어서야 움직이는 나태한 사람들이기도 하다. 그래서 이들에게는 장기목표와 함께 세부적인 단기목표도 중요하다. 작은 일부터 하나씩 이뤄가며 성취를 해야 이들의 장점인 큰 스케일의 업적을 이룰 수 있다.

이들은 긴 안목을 갖고 지치지 않고 가는 사람들이다. 관성의 법칙처럼 한 번 움직이면 영원히 움직이는 사람들이다. 자신의 단점을 극복하고 나면, 모든 사람을 너그럽게 큰 품에 감싸 안고 가는 진정한 느티나무가 된다.

공정한 중재자로 변모한 이들은 마을 어귀의 느티나무처럼 모두를 감싸 안고 속세를 초월해 깨달음을 얻은 도인처럼 높은 경지에 오른다. 어떤 상황에서나 어떤 사람에서나 좋은 점을 발견하여 진짜 수용이 무엇인지 진정한 평화가 무엇인지 스스로 보여준다.

9유형은 흔히 '에니어그램의 왕관'이라고 불린다. 에니어그램 위치로 보아도 원에서 가장 맨 꼭대기에 있고 어느 편에도 치우치지 않고 중앙에 자리하고 있다. 포용력이 크고 수용성이 강한 이들은 사람과 사물을 내 틀로 끌어들이지 않는다. 이들은 물처럼 용기의 모양에 따라 나를 맞추며 잘난 사람과 못난 사람, 부자와 가난한 사람, 깡패와 모범생, 누구와도 구분 없이 어울려주는 아주 넉넉한 사람들이다. 어느 쪽에도 치우치지 않고 좌우 유형을 모두 아우르는 그 자리가 바로 9유형의 위치이다. 이 말은 곧 누구도 소외시키지 않고 함께 화합하려는 뜻이고 이 화합은 사람들 사이에서만이 아니라 나아가 우주와의 결합을 의미한다. 이러한 이들의 모습은 인디언과 많이 닮아 있으며 때묻지 않은 인간의 순수성을 보여준다.

우리는 아주 많이 지쳤을 때 조용히 어깨만 빌려주는 이들이 생각난다.

●→ 9유형의 대표적 인물

국내: 황희(조선시대 정승), **최규하**(전 대통령), 노무현(전 대통령), 송창식(가수), 김창완(가수), 신지애(프로골퍼), 최종현(SK 전 회장) 등

국외: 링컨(전 미 대통령), **카를 융**(심리학자), 커널 H. 샌더스(켄터키프라이드치킨 창업자), 소피아 로렌(배우), 요한 바오로 2세(전 교황) 등

●→ 심리용어로 알아보는 9유형

별칭(이미지):

평화주의자, 화해시키는 사람, 느긋한 사람, 특별하지 않은 사람, 도인, 나태한 자아

일반적 특성 :

표정이 강하지 않고 튀지 않으며 푸근한 인상이다. 대체로 살이 찐 경우가 많고 행동이 느긋하다. 분쟁과 혼란을 싫어하기에 자신의 주장보다 되는 대

로 맞추려 한다. 마음이 외부로 향해 있어서 매우 활동적일 수도 있고 게으름으로 기울 수도 있다. 욕구의 초점은 타인에게 있다. 묵직하고 쉽게 움직이기는 어려우나 탄력을 받으면 멈추지 않고 멀리 길게 간다. 건강한 9유형은 너그럽고 평안하여 옆에 있기만 하여도 위안이 되는 느티나무, 큰 바위 얼굴의 사람들이다. 성숙한 9유형에게서는 도인의 풍모가 나타난다.

자아 이미지 :

나는 느긋하고 안정되어 있으므로 어느 상황에서도 흔들리지 않는다.

집착(심리적 고착): 안정, 평화

이들이 이상화('실재(I)' 와의 연결)한 의식은 '우주적 사랑' 이다. 우주가 사랑으로 이루어져 있고 인간도 그중 하나이므로 자연과 조화를 이루며 안정되고 평화로워야 한다. 그러다 보니 인생사에서 심각하거나 흥분할 일이 없어 극도로 태평하다. 현재를 유지하는 것이 안정이고 평화라고 생각하기에 변화, 발전에 더디다. 건강할 때는 모든 것을 수용하는 넉넉함이지만 건강하지 못할 때는 엄청난 게으름과 수동적 공격의 형태로 나타날 수 있다.

유혹, 함정: 자기비하, 과소평가

자신은 별로 중요하지 않고 우연히 생겨난 존재라고 여겨 자신의 삶에 뛰어들지 않고 뒤로 물러나 있다. 관심을 자기 자신에게서 딴 데로 돌리고 만족과 해답을 밖에서 구하려 한다. 스스로 결정하기보다는 다른 사람의 결정에 따르고 자신의 이익을 최소화한다. 이것은 분노를 미해결 상태로 눌러놓기에 많은 부작용을 초래하게 된다.

회피: 갈등

안정과 평화를 추구하고자 하는 이들에게 갈등은 절대적으로 피하고 싶은 정서이다. 그렇기에 자신이 갈등상황에 말려들지 않기 위해 자신의 의견이 있음에도 내세우지 않고 남의 의견을 잘 받아준다. 문제 발생시 아무런 반응 없이 끝까지 해결되도록 버틴다.

방어기제: 혼수상태

이들은 내면에 자리잡힌 근원적 결핍감에 대항하기 위해 내면의 고통을 무디게 하는 방법으로 자신을 달래서 심리적 수면에 빠져들게 한다. 이러한 혼수상태는 외관상으로 멍한 표정과 생기 없고 흐릿한 눈빛으로 나타나기도 한다. 단순 작업이나 TV 시청, 숨은그림 찾기, 간단한 게임, 무협지, 운동 등에 몰두하는데 이는 주의를 딴 데로 돌리기 위한 일종의 혼수상태이다.

죄의식

내면의 안정감과 평화를 유지하지 못하고 갈등상황을 만들었을 때 죄의식이 든다.

근원적 문제: 나태함, 게으름

생명력 부족과 활기 부족으로 정체된 9유형의 내면은 흡사 늪과도 같다. 나태는 정신적 측면으로 뭔가 새로운 것을 시도하려는 생각조차 게을리 하는 것이다. 결정에 어려움을 겪는 것, 중요도 평가에 더딘 것, 식별능력이 부족한 것, 당장 해야 할 일을 미루고 다른 일을 하고 있는 것 등으로 나타난다. 게으름은 행동적인 것으로 할 일을 안 하고 뒤로 미루고 자신의 욕구를 지나치게 축소하여 편안함과 움직임을 최소화하는 것이다. 잠자는 형태로 가장 많이 나타난다.

덕목: 행동

내면에 의식을 집중할 때 자신의 가치를 인정하게 되며 더 이상 주의를 딴 데로 돌리지 않고 지금 해야 일이 무엇인지 판단하고 곧바로 행동을 하게 된다. 이들은 관대하고 도량이 넓은 사람들이며 공정한 중재자들이고 때묻지 않은 인간의 순수성을 보여준다.

1유형: 완벽을 추구하는 사람

분노를 품고 사는 것은 독을 품고 사는 것과 마찬가지이다.
– 틱낫한

1유형은 어떤 사람들일까?

이들은 '완벽을 추구하는 이상주의자' 이다. 이들은 자신의 이상에 따라 움직이고 말하며, 그 이상을 이루기 위해서 끊임없이 노력하는 불굴의 의지가들이다. 이들은 자신의 이상에 따라 세상을 개혁하려고 한다. 그래서 에니어그램에서는 1유형을 이상주의적 개혁가, 완벽을 추구하는 사람들이라고 부른다.

이들의 내면에는 심판관이 살고 있다. 이상이라는 법을 따르는 심판관은 이렇게 묻는다. "옳은가? 아니면 그른가?"

그래서 1유형들은 이런 말을 자주 한다. "~해야만 한다, ~하지 않을 수 없다." 그리고 이들의 관심은 자연스럽게 원칙, 정의, 결벽, 올바름, 반듯함, 단정함, 공정함, 완벽함, 정리정돈에 쏠린다.

결벽과 완벽 사이에 무엇이 있는가?

매사에 정확과 완벽을 추구하고 자신이 정의롭고 올바르다고 믿는 사람

들. 이들의 삶은 어떤 모습일까? 1유형의 김미형 씨는 평촌에 사는 주부이
다. 그녀는 자신이 추구하는 완벽을 이렇게 말한다.

"지난겨울, 감기몸살을 아주 심하게 앓았어요. 열이 펄펄 끓어서 며칠 동
안 침대에 누워만 있었죠. 손가락 움직일 힘조차 없었고 입에선 앓는 소리가
저절로 나왔어요. 그러다 잠깐 눈을 떴는데 그때 못 볼 것을 보고 말았어요.
퀭한 눈에 들어온 것은 방바닥에 떨어진 머리카락 한 올이었어요. 열로 정신
이 혼미한데도 그 작은 머리카락만은 아주 크게 보이더라고요.

머리는 산발을 하고 입에서는 단내가 나는데도 천근만근 같은 몸을 움직
여 침대 옆에 놓아둔 테이프를 찾았어요. 방바닥에 떨어진 머리카락을 그러
모으는 테이프 있잖아요. 움직이지도 않는 손가락으로 겨우 그걸 집어서는
머리카락이 있는 쪽으로 굴려 보냈어요. 테이프가 또르르 굴러가더니 머리
카락을 착 붙이더군요. 그걸 보고서야 안심하고 다시 아플 수 있었지요. 이
정도면 병이 아닌가요?"

김미형 씨의 또 다른 이야기.
"김치는 당연히 시장에서 몸에 좋은 유기농 배추와 양념거리를 사다가 제
가 직접 담가왔어요. 하지만 그날은 몸이 어찌나 힘들었는지 시장에 도저히
갈 수가 없었어요. 그래서 김칫거리를 전화로 주문했지요. 김칫거리가 오자
남편과 아이들은 놀란 얼굴로 저를 쳐다보데요. '엄마, 그 농산물을 어떻게
믿고 배달을 시켰어요.' 그 말을 듣자 속에서 불덩이가 확 치밀어 올라왔고
동시에 큰소리가 터져 나왔어요. '엄마가 무쇠덩어리냐! 나도 힘들면 배달시
킬 수 있는 거지. 다른 집은 아예 김치를 주문해서 먹는다더라!'
그 순간 집안 분위기가 냉랭해지면서 잠시 적막이 흘렀습니다. 저는 식구

들이 너무 원망스럽고 제가 식구들에게 혹사당한다는 기분이 들었어요. 헌데 에니어그램을 공부하다 보니, 이 모든 게 바로 내가 초래한 문제라는 깨달음이 왔습니다. 나 때문에 늘 긴장했을 가족들을 생각하니 미안하고 부끄럽답니다."

스스로 병적이라 느낄 만큼 김미형 씨는 완벽함을 추구해왔다. 김미형 씨뿐만 아니라 대부분의 1유형들은 스스로 병적이라 느낄 만큼 결벽과 완벽을 추구하는 사람들이다. 게다가 이들은 완벽에 대한 기대가 아주 높아서 그것에 못 미칠 때면 자신과 남을 심하게 비판한다. 그러니 이들에게 가장 흔한 별명은 잔소리 대장이다.

●→ 어디에선가 소리도 없이 들려오는 꾸중소리

다음은 어느 선배 수녀님과 어느 목사님의 아내가 털어놓은 자신들의 경험담이다.

"나는 미사 중에 눈을 꼭 감아요. 남들이 볼 때는 묵상을 하려고 그러는 줄 알겠지만 사실은 다른 이유가 있어요. 신부님 앞 제대 위의 성구들을 보지 않기 위해서죠. 수녀가 그걸 왜 안 보냐고요? 그것들이 조금이라도 간격이 안 맞고 비뚤어져 있으면 저는 도저히 참을 수가 없거든요. 당장이라도 달려가 비뚤어진 걸 반듯하게 놓고 싶답니다. 하지만 미사 시간에 그럴 수가 있나요. 그러니 눈을 감을 수밖에요. 사실 눈을 감아도 아무 소용없어요. 눈을 감는 순간, 상상 속에서 비뚤어진 물건들을 하나하나 반듯하게 놓기 시작하거든요. 그런 날은 미사에 단 일 분도 집중할 수 없어요.

내가 이러니 후배 수녀들이 얼마나 긴장되겠어요. 내가 말로 꾸짖지 않

아도 제대를 담당하는 후배 수녀는 내가 이미 꾸짖고 있다는 것을 알아차
린답니다. 내 몸에서 그 기운이 감지되나 봐요. 고생하는 후배 수녀들에게
가장 좋은 선물이 뭔지 아세요? 내가 그들 눈앞에서 가능한 한 안 보이는
것이랍니다."

"목사의 아내이다 보니 신자들의 집에 자주 가는 편이에요. 신자의 집에
도착하면 제 눈에는 현관에 있는 흐트러진 신발부터 보여요. 신발들은 직접
손으로 가지런히 정리하고, 비뚤어진 현관의 깔개는 밟고 몸을 흔들어서 똑
바로 해놓아야 마음이 놓여요. 현관이 정리됐다 싶어서야 집안으로 들어가
지요. 그렇게 들어간 거실에 액자가 비뚤게 걸려 있기라도 하면 저는 곧장
그리로 달려가 비뚤어진 액자부터 바로잡아 놓아요. 그러고 나서야 비로소
심방을 시작한답니다.
　기도하는 동안 제 눈에는 이상하게도 고쳐야 할 것만 들어와요. 베란다에
는 시든 화초가 보이고 살짝 열린 화장실 문으로 열린 변기 뚜껑이 보이고
아이 방에는 어수선한 책상과 책꽂이가 보이고…… 이런 저를 두고 남편이
뭐라는 줄 아세요. 당신은 왜 남의 잔치에 초대받아 가서 잔치는 즐기지 않
고 쓰레기통만 쳐다보고 오는 거야!"

　1유형이 제시하는 기준은 높은 편이다. 너무 높아서 주위 사람들이 피곤
하다. 또 그 기준은 물건을 정리하고 청소를 하는 일상적인 일에서부터 고담
준론이 오고가는 고차원적인 상황에서까지 어디에서나 올바르게 제시되고
이들은 자신과 타인 모두 그걸 지켜내길 바라고 있다. 그래서 성당의 후배
수녀들이나 교회의 신자들에게 선배 수녀나 목사의 사모는 시어머니처럼 어
렵고 불편한 사람들이 되어버리고 만다.

●→ 존경받는 박 교수의 이중생활

하지만 가장 피곤한 사람은 다름 아닌 1유형 자신이다. 자신과 남에게 높은 기준을 제시하면서 누구보다도 자기 자신이 그 기준에 합당하기를 바라는 그들은 언제나 긴장상태에 있다. 게다가 보이지 않는 심판관이 이들을 24시간 내내 감시를 하고 있으니 그 긴장감은 더해진다. 또한 다른 이에게 모범이 되고 싶어하고 원리원칙을 너무 따지고 또 그걸 기필코 지키려다 보니 이들은 언제나 긴장하고 경직된 상태에 놓일 수밖에 없다.

이들이 욕설을 내뱉는 경우는 보기 드문 일이다. 이들은 올바르지 못한 말과 행동을 했을 때 크게 죄책감을 느끼는데, 그런 모습은 이들이 추구하려는 완벽한 인간, 인격자의 모습에 반대되기 때문이다. 이러한 신념과 태도가 이들을 또 긴장하게 만든다.

거센 비바람에 쓰러지는 건 부드러운 풀이 아니라 곧은 나무이듯 사람 역시 심하게 긴장하다 엎어질 수 있다. 이들이 긴장을 풀지 못하면 학교에서는 모범생, 뒷골목에서는 깡패라는 이중생활을 한다. 이런 면에서 서울 모 대학에서 영문학을 가르치는 박 교수는 1유형의 모범생 스트레스를 어떻게 풀어내는지 모범적으로 보여주고 있다.

"저는 매우 신중한 사람입니다. 교수로서 학생들에게 사표가 되어야 한다는 생각에 언제나 말과 행동에 신경 쓰고 긴장합니다. 그러다 보니 학생들이 쉽게 제 곁으로 다가오지 못하고 저 역시 쉽게 다가가지 못합니다. 그렇게 살다 보니 제 자신이 갑갑해지고, 스트레스가 심하게 쌓이더군요. 내버려뒀다간 폭발하겠다 싶어 생각한 끝에 스트레스를 풀 묘수를 하나 떠올렸지요.

바로 교수라는 제 직함을 버리는 것이었습니다. 방학 동안에만요. 방학이 되면 저는 교수에서 노가다로 변신합니다. 야구모자에 허름한 작업복을 입고 지방의 공사장으로 내려가 막일을 하는 거지죠. "서울 미아리에서 내려온 박 서방입니다."라고 제 소개를 하고 교수라는 사실을 숨긴 채 거기 사람들과 어울립니다. 교수니 체면이니 그들 앞에서 모두 내려놓는 게 얼마나 속 편한지 모릅니다. 그들과 막걸리를 기울이고 질펀하게 음담패설을 하고, 그 동안 못한 욕을 거기서 다 쏟아내어버립니다. 그러고 나면 갑갑증과 모든 스트레스가 확 풀려버리지요. 아마 방학 동안만이라도 노가다가 되지 않았다면 전 긴장하다 죽었을지도 모릅니다."

박 교수의 변신은 긴장과 경직의 족쇄를 풀고 자신에게 자유를 선사해준 재미있는 방법이다. 실제로 교수와 교사들 중에 많은 1유형이 이런 스트레스에 남달리 시달리고 있다고 한다. 다음에 소개할 교수는 박 교수와 마찬가지로 1유형이며 존경받는 분이지만 스트레스를 해결하지 못해 봉변을 겪었다.

"제가 아는 교수님은 정말 존경스러운 분이에요. 모두들 그분의 곧은 인품에 반해 진심으로 존경했고 그분이 퇴직하고서 벌인 환경운동은 여러 모로 귀감이 되었어요. 헌데 교수님의 사모님이 갑자기 이혼을 하시겠다는 거예요. 그 소식을 들은 이들은 모두 깜짝 놀랐지요. 도저히 그럴 만한 이유가 없었거든요. 하지만 사모님이 털어놓은 이유를 듣고 우리 모두 아연실색하고 말았습니다.

훌륭하신 교수님이 2~3년 전부터 퇴폐 안마소에 남몰래 드나드셨다는 거예요. 그것도 정기적으로. 그 사실이 그만 사모님께 발각되고 말았던 거지요. 다른 남자도 아니고 안팎으로 존경받는 그분이 그랬으니 사모님으로서는 도저히 납득할 수가 없었대요. 그래서 그 이유를 물었더니 교수님이 이렇게 대답하셨대요. 나도 모르겠소. 어느 날 만취되었다가 깨었는데 내가 그곳에 있질 않겠소. 그 후부터 술만 취했다하면 그곳에서 눈을 뜨는 나를 발견하지 뭐요. 정신 차리고 나면 얼마나 큰 후회가 엄습하는지 당신은 모를 거요.”

부인은 남편을 탓해도 우리가 그에게 돌을 던질 수 있을까. 사회적인 지위로 따져본다면 충분히 돌 맞을 수는 일이긴 하다. 하지만 인간의 성격을 탐구하는 에니어그램의 입장에서 보면 그의 행동에는 충분한 이유가 있다. 의식적으로 해소하지 못한 긴장을 분별력이 사라진 만취상태에서 해소하려다 봉변을 당하고 만 것이다. 그것도 나이 지긋하고 고명하신 분이. 먼저의 박교수처럼 이분 역시 제대로 방법을 찾았다면 건강하게 자신을 자유롭게 할 수 있었을 것이다.

본능은 아무리 숨겨도 나온다

1유형들은 대부분 성과 배설에 대해 숨기려 든다. 자연스러운 본능(성과 배설)을 더럽고 부끄러운 것이라 여겨 이들이 직접적으로 드러내려 하지 않는다. 이들의 완전에 대한 열망은 금욕적이고 청교도적이기 때문에 본능은 억제되고 숨겨야 한다고 여긴다. 필자 연구소의 한 남자선생님은 부부관계를 할 때도 마음이 불편하단다. 잠자리가 가장 자연스러웠을 때는 신혼초로 자녀를 출산해야 할 명분이 있었을 때란다. 어느 주부는 남편이 지방에서 근무를 하여 주말부부인데 남편이 옆에 오는 것이 왠지 꺼려지고 죄책감이 들어 피하다 보니 남편의 불만이 컸다고, 자신이 이상한 사람인 줄 알았는데 이제서 이해가 되면서 남편에게 많이 미안한 마음이 든다고 했다.

또한 생리적 본능은 언제 어디서든 튀어나오게 마련이다. 주위 사람들이 그걸 이해주지 못하면 1유형은 남들에 말 못할 불편함 속에 살 수밖에 없다.

"결혼해서 제일 곤란했던 것이 용변 보는 거였어요. 시부모님과 함께 사는데 거실에 어른들이 계실 때는 도저히 일을 볼 수가 없었어요. 며칠을 참고 참았다가 도저히 참을 수 없는 한계가 오면 한 시간 거리에 있는 친정으로 달려갑니다. 꼭 그럴 때마다 시부모님께서 어딜 가냐고 말을 거시고 전 대답도 않고 혼비백산 뛰쳐나갔지요. 이런 일이 반복되자 시어른들이 저를 이상히 여기셔서 이혼 이야기까지 나왔어요. 하지만 제 사정을 아시고는 오해를 푸시고 따로 화장실을 만들어주셨어요.

용변에 대해 이렇다 보니 학생 시절부터 긴 여행을 못가요. 3박 4일 수학여행에서도 당연히 화장실을 못 갔어요. 친구 집에 자러 갔다가도 용변이 급하면 새벽에라도 택시를 타고 집으로 와야 했어요. 심리적으로 이상이 있는 것이 아닌가 했는데 1유형인 제 성격의 강박적 태도였군요. 이젠 좀 안심이 됩니다."

신혼의 신부가 어려운 시부모 앞에서 용변 때문에 얼마나 힘들었을지 짐작이 간다. 다른 신부들도 마찬가지겠지만 유독 1유형 신부에게는 그런 상황이 아주 힘들 게 느껴졌을 것이다. 다행한 일은 가족들이 신부를 잘 이해해줘서 문제가 잘 해결된 것이고 신부가 자신의 강박적인 성격을 알고 나니 저절로 안심이 된다는 것이다.

자신의 성격을 알고 나면 행동의 원인도 알게 되어 마음이 자연스럽게 놓인다. 당장 자신의 태도를 바꿀 수는 없어도 원인을 알기에 이해는 할 수 있다. 이해할 수 있는 것과 이해할 수 없는 것. 이 사이에는 아마도 하늘과 땅의 차이만큼 큰 거리가 있을 것이다.

그 거리를 좁힐 수 있는 것이 나와 남을 아는 지혜, 에니어그램의 지혜다. 아는 것만으로 우리가 보는 세상은 확 바뀐다. 우리 조상들이 말하지 않았는 가. 아는 것이 힘이라고.

●→ 1유형이 성장하는 길

이들이 자신의 문제를 극복하기 위해서는 우선 완전에 대한 기대의 수위를 낮추어야 한다.

사람은 불완전의 존재이다. 완전은 신의 영역이기에 이것에 도전하는 것 자체가 이상(異常)이고 무모함이다. 이것을 바로 자각할 수 있을 때 비로소 내면의 전쟁(잣대, 긴장, 분노 등)에서 벗어날 수 있다.

이들의 내면에는 분노(마땅찮음)의 정서에 잠재되어 있다. 인간에게 분노라는 정서가 꼭 나쁘다고만은 할 수는 없다. 질서를 바로 잡고 정신을 똑바로 세우기 위해 필요한 정서이기도 하다. 문제는 1유형이 도덕적 잣대로 분노를 나쁜 것이라 단정하여 허용하지도 않고 애써 감추려는 데 있다. 그러다 보니 엉뚱한 방향으로 돌출되어 잔소리, 짜증, 틱 현상 등으로 나타나기도 한다. 분노를 알아차리고 적절하게 처리할 수 있는 방법을 터득하는 것이 필요하다. 또 세상은 내가 갖고 있는 잣대만이 기준이 될 수 없다는 것을 받아들이고, 있는 존재 모두가 그대로 완전함의 가치가 있다는 것을 수용할 때 이들의 강박적 태도가 풀리면서 부드러움이 회복된다.

드디어 유연함이 살아나고 진정으로 모범적이고 사표가 되는 훌륭한 인격자로 변모하는 순간이다.

●→ 1유형의 대표적 인물

국내: 박정희(전 대통령), 이병철(삼성 창업자), 손석희(방송인), 문재인(노무현재

104

단 이사장), 차인표(배우), 김여진(배우) 등

국외: 간디(정치가), 칸트(철학자), 헨리 데이비드 소로(철학자, 저술가), 마거릿 대처(전 영국 수상), 아돌프 히틀러(정치가), 캐서린 헵번(배우) 등

⦿→ 심리용어로 알아보는 1유형

별칭(이미지):

개혁가, 완벽주의자, 도덕주의자, 훈장, 사감, 판사, 조직가, 분개하는 자아.

일반적 특성 :

인상이 차돌같이 단단해 보이고 반듯한 자세와 정갈하고 단정한 차림이다. 올바르고 정의로우며 도덕적인 사람들로 다른 사람에게 모범이 된다. 모든 것이 반듯반듯 정돈되어 있고 질서가 잡혀 있어야 하기에 그렇지 못한 경우를 보면 지적하거나 고쳐놓으려 한다. 이러한 삶의 태도가 자신과 주변 사람들을 긴장하게 만든다. 정신과 몸을 경건하게 하고 싶은 이들이 건강할 때는 모두의 사표가 되어 존경을 받게 되고 건강하지 못할 때는 엄청난 짜증과 잔소리로 주변 사람을 힘들게 한다.

자아 이미지 :

나는 매사에 올바르고 정의로우며 모든 면에 완벽하다

집착(심리적 고착): 옳고 완벽함

이들이 이상화('실재(I)'와의 연결)한 의식은 '광명'이다. 광명은 본질에서 드러난 맑은 지성이며 잃어버린 완벽과의 연결이다. 이들은 강한 의무감으로 모든 상황을 개선시키려 한다. 세세한 것까지 신경을 쓰느라 정작 숲을 놓치

는 과오를 저지르게 된다. 청교도적이고 금욕적인 이들의 태도는 자연스런 성과 배설도 꺼리게 하여 일상에서의 심각함을 초래한다. 이들은 긴장감이 많고 긴장은 강박적 태도로 돌출된다.

유혹, 함정: 원망, 후회

현실에 대한 끊임없는 지적, 그 뿌리를 들여다보면 자신에 대한 적의이다. 그래서 이들은 다른 사람들이라면 지나쳐 버릴 수 있는 것까지 자기변호를 하려 하고 자기비판을 한다. 완벽함에 유혹되어 자신과 타인, 세상을 향해 원망과 후회가 많다. 이들 내부에 잠재한 분개(못마땅함)는 강박적 평가, 트집 잡기, 급작스런 흥분, 쉿소리 등으로 나타난다.

회피: 분노

올바르고 완벽한 인격자의 태도를 취하려는 이들에게 분노는 피하고 싶은 정서이다. 그러다 보니 자신의 분노를 인식하지도 표출하지도 못하고 억압하게 된다. 분노를 터트리지는 않지만 모든 것과 모든 사람에게 언짢고 화가 나고 짜증난 듯한 모습이 나타난다.

방어기제: 반동형성

이들의 강박적 성향은 불완전함에 대한 속죄의 의미이다. 자신을 깨끗하고 순결하게 만들어서 내면의 불결한 느낌을 지우려는 시도다. 이렇듯 그 반대의 것을 과도하게 강조함으로써 불안을 야기하는 상태나 감정을 무의식적으로 단단히 가둬놓으려는 것이 바로 이들의 방어기제인 반동형성이다. 남편이 잘못을 저질렀을 때 식음을 전폐하고 누워 있는 것이 아니라 더 반질반질하게 청소하고 정성스럽게 밥상을 차리는 식의 행위이다.

죄의식

올바르지 못한 말과 행동을 했을 때, 분노를 표출했을 때 죄의식을 느낀다.

근원적 문제: 억압된 분노, 양면성

억압된 분노는 많은 부작용을 초래한다. 인간은 초자아(슈퍼에고)의 작용으로 올바름을 추구하기도 하고 본능(이드)의 요구대로 원색적으로 행동하기도 한다. 1유형은 도덕주의자들이어서 초자아의 지배 속에 있다. 내면의 원시성(본능)에 대한 거부가 눌려 있다가 어느 순간 행동으로 새어나오게 된다. 인품이 뛰어나기로 소문난 지도자가 성추행을 저지르다 발각되거나 모범학생이 도벽을 하는 등의 경우이다.

덕목: 평온

1유형의 덕목인 평온의 태도는 외부의 삶뿐 아니라 내면의 움직임에 접근해야 한다. 이제는 나의 기질대로 반응하지 않고 평온을 유지하며 적절한 반응을 할 수 있게 된다. 비판과 짜증에서 벗어나 근면 성실하고 도덕적 정의감이 강하여 세상을 개혁시키고자 한다.

2유형: 돕고자하는 사람

다른 사람들이 원하는 것을 얻도록 돕는다면, 당신이 원하는 모든 것을 가질 수 있을 것이다.

−지그 지글러

어릴 적 우리 집은 방앗간을 했다.

방앗간은 점심때가 되면 사람들로 늘 북적였다. 어머니가 가난한 이웃들에게 밥을 내주셨기에, 방앗간 앞마당은 일 보러 온 손님들과 밥 먹으러 온 사람들로 언제나 떠들썩했다. 우체부 아저씨도 편지를 돌리다 이때가 되면 방앗간에 와서 점심을 들고 가곤 했다.

당시 우리 집 살림이 그렇게 베풀 만큼 넉넉한 편은 아니란 건 어린 나도 눈치로 알 수 있었다. 그래도 어머니는 아낌없이 베푸시는 분이셨다. 평소엔 밥을 대접하고 보름날에는 잔치를 벌여 온 동네 사람들을 대접했다. 방아기계 앞에 음식을 차려 고사를 지내는 그날이면 이웃들이 우리 방앗간 앞마당에 모여 보름달 아래서 마음껏 먹고 마시며 즐겼다.

잔치가 한창 흥겨울 무렵, 어머니는 음식 양동이를 이고 훌쩍 밖으로 나가셨다. 몸이 불편해 잔치에 못 온 이웃집 또 늙어서 오지 못하신 어르신네를 찾아가 시루떡이며, 돼지고기며, 막걸리며 고사음식을 빠짐없이 돌리시는 것이다. 그럴 때마다 나는 엄마를 따라 나섰다. 음식 양동이를 머리에 인 엄마와 막걸리 주전자를 든 나는 두 손을 꼭 잡고 보름달이 환한 마을길을 늦도록 걸었다. 그 기억은 어제 일처럼 생생하고 어머니는 이제 늙으셨다. 나의 어머니, 당신께서는 평생 동안 당신 것을 남의 손에 쥐어 주며 기쁘게 웃는 그런 분이셨다.

나의 어머니 같은 이들은 에니어그램에서는 2유형이라 부른다. 이들은 '돕고자 하는 사람', '친절을 베푸는 사람' 이다. 2유형의 사람들은 남의 기분을 잘 알아채고 누가 도움이 필요한지 잘 알고 있다. 그리고 도움이 필요한 이들을 위해 따뜻한 손길을 먼저 내밀 줄도 안다.

●→ 마더 데레사

2유형의 마음속에는 커다란 감정의 창고가 있다.

그곳에는 어떤 감정보다 사랑의 감정이 가득하며, 창고를 넘치는 그 사랑은 주위 사람들에게 흘러들어 세상을 따뜻하게 만들어준다. 에니어그램 모임의 지희 씨는 모임을 이끄는 수영 씨를 이렇게 평한다.

"단정한 첫인상과 달리 그녀는 사람을 잘 챙겨요. 모임의 자질구레한 준비부터 조원들의 생일까지 그녀는 우리 모임의 어머니 같은 분이죠. 저라면 귀찮아서 못할 것 같은데, 그녀는 어떤 보답을 바라지도 않으면서 언제나 베풀어주기만 하지요.

그녀는 이 모임 말고도 몇 년째 장애우 시설에서 정신지체 환우와 농아 어린이를 돌보고 있어요. 사람을 진정으로 섬기는 그녀를 보면 떠오르는 사람이 한 명 있어요. 바로 마더 테레사지요."

마더 테레사는 2유형의 가장 대표적인 인물이다. 그녀는 어머니의 마음으로 가난한 이들을 돕고 세계에 도움을 호소했다. 돌보고 베푸는 2유형을 보면 그런 어머니의 모습이 저절로 떠오른다.

천주교 신자인 성미 씨 역시 성당 교우에게서 신앙심 깊은 어머니의 모습을 보았다.

"캐나다에 살고 있는 데레사라는 친구가 있어요. 토론토에 살고 있어서, 우리 사이에선 토데레사라고 통하죠. 신앙심이 깊은 부지런한 그 이는 사람들과 잘 지내는데 특히 신부님과 수녀님을 지극 정성으로 대해요. 자기네 성당의 신부님, 수녀님은 말할 것도 없고 한국에서 오신 모르는 신부님, 수녀님에게도 그렇게 하지요. 오죽하면 그분들이 캐나다에 오면 가장 먼저 찾는데가 그이의 집이래요. 그이가 잠자리, 식사, 운전봉사까지 그분들이 계시는 동안 불편하지 않게 모든 봉사를 스스로 하거든요.

그런 행동이 제 눈에는 과해 보였어요. 자기체면도 살리면서 칭찬받기 위해 일부러 과하게 저런다고 여겼지요. 하지만 오랫동안 사귀어보니 전혀 그런 사람이 아니었어요. 예수님의 대리자를 예수님을 섬기듯 대했고, 그 정성이 한국에서나 캐나다에서나 예전이나 지금이나 한결같았거든요. 신심에서 우러난 차원 높은 봉사가 무엇인지 참사랑이 무엇인지 온몸으로 보여주는 사람이 바로 그 사람이었어요. 그걸 알고 나서는 그 친구를 존경으로 대하고 있답니다. 아 참, 그러고 보니 그녀의 세례명도 데레사네요. 마더 데레사와 같은."

수영 씨와 토데레사가 보여준 사랑과 봉사는 타인에 대한 이해와 공감에서 나온다. 2유형은 예리한 직감으로 옆사람의 기분을 이해하고 공감할 수 있으며 다양한 사람들과 다양한 분위기에 자신을 얼마든지 맞출 수 있다. 그래서 자신의 욕구보다는 타인의 욕구를 돌보는데 더 만족을 느끼며 세상을 살아간다.

● 차라리 내가 불편하고 말지

2유형에게 사람과의 관계는 무엇보다 중요하다.

사랑과 봉사와 친절이 넘치는 상황이라면 이들은 만족하지만 사람과 불편해지고 멀어지는 상황은 무엇보다 견디기 힘들어 한다. 그게 싫어서 이들은 남들과 불편해지느니 차라리 자신이 불편한 걸 감수한다. 2유형은 종종 자신도 할 수 없는 무리한 부탁, 선행, 책임 때문에 자신의 육체와 시간을 한계 속에 밀어붙이기도 한다.

중학생 아들을 둔 화영 씨. 아들 정석이는 얼마 전 다리를 다치는 바람에 며칠 동안 학교에 가지 못했다. 아들 친구들이 병문안을 왔을 때 화영 씨는 마침 집을 비웠다. 그때 정석이는 혼자 목발을 짚고 나가 한참 만에 과자와 음료수를 사와 친구들을 대접했다. 돌아온 화영 씨가 자신을 부르지 않았냐고 묻자 정석이는 "엄마를 부르는 것도 친구에게 시키는 것도 미안해서. 차라리 내가 하는 게 제일 속편해."라고 대답했다. 화영 씨는 아무래도 아들이 2유형이라는 생각이 들었다.

2유형의 수강생들도 차라리 자기 몸이 아픈 게 낫다고 말한다. 한 수강생은 열이 40도까지 올라 응급실에 실려 갈 판이었는데도 그날 밤에 있을 시댁의 제사 걱정에 벌떡 일어났다. 몸 아픈 건 참아도 제사에 못 가서 마음 불편한 것은 도저히 참을 수가 없기 때문이었다.

불편하고 싶지 않아 거절이 힘든 2유형. 이들은 자신에게 오는 타인의 호의와 친절도 역시 잘 거절하지 못하는 편이다. 친절함으로 사람들과의 관계를 잘 맺고 싶은 이들은 같은 동기 때문에 남의 친절도 거부하기가 어렵다. 내 친절이 거부당했을 때의 가슴 아림을 알기에 다른 사람에게 그 아픔을 주고 싶지 않은 것이다. 다음은 같은 2유형 여성들이 가게주인과 손님으로 만났을 때 벌어진 일이다. 2유형의 몸에 밴 상냥함과 그걸 내치지 못하는 2유형의 마음이 잘 나타나 있다.

"어느 날 퇴근길의 일이에요. 동네 옷가게에 걸린 블라우스가 마음에 쏙 들어 곧장 가게로 들어갔어요. 가게주인이 얼마나 친절하고 상냥한지 몰라요. 주인 말이 그렇잖아도 이 앞을 지나다니는 저를 유심히 보고 인상이 참 좋다고 느꼈었다나요? 저는 바로 낚였어요, 호호호. 그 후 그녀가 건네주는 대로 걸쳐보고 입어보고, 예쁘다는 환호성에 덩달아 맞장구치고, 그러다 보니 옷 몇 벌이 쇼핑백에 담겨 있는 거예요. 블라우스에다 어느새 치마와 바지까지…….

계산하려 카드를 내밀었더니 곤란한 웃음을 지으며 '저……손님, 동네 장사라서 이윤이 얼마 안 돼요. 카드수수료 때문에 그러는데 혹시 현금카드는 있으세요? 저 옆에 은행도 있는데…….' 라는 거예요. 저는 그녀를 따라 은행까지 갔답니다. 이게 도대체 무슨 짓인지! 저는 그 다음부터 그 골목을 피해 다른 길로 퇴근을 합니다. 생각해보니 그 가게주인도 혹시 2유형 아닐까요? 어찌나 사람을 살살 녹이던지. 아니면 상술로 2유형의 친절함을 보이는 건가요?"

이들은 정말로 보답을 바라지 않고 베푸는 것일까.

사실은 이들의 깊은 마음에는 보답에 대한 기대심리가 존재한다. 이들이 남들에게 사랑을 쏟는 이유는 준 사랑만큼 받고 싶어서이다. 사랑받기 위해서 사랑하는 것이다. 그래서 이들은 감사하다는 말을 못 들었을 때, 자신의 호의와 친절에 아무런 보상이 없을 때 자신도 모르게 분노한다. 2유형의 어느 여성은 이렇게 말했다.

"고등학교 다닐 때 반에서 왕따를 당하는 아이가 있었어요. 불쌍해서 곁에 있어 줬는데 이 친구가 제게 고맙다는 말 한 번 안 하더라고요. 어휴, 얼마나 화가 나던지!"

또 다른 2유형도 비슷한 경험을 했다.

"옆집에 재혼한 부부가 이사 왔어요. 왠지 소외당하는 거 같아서 제가 많이 도와줬지요. 그런데 고맙다는 말을 한마디도 안 하더군요. 그 이후 그 사람들 험담은 제가 다 하고 다녔어요."

보답에 대한 2유형의 무의식적인 바람은 곧잘 주위 사람들을 당황스럽게 만들기도 한다. 남들이 자신의 마음을 알아주지 않을 때 이들은 간혹 안 하던 행동을 한다. 어느 며느리는 2유형의 시아버지에게 놀란 적이 있다.

"아버님은 아들네에 오실 때마다 한우 같은 비싼 음식을 꼭 사가지고 오세요. 그러지 말라고 말씀드려도 좀처럼 들으시질 않아요. 아버님이 그러시는 이유를 저는 알아요. 저희들과 함께 살고 싶다는 무언의 요구를 그렇게 하시는 거거든요. 한 번은 너무 비싼 한우라 저도 모르게 부담스런 표정을 지었더니 그 모습을 본 아버님이 이렇게 말씀하셨어요. '왜, 내가 너보고 같이 살자고 할까봐 겁나니?' 그러시더니 그 비싼 한우 세트를 화장실 변기에 넣어버리고 물을 내리는 거예요."

나는 순교자요, 구세주로다

사랑의 2유형에게는 자만심이 있다.

이는 자신의 상처를 알아차리고 남에게 도움을 청하기를 거부하는 자만심이다. 자신은 다른 이에게 도움을 주는 사람이지 도움을 청하는 사람이 아니라고 여기는 것이다. 이로 인해 이들은 우선적으로 돌보고 살펴야 할 자신을 방치하고 남들로부터 사랑과 보살핌을 받을 기회를 놓쳐버린다.

이들의 자만심은 곧잘 구세주 콤플렉스나 순교자 콤플렉스로 나타난다. 나의 사랑이 세상을 구원할 수 있어, 내가 없으면 너는 안 된다, 내 희생이 너를 복되게 할 거야, 저게 다 내가 이룩한 것이다, 라며 그들은 착각의 늪에 빠질 수 있다.

결혼 5년차 어느 여성의 일상이다.

"아침마다 저는 남편이 입을 옷부터 넥타이까지 완벽하게 준비해놓아요. 남편을 위해 모든 걸 준비해야 마음이 놓이고 행복하거든요. 그런데 어느 날 제 자신이 남편에게 필요 없는 존재로 느껴졌어요. 그때부터 괴로움이 시작됐지요. 우울증이 오고 자살 충동도 여러 번 겪었고, 꿈속에서 자살한 내 모습을 보자 이상하게 마음이 편해졌어요. 이러다 내가 죽겠다 싶어 울면서 남편에게 헤어지자고 했어요.

당황한 남편은 한동안 저를 달랬지만 그의 어떤 말도 저를 위로하진 못했어요. 그런데 남편이 '나는 너 없이는 아무것도 못해.' 라는 말하는 순간, 놀랍게도 저의 모든 고통이 사라졌어요. 그 이후 다시 행복이 찾아온 건 물론이고요."

순교자 콤플렉스에 빠져 고통을 겪은 그녀는 남편이 "나는 너 없이는 아무것도 못해."라는 말을 해주길 무의식적으로 바랐던 것이다. 사실 그 말은 많은 2유형이 가장 듣고 싶어하는 말이며, "너는 나 없이는 아무것도 못해."는 2유형이 가장 하고 싶은 말이기도 하다.

이들은 그 말을 노골적으로 상대방에게 하지 않고 대신 온몸의 분위기로 자신의 메시지를 전한다. 그런 2유형이 직접 말하지는 않고도 전체의 분위기를 침체시킬 수도 있고 기분이 좋지 않으면 자신의 감정을 노골적으로 드러내 주위를 불쾌하게 만들 수도 있다.

● 돌려 말하기

이들은 자신의 욕구를 간접적으로 표현하는데 익숙하다.

그래서 남들이 알아주길 더욱 바라고 있다. 마치 자신이 상대의 마음을 알아주는 것처럼 상대도 자신의 마음을 알아주기를 똑같이 바라고 있다.

다음은 한 라디오에서 소개된 편지 사연이다. 2유형의 간접표현이 아주 재밌게 그려졌다.

"저희 시아버님은요, 정말 재밌으세요. 게다가 자식, 며느리, 손주 모두에게 어찌나 다정하고 친절하신지 세상에 그런 분이 없어요. 바라시는 것도 자식에게 직접 말하지 않고 꼭 돌려서 말씀하세요. 아버님의 요구사항은요, 제

삿날이면 확실히 드러납니다. 축문을 읽으실 때 당신의 바람이나 섭섭했던 일들을 조상님에게 아뢰는 것이지요.

할아버님, 저희 아이들은 모두 효자입니다. 아시지요? 근데 옆집 김 영감은 지난봄에 유럽여행을 다녀왔답니다. 괜찮습니다. 저희 부부는 재작년에 중국에 다녀왔거든요. 제 차가 지금 15년쯤 된 거예요. 하지만 걱정 마세요. 운전대가 뻑뻑하고 소리가 좀 요란해도 아직 탈 만합니다. 어째 기운 차리기가 영 힘이 드네요. 나이탓이지요, 뭐……'

제사가 끝나면 우리 가족은 큰시아주버님을 중심으로 모여 가족회의를 엽니다. 왜 그러는지 아시겠지요. 물론 저희 가족들은 아버님께 받는 것도 많답니다. 우리 아버님은 정말 따뜻한 분이세요."

● → 2유형이 성장하는 길

2유형의 고통은 대부분 이들의 깊은 자만심과 타인에 대한 무의식적인 바람에서 나온다. 이들이 가장 먼저 할 일은 자만심과 바람에 가려진 자신의 욕구를 바라보고, 거부하지 말고, 인정하고 그대로 행동하는 것이다. 또한 거절하는 습관을 들여야 한다. "아니오.", "안 돼.", "할 수 없다."란 말을 자주 하는 것이 자신을 우선적으로 돕는 길이다.

2유형은 자신의 욕구를 회피하는 경향이 강하기 때문에 자신 내면에 침잠해 들어가기가 쉽지 않다. 그럴수록 이들은 홀로 있는 시간을 자주 가져보고 내면의 의식을 자주 느껴봐야 자신의 건강함을 유지할 수 있다.

2유형은 기본적으로 사랑받고 싶은 사람이다. 그래서 많은 사랑을 베푼다. 만약 당신의 아내가 2유형이라면 아내의 사랑에 당장 답해보라. 정말 감사하다고, 사랑한다고, 내게는 너뿐이라고. 그리고 뜨거운 포옹과 달콤한 키스도 함께한다면 행복은 바로 눈앞에 있을 것이다.

☞ 2유형의 대표적 인물

국내: 장기려(의사), 지승룡(민들레 영토 사장), 이금희(아나운서), 최수종(배우), 황정음(배우), 신애라(배우) 등

국외: 마더 데레사(수녀), 슈바이처(의사), 나이팅게일(간호사), 카네기(사업가), 엘리너 루스벨트(전 UN 인권위원장), 요한(사도. 예수의 애제자) 등

☞ 심리용어로 알아보는 2유형

별칭(이미지):

조력가, 돕고자 하는 사람, 사랑스러운 사람, 특별한 친구, 효녀, 어머니, 아첨하는 자아.

일반적 특성 :

표정이 부드럽고 상냥하며 동글동글한 체격에 호감이 가는 인상이다. 이들은 관계에 몰두하며 사랑을 잘 표현하고 친절하며 타인의 마음을 잘 이해한다. 상대에게 없어서는 안 될 사람이 되기 위하여 그들의 비위를 잘 맞추고 자신이 원하는 것을 직접적으로 요구하기보다는 그들이 알아주기를 바란다, 상냥하고 활달한 이들이 건강할 때는 친절함과 사랑으로 주위 사람들의 생기를 찾아주고 건강하지 못할 때는 참견과 과보호로 사람들을 옭아맨다.

자아 이미지 :

나는 다른 사람에게 도움을 주고 그들의 욕구를 채워주는 꼭 필요한 사람이다.

집착(심리적 고착): 사랑, 돌봄

이들이 이상화('실재(I)'와의 연결)한 의식은 '융합된 사랑'이다. 융합된 사랑은 사랑하는 사람과 무아지경의 결합 속에서 일치감을 느끼는 사랑을 말한다. 이는 타인으로부터 충족되어지는 것이기에 다른 사람과의 연결에 힘을 쏟게 된다. 항상 남을 도와야 하고 그들에게 필요한 사람이 되기 위해서 자신의 욕구를 배제시킨다. 자신을 돌보지 않고 남에게 의존된 이러한 삶은 궁극적으로 깊은 자괴감과 함께 자신과 이웃의 삶을 파괴하게 된다.

유혹, 함정: 아첨

이들은 자신이 사랑으로 충분히 지원을 받으면 완전한 자기 자신이 될 수 있으리라 여긴다. 자신의 완성을 자신 안에서 실현시키지 않고 타인에게 의존함으로 자신을 잃어버린다. 타인과의 관계에 좋고 나쁨에 의존되어 있기에 끊임없이 그들의 눈치를 살펴야 하고 아첨하게 된다. 알아주지 않는다고 느껴질 때 엄청난 분노와 섭섭함, 험담으로 표출된다.

회피: 욕구(결핍감)

이들은 바쁘게 다른 사람에게 관심을 주고 그들의 필요를 채워주는 것으로 자신의 욕구(결핍감)를 알아차리지 않으려 한다. 자신도 나약하고 남의 도움을 필요로 하는 사람이라는 것이 드러나면, 그들에게 비쳐진 사랑이 많고 남을 돕는 사람이라는 풍요로운 이미지가 손상될까 두렵다. 또 나를 찾지 않을까봐 자신의 욕구를 인정하지도 채우지도 않게 된다.

방어기제: 억압

자신의 이미지(사랑스런 사람)에 맞지 않는 것은 조작하거나 그냥 의식 밖으로 밀어낸다. 또한 이미지에 반하는 것이 드러날까봐 늘 노심초사하게 된다. 해서 히스테리컬하고 연극성적인 강박성향이 나타나고 도발적 옷차림과 유혹적 행동으로 표출되기도 하는데 정작 성적인 행동 그 자체는 두려워한다. 사람들 앞에서 쉽게 울음이 터뜨리는 것은 억압된 정서의 보상일 뿐 감정과는 깊이 접촉하지 않는다.

죄의식

자신의 욕구를 채우느라 남을 도와주지 못하고 사랑스럽지 않은 모습에서 죄의식을 느낀다.

근원적 문제: 자만심

자만심은 자신이 사랑스럽지도 않으며 가치롭지 않다는 내면의 느낌을 보상하기 위해 부풀려진 자기관념이다. 자만한 자기팽창은 자신이 중요한 사람이라는 착각으로 주위 사람들의 동경과 찬양을 요구한다. 또 훌륭한 사람의 조력자가 되었을 때 그들과 성적 밀착이 되었을 때 자부심을 느낀다. 이는 자만(대접받아 마땅한)을 공공연히 드러내는 구세주 콤플렉스와 겸손으로 자만을 숨기고 자신을 지워버리는 순교자 콤플렉스를 초래한다.

덕목: 겸손

2유형의 덕목은 겸손이다. 겸손은 부풀리지 않고 있는 그대로의 한계를 받아들이는 것으로 전체 안에 자신의 위치를 정확히 아는 것을 의미한다. 이들은 부풀린 자기팽창에서 벗어나게 되고 마더 데레사처럼 거짓 없는 거룩한 사랑을 실천하게 되고 진정으로 사랑받는 존재가 된다.

3유형: 성취하는 사람

얼굴을 높이 쳐들려고 하지 않는 젊은이는 발밑만 내려다보고 사는 사람이 될 것
이다. 하늘 높이 비약하려고 하지 않는 정신 상태를 가진 사람은 땅바닥만 기어다
니는 운명을 면치 못할 것이다.
– 디즈레일리

독수리가 떴다.

어른 팔만 한 날개를 활짝 펼치고 푸른 하늘을 날쌔게 날고 있다. 독수리의 날카로운 눈에 멀리 있는 먹잇감이 들어온다. 바람에 몸을 맡기고 빠르고 조용하게 먹잇감에게 다가간다. 순식간에 몸통을 낚아채고 단숨에 숨통을 끊어버린다. 둥지로 돌아와서는 새끼에게 먹이를 나눠준다. 우뚝 선 모습이 늠름하고 씩씩하고 날래다. 독수리, 다시 하늘로 떴다.

3유형은 이런 독수리와 많이 닮았다. 이들은 바람에 몸을 맡기고 유영하듯 창공을 날며 최소한의 몸짓만으로 사냥을 해내는 독수리처럼 자신의 목표를 달성하기 위해 효율적으로 끊임없이 매진하는 사람들이다.

이들은 열정적이며 적극적이다. 넘치는 에너지로 자신이 맡은 일뿐 아니라 회사와 단체의 일에 적극적으로 뛰어들어 업적을 일궈내고 문제를 해결해 나간다. 모임을 만들거나 주도하고 그것을 못하면 모임의 사회라도 본다.

이들은 사람들 앞에 서는 걸 체질적으로 좋아한다. 3유형은 무대의 스포트라이트를 받고 사람들의 시선을 받으며 일하는 것을 무엇보다 즐긴다. 이들은 자신을 이렇게 생각한다. "나는 잘 적응하고 효율적이며 나의 이미지에 관심이 많다."

목표를 향한 씩씩한 발걸음

이들에게서 게으름, 꾸물거림, 수동적인 행동은 찾아볼 수가 없다. 꼭두새벽에 일어나 자기계발에 끊임없이 매진한다. 바쁘고 적극적이고 열정적인 이들은 자신뿐 아니라 주위 사람들도 그렇게 되길 바라며 주위 사람들에게 발전적인 동기를 부여한다.

대학생 민정 씨의 외숙모는 3유형의 중년 여성이다.

"외숙모는 하는 일이 아주 많으세요. 유치원도 운영하고 대학원도 다니면서 온갖 모임의 임원도 도맡아 하세요. 몇 해 전 내가 수능시험을 치고 난 다음해에 외숙모는 방송통신대학교에도 다니셨어요. 대학원 입시준비를 하던 외숙모는 늘 책상에 앉아서 공부를 하고 계셨어요. 일단 목표를 세우면 오직 목표에만 매진하는 모습이 무서울 정도였지요. 그 뒷모습을 보면서 어영부영 보낸 내 고등학교시절이 얼마나 후회됐는지 몰라요.

외숙모는 목소리가 자신감에 차 있고, 이야기를 참 잘 하세요. 그래서 대학원 원우회 모임에서도 매번 사회를 맡으신대요. 외숙모는 사업상 필요하기 때문에 재미있는 말을 들으면 항상 메모를 하시고요. 중요한 모임에 나갈 때는 할 이야기를 미리 정하셔서 기억해 가세요. 아무리 바빠도 깔끔하고 아름다운 모습으로 다니시고, 흐트러진 모습은 절대 보이지 않으세요."

목표를 향해서 이들은 씩씩하게 걸어 나간다. 장애를 장애로 여기지 않고 어려움을 어려움으로 받아들이지 않고 오직 목표만 바라보고 걷는다. 이런 열정은 3유형을 자수성가의 길로 이끌기도 한다. 중소기업 사장인 한상호 씨는 어려웠던 젊은 시절을 이렇게 회고한다.

"어릴 때부터 못하는 게 없었어요. 공부면 공부, 운동이면 운동, 대인관계면 대인관계까지. 반장부터 학생회장까지 다 제가 도맡아서 했어요. 두려울 게 하나도 없었죠. 그런데 대학에 들어가서 아버지가 돌아가시고 집안 사정이 갑자기 기울어졌어요.

어떻게 살아갈까 막막하던 때 우연히 들어간 교회에서 목사님의 설교를 듣고 힘을 얻었지요. 그분을 찾아가 제 입장과 비전을 말씀드리고 정중하게 도움을 부탁드렸어요. 제 얘기를 들은 목사님께서는 차 한 잔을 대접해주고는 부드럽게 거절하셨어요. 전혀 불쾌하지가 않았어요. 다음엔 똑같은 얘기를 당시 최고의 가수였던 나훈아에게 편지로 썼어요. 답장은 못 받았지만요. 결국 다니던 대학에서 저를 도와주더군요. 장학금에 취직까지 시켜주었죠. 그때부터 지금까지 제 인생을 한 마디로 말하면 자수성가입니다."

⊙→ 연출과 화술의 달인

화술이 좋은 3유형은 자신의 감정을 억제하면서 상황과 상대방에 따라 자신을 연출해내며 상대방에 맞춰 말과 행동을 할 줄 안다.

명강사 임춘희 씨는 대학시절, 화술로 교수님을 살린 적이 있었다.

"존경하는 지도교수님이 탄핵이 될 상황이었습니다. 흥분한 학생들이 총장실로 찾아가 면담을 했어요. 총장님과 교직원들은 꿈쩍도 않고 우리들 의견을 철저하게 무시하더군요. 학교 측에서 일방적으로 면담을 끝내려 할 때, 저는 책상을 쾅 치며 벌떡 일어났어요. 모든 사람이 저를 바라보았어요. 그때를 놓치지 않고 일장연설을 시작했습니다. 교직원들이 붙잡고 말려도 조금도 개의치 않았어요. 교수님을 잃지 말아야 할 이유를 조목조목 따져가며 합리적으로 말했죠. 일방적이던 총장님이 제 얘기를 끝까지 들으시더군요. 그러더니 그 자리에서 탄핵을 취소해주셨어요. 그 순간, 기립박수와 환호성이 터져 나왔답니다."

이들은 남편과 대판 싸우고도 남편의 친구를 만나면 웃는 낯으로 상냥하게 대할 수 있고, 어려운 자리에서도 할 얘기를 똑 부러지게 할 수 있는 스타일이다.

신혼인 윤아 씨는 웃으면서 자신이 하고 싶은 이야기는 다 한다.

"동생은 저를 보고 순진한 얼굴로 사람들을 많이 속인다고 해요. 얼굴만 보면 순진하고 착할 것만 같은데 웃는 얼굴로 할 말 다 하면서 주위 사람들을 구워삶는 제 모습이 너무 신기하대요. 맞는 말이에요. 직장선배, 시댁 어른 앞에서도 저는 생글생글 웃으면서 하고 싶은 말은 다 해요. 그리고 제가 원하는 걸 얻어내요. 대신 대화할 때는 예의를 갖추고 그분들의 말에 적절하게 호응할 것을 잊어선 안 되죠."

사랑받으려면 성공해야 한다

자신을 바라보는 시선을 즐기는 이들은 자신을 꾸밀 줄 안다. 그리고 잇속을 차리는 데도 아주 능하다. 그래서 목표에 매진한 후에 이들은 자신의 업적을 자랑스럽게 이야기한다. 이들의 업적은 실로 대단하다.

퇴계로 15평 사무실에서 직원 5명으로 시작하여 10여 년만에 대그룹을 세운 김우중 회장, 독특하고 뛰어난 경영방식으로 승진을 거듭해 최연소로 GE 최고경영자가 된 잭 웰치, 비영리교육단체의 여성간사로 출발하여 신념과 투지로 오늘날 전국의 주요도시 30여 곳에 교육단체를 만들어 낸 KACE(한국지역사회교육협의회)의 주성민 이사장, 어깨너머로 외삼촌에게 배운 태권도 실력 하나로 미국에서 대성공을 거둔 김태연 씨, 약물중독·강간 등 어린 시절의 불행을 딛고 토크쇼의 앵커로 우뚝 선 오프라 윈프리, 대한민국을 대표하는 여성앵커 백지연 씨(현재는 방송아카데미원장), 경기의 흐름을 단숨에 바꿀 수 있는 역량을 갖춘 농구천재 허재, 한국 연예산업을 주도하는 SM 기획사의 이수만 사장, 하루에 2~3시간 자면서 새로운 요리를 개발하는 재미가 피로를 몰아낸다는 전 두바이 버즈 알 아랍 호텔의 수석주방장인 에드워드 권, 트럭운전수에서 로큰롤의 황제가 된 엘비스 프레슬리, 할리우드에서도 성공해 자신의 가든파티에 톰 크루즈를 초대하겠다는 가수 비 등 이루 열거할 수 없을 정도로 많은 국내외의 경영인과 지도자, 체육, 연예계의 성공한 사람들이 3유형이다.

● 업적이 바로 나

이들은 업적을 자신과 동일시한다. 이들에게는 우승 트로피가 자신이며, 자격증이 자신이며, 높은 연봉이 자신이라고 생각한다. 이들은 학위, 지위, 자격증, 상장, 돈 등 업적에 관련된 것이 많을수록 자신이 훌륭한 사람이라고 여겨진다. 실적이 바로 나 자신인 것이다.

필자인 나도 바로 3유형이다. 나는 3유형의 거의 모든 특성을 갖고 있으며 내가 3유형인 것에 만족하며 살아간다. 나 역시 다른 3유형과 마찬가지로 업적과 나를 동일시한다. 그것은 바로 '이종의는 에니어그램'이라는 등식이다. 그리고 나는 에니어그램과 나를 동일시하면서 강의(화술과 연출에 능숙한 나의 재능을 발휘하여)를 통한 '에니어그램의 전도사'가 되었다.

다시 3유형의 이야기로 넘어가보자.

이들은 왜 이리도 성공과 성취에 목말라 하는 것일까. 3유형은, 어린 시절 자신이 특별한 성취를 이룬 순간에 인정과 사랑을 받았다. 그로 인해 있는 그대로의 나 자신이 아니라 뭔가 이룩한 나 자신이 되어야 사랑을 받을 수 있다고 받아들인다.

이들은 부모나 주변 사람들로부터 "너는 잘할 수 있어.", "너는 훌륭한 아이야."라는 소리를 듣고 자랐다. 그 말을 "넌 잘 해야만 한다."라고 해석한 이들은 "내가 해내었을 때 나는 훌륭하다."라는 식의 좌우명을 책상 앞에 크게 써 붙인다.

이들은 무의식중에 실패하면 사랑을 받지 못할 거라고 여긴다. 그래서 실패를 두려워한다. 실패한 자신을 용납할 수가 없어 쉽게 실패를 인정하지도 않고 실패를 남의 탓으로 돌리기도 한다. 또 실패한 과거를 지워버리고 성공한 것만 기억하려고 애쓴다.

3유형은 성공을 이루기 위해 피나는 노력과 함께 효율을 기울인다. 이들이 추구하는 효율은 '최소의 시간과 경비와 노력으로 최대의 성과'를 주창하는 자본주의의 경제법칙과 닮아 있다. 효율로서 성공에 이르는 과정을 이들이 정직하게 거친다면 이들은 자신이 갈망하는 유능함과 실력을 얻을 것이다. 하지만 효율은 유혹과 함정이 되어 이들을 망칠 수도 있다.

효율의 이중성-나를 살리거나, 망치거나

3유형의 함정인 효율은 실용과 허세의 두 가지 모습으로 나타난다.

무엇보다 이들은 자신의 좋은 모습을 부각시켜 남들의 호감을 얻으려 한다. 그러나 그렇지 못할 때도 자존감을 확립했을 경우, 이들은 누구보다도 자신의 실패와 불리한 입장을 딛고 오를 수 있는 사람들이다. 부잣집 사모님 소리를 듣다 갑자기 집안이 망했을 때 3유형의 주부는 얼마든지 행상을 하고 가사 도우미를 할 수 있다. 자신의 열악한 배경이나 외모에 주눅 들지 않는다. 3유형의 효율성이 실용으로 나타나는 것이다.

방송인 박경림의 경우이다.

박경림의 아버지는 경림의 중학교 동창들이 많이 입학한 고등학교의 수위 아저씨였다. 아직 추위가 가시지 않은 3월 어느 날, 고등학생이 된 경림은 친구들을 수위실 앞에 불러 모았다. 그리고 친구들에게 연설을 시작했다. "너희들이 학교에 오면 제일 먼저 만나는 곳이 어디냐? 바로 수위실이지? 수위실은 학교에서 가장 중요한 일을 하는 곳이라서 거기에 있는 거야. 그렇게 중요한 곳에서 일을 하시는 분은 얼마나 고맙고 대단한 분이겠냐! 그러니 추위에 아랑곳 않고 열심히 근무하시는 수위 아저씨를 위해 위문공연을 하자. 얘들아. 훌륭한 이분이 바로 우리 아버지시다."

경림의 또 다른 이야기.

신인시절, 경림은 방송국 화장실에서 자신의 험담을 들었다. 얼굴은 네모나고 목소리는 돼지 목 따는 소리를 내는 애가 왜 방송국에 와서 설치길 설쳐! 그 소리를 직접 들은 경림. 그때부터 스스로를 네모공주라 부르며 사람들을 웃겼다.

또 경림은 방송을 잠시 접고 영어공부를 위해 미국에 직접 간 적도 있다. 경림의 모습은 3유형의 실용성, 현실적응이 어떤 것인지 보여주는 좋은 예이다. 이들이 허세를 내려놓고 실용으로 돌아설 때 스스로나 타인에게 많은 동기부여를 할 수 있다.

효율에서 초래된 또 하나의 특징은 바로 허세다.

유능과 효율을 선호하는 이들은 자신이 가진 것 이상으로 과장해서 자신을 말하는 경우가 자주 있다. 내세울 만한 처지가 아닌데도 경제적으로 어려운데도 이들은 어렵지 않은 척 남들 앞에서 허세를 부린다.

3유형의 어느 사업가는 사업에 실패하고 처갓집의 반 지하방에 얹혀 살면서도 외제차를 굴리며 남들에게 있어 보이려고 한다. 빚에 시달리면서도 장인의 골프채를 빌려 필드에 나가고 자식들을 사립학교에 계속 다니게 한다. 아내가 땅을 치고 말려도 소용이 없다. 오히려 이들은 이렇게 하지 않으면 사람들이 나를 얕봐서 다시 사업을 할 수 없다고 대꾸한다.

또 다른 3유형의 중소기업 사장은 처음 만나는 사람에게 자신을 선전하기에 바쁘다. 자신의 사업이 얼마나 잘되고 자신이 유명인 누구와 친분이 있고 어느 학교를 나왔는지 그와 30분만 있으면 이 사실을 모두 알 수 있다.

3유형이 성장하는 길

실패를 꺼리고 성공을 중시하는 이들은 감정이나 인간관계의 혼란에 주의를 기울이지 않는다. 목표 이외에 아무것도 보려 하지 않기에 유능하지만 매정한 사람으로 불린다. 가까운 사람들에게 상처 주다 자신마저 다치기도 한다.

3유형들은 누구를 위해 무엇 때문에 앞만 보고 달려야 하는지 곰곰이 생각할 필요가 있다. 결국은 자신이 행복하고자 하는 일인데 3유형은 남에게 인정을 받으려고 몸과 마음까지 망쳐가면서까지 자신을 내몬다.

성과를 향해 자기 자신과 남을 무자비하게 몰아붙이고 때로는 교묘한 조작과 속임수를 쓴다. 이로 인해 어떠한 상황에 적절하다고 생각되는 감정과 태도를 자동적으로 취하게 되므로 남들은 물론 자기 자신도 이들의 진짜 모습을 모르게 된다. 이들의 모든 행위 밑바탕에는 자신에 대한 선전이 깔려 있어서 실제로 정서적인 삶은 텅 비어 있기도 하다.

그런 이들에게 가장 좋은 치유법은 사랑이다. 성취한 내가 아니라 있는 그대로의 나를 사랑하고, 인간의 가치는 업적이 아니고 존재라는 것을 받아들일 때 3유형의 극복이 이루어진다.

이들은 그동안 거부했던 자신의 감정을 받아들이고 크고 작은 실패를 직시할 때 이들의 상징동물인 독수리처럼 날카롭고 정확한 눈과 부리로 실체를 간파할 수 있다.

이들의 덕목은 바로 정직이다.

●→ 3유형의 대표적 인물

국내: 김영삼(전 대통령), 김우중(전 대우 회장), 김태연(재미교포 사업가), 백지연(앵커), 허재(농구선수), 이수만(SM 기획사 사장), 비(가수), 박경림(방송인) 등

국외: 잭 웰치(GE최고경영자), 엘비스 프레슬리(가수), 오프라 윈프리(방송인), 빌 클린턴(전 미 대통령), 톰 크루즈(배우), 앤서니 라빈스(『네안에 잠든 거인을 깨워라』 저자) 등

●→ 심리용어로 알아보는 3유형

별칭(이미지):

성취가, 동기부여자, 지위를 추구하는 사람, 일등주의자, 최고경영인, 선동가, 허영적 자아.

표정이 밝고 활력이 있어 보이며 빛나는 눈빛에 호감이 가는 인상이다. 이들은 상대나 분위기에 맞추어 태도를 취하기에 세련됨으로 비쳐진다. 지나칠 경우에는 자신도 타인도 속내를 알기가 어렵다. 성취를 주요시하는 이들은 분명한 목표와 효율적 달성을 추구한다. 이들의 삶의 태도는 자본주의의 지향인 경제법칙과 흡사하다. 건강한 상태에서는 자신과 타인에게 동기를 제공하고 잘 이끄는 리더의 모습이고, 건강하지 못한 상태에서는 자신의 편리와 이익을 위하여 자신과 남을 기만하는 결과지상주의에 빠지기도 한다.

자아 이미지 :

나는 어디에나 잘 적응하고 효율적이며 유능하고 세련된 사람이다.

집착(심리적 고착): 성공, 성취

이들이 이상화('실재(I) 와의 연결)한 의식은 '본질적 측면의 발달' 이다. 이는 실재를 아는 삶을 구현하고자 함이고, 매우 깊은 수준의 발달이기에 도달하기가 대단히 어렵다. 그렇기에 이들은 사회적인 성취(도달)를 통하여 이를 보상하려고 한다. 자신의 가치가 활동과 역할, 성과에서 생긴다고 여기기에 사랑받기 위해서는 무언가를 해야 한다. 목표달성을 위한 과한 활동은 관계중심형인 이들에게 주변을 돌볼 여유를 잃게 한다.

유혹, 함정: 효율, 허세

이들은 아무런 성과도 없는 일에 시간을 낭비하는 것은 무능하다고 여긴다. 질보다 눈에 보이는 양을 중시하고 결과가 확실하게 드러나는 것을 선호한다. 이들은 자신만이 일을 더 빨리 유능하게 잘 수행할 수 있다고 생각하기에 다른 사람에게 일을 잘 맡기지 못한다. 또 참된 가치나 의미, 내적 내용물보다는 외모, 재능, 성과, 재물, 칭찬, 자랑 등을 중요시여겨 이들의 이상인 실재와의 연결을 더욱 어렵게 한다.

회피: 실패

이들이 쉬지 않고 쫓기듯이 활동하는 것의 동기(뿌리의식)는 실패자 같은 불안을 상쇄하고 회피하기 위한 것이다. 아무것도 안 하는 것, 무력한 느낌, 목표달성의 미비, 돋보이지 않는 것 등은 실패자의 느낌이다. 상대방보다 목표가 훨씬 더 중요하기에 관계를 뒤로 미룬다.

방어기제: 동일시

훌륭한 역할과 자신의 업적, 지위, 상, 돈, 자격증 등이 곧 나다. 또 자신의 가치가 실적, 결과물이기에 일중독에 빠지게 된다. 이들이 동일시하는 것은 대부분의 사람들이 중요시여기는 것이어서, 거기에 더 치중하게 되고 자부심을 느낀다. 자신이 보여주는 이미지가 곧 자기 자신이라고 여기기에 완벽한 이미지를 익히는 일에 몰두하면서 자신의 진정성은 점점 더 멀어진다,

죄의식

실패한 인생에 대한 자신의 모습에서 절망감과 무력감을 느끼며 잘못되었다고 생각한다.

근원적 문제: 속임수, 기만

3유형의 거짓말은 일을 해내고자, 자신이 원하는 것을 얻고자, 다른 사람에게 좋은 인상을 주고 싶을 때, 또는 패배를 피하고 자신의 부주의, 비능률,

무능력한 사람으로 비쳐질까가 두려워서이다. 이들의 기만은 남보다 우선 자신을 속인다. 나는 괜찮은 사람이야, 능력이 있어, 어디에나 잘 맞출 수 있어, 성격이 최고야 등 대부분 무의식적으로 이루어지기에 순간 자신이 실제로 그렇다고 믿을 때도 많다. 자신에게 유리하기 위하여 하는 이러한 거짓말들은 자신과 주위의 삶에 깊은 그림자를 드리운다.

덕목: 정직

3유형의 덕목은 정직이다. 정직은 진리에 대한 헌신, 진리를 전하거나 깨달을 힘, 진리 또는 사실을 따르는데 있어서의 정확성, 진실한 무엇을 뜻한다. 즉 자신인 것과 자신이 아닌 것을 분명하게 식별하는 태도야말로 3유형의 결정적인 가치이다. 거짓 없는 능력으로 사회의 편익에 큰 이바지를 할 수 있다.

4유형: 특별한 사람

모든 예술의 궁극적인 목적은 인생은 살 만한 가치가 있다는 것을 일깨워주는 것
이다. 또한 그것은 예술가에게 더없는 위안이 된다.
– 헤르만 헤세

여기, 특별한 감성의 소유자들이 있다.

"저희 교수님은 깡마른 체구에 체크무늬 재킷이 잘 어울리는 영문학 교수
님이에요. 학생들이 발제를 잘 못해도 한 번도 화를 내신 적이 없이 언제나
잔잔히 웃으시면서 찬찬히 설명을 해주세요. 꼭 존대말을 쓰시면서요. 창밖
으로 라일락이 피었거나 눈이 내리는 날이면 '시를 읽기 좋은 날 같지 않아
요?' 하며 싱긋이 웃기도 하세요. 어젯밤에도 늦도록 시를 읽으셨대요. 이런
저희 교수님의 별명은 영국신사예요."

"열 살이 넘은 제 딸은 불 꺼진 빈 집에 들어서면 이렇게 말해요. '불이 꺼
져 있으니까 집이 슬퍼 보여.' 사물도 감정이 있다고 느끼나 봐요. 사실은 자
신이 슬픈 건데. 그리고 저에게 자기를 사랑하느냐고 자주 물어봐요. 지겨울
정도로. 밤마다 제 품에 스며들어 안아달라고 하지요. 제 딸은 감정이 풍부

한지 뭐든 느끼려고 하는 것 같아요."

"비가 부슬부슬 내리는 날, 딸아이가 학교를 마치고 집에 올 시간이 되었는데 안 오는 거예요. 우산을 들고 나가보니 저만치 공원에서 길고양이를 무릎에 앉혀놓고 있는 딸아이가 보이잖아요. 유심히 바라보니 고양이가 비에 맞을세라 자신의 온몸으로 비를 막아주고 있데요. 어찌나 정성스레 고양이의 털을 쓰다듬으며 집중하고 있는지, 제가 바짝 다가갈 때까지 알아차리지 못하더라구요. 딸아이는 마치 고양이와 영혼의 접촉을 하는 듯 보였어요. 아주 행복해 보였구요. 방해하면 안 되겠다 싶어 그냥 두고 집으로 들어왔지요. 딸아이와 고양이의 빗속의 의식은 2시간이 넘어서야 끝이 났답니다."

영국신사 교수님, 불 꺼진 집이 슬프다는 소녀, 또 길고양이와 교감하는 감성이 풍부한 소녀는 모두 4유형에 속하는 사람들이다. 이들은 무엇보다도 감동을 중시하고 다른 사람들보다 슬픔이나 고독을 진하게 느끼는 편이라 타인에 대한 이해심이 많고 사려가 깊다.

또한 4유형은 자신을 특별한 사람이라고 자부하며 평범함을 꺼린다. 자신을 드라마 속의 연기자처럼 느끼며 품위 있고 표현력이 풍부하다는 인상을 준다. 나는 특별한 존재이다, 나는 감수성이 풍부하다, 라는 자기 모습에 만족을 느끼는 사람들이다.

●➔ 아름다움의 창조자

이들은 심미안을 지닌 아름다움을 창조하는 사람들이다.

많은 4유형이 아름다움을 추구하는 여러 분야에서 활동하고 있다. 시인으로 소설가로 화가로 작곡자로 배우로 디자이너로 아름다움을 창조한다.

큰 상을 받으면 많은 이들은 구구절절 수상소감을 밝힌다. 하지만 대종상 여우주연상을 수상했던 장미희 씨는 오직 한 마디로 모든 것을 말했다. "아름다운 밤이에요."

그룹 부활의 리더 김태원 씨는 어느 프로젝트를 성공리에 마친 후 점수를 매겨달라는 후배의 요구에 "이 무대는 점수로 매길 수가 없어. 이건 그냥 아름다움이야."라며 미(美)를 수치로 환산하지 않았다.

저는 옷장사가 아닙니다, 예술가입니다, 라고 자신의 정체성을 밝혔던 한국의 대표 디자이너 고 앙드레 김. 그는 한국의 곡선을 의상에 끊임없이 접목했다. 곡선의 우아함, 부드러움, 포근함을 화사한 꽃과 함께 장식한 것이 그의 트레이드마크이다. 예술가는 작품을 창조해야하기에 그는 어느 디자이너보다도 패션쇼를 많이 열었다. 패션쇼마다 한국에 주재하는 대사, 영사부부를 무료로 초대했고 그들을 통해 한국의 미가 세계에 알려지기를 고대했다. 그래서 앙드레 김은 한국의 멋과 미를 국제적으로 소개하고 국가브랜드를 높이는 민간외교관이기도 했다.

아름다움을 추구하는 4유형의 감수성은 다른 유형에 비해 크고 깊다. 남들보다 받아들이는 폭이 확연하게 크기에 미세한 것도 그냥 놓치는 법이 없다. 하지만 섬세한 만큼 남이 볼 때는 종잡을 수가 없어서 변덕스럽게 보이는 게 4유형의 감정의 폭이기도 하다.

이들은 부모가 크게 반대하는 사람과 결혼하려고 가출까지 하면서 뜻을 이루지만 막상 결혼식을 올린 첫날밤에 이혼을 마음먹는다. 생활에 만족하면서도 과거의 첫사랑을 잊지 못해 첫사랑과 함께 갔던 바닷가를 떠올리고 그와 함께 듣던 음악에 심취한다.

감정의 변화가 심한 이들은 갈망하던 연인을 잡는 순간 연인에게서 매력을 잃어버리고, 현실에 만족하면서도 과거를 회상하고 꿈꾸는 사람들이다. 이들은 완전할 수 없는 사랑에 늘 갈망한다. 갈망은 목마름이라 채워도 채워도 다시 목마를 수밖에 없는 욕망이다. 그래서 이들의 완전한 사랑에 대한 갈망은 영원히 이루어질 수 없다.

●→ 내 안에 있는 소녀

4유형의 대표성은 소녀성이다.

예민한 감수성, 정서적 변덕, 아름다움의 추구 등 4유형의 여러 모습은 소녀를 연상시키기에 충분하다. 아직 성숙하지 않은 이 소녀는 나이가 들어도 소녀처럼 말하고 행동한다. 성숙한 여성이 안 된 4유형의 여성은 현실을 잊고 때로 나이에 걸맞지 않게 말하고 행동하는 바람에 딸들이 본의 아니게 엄마에게 엄마노릇을 하는 경우도 종종 있다.

소녀성을 지닌 4유형의 여성은 자연스럽게 여성스럽다는 말을 듣지만 소녀성을 지닌 4유형의 남성은 여러 모로 고생이 심하다. 특히 가부장적 성향이 강한 한국사회에서 소녀성이 강한 4유형의 남자들은 집단과 사회로부터 외면당하기 십상이다. 4유형 남자 자신마저도 자신의 내면을 받아들이지 못해서 혼란을 겪기도 한다.

하지만 타고난 감수성과 미적 감각을 발휘할 수 있는 여건과 정체성을 찾으면, 이들은 자신을 받아들일 뿐 아니라 큰 성장과 업적을 이루기도 한다. 대표적인 인물이 바로 고 앙드레 김이다.

요즘은 소녀성이 강한 4유형 남성들이 활발히 움직이고 있다. 문화 예술계뿐 아니라 패션디자이너, 헤어디자이너, 메이크업 아티스트, 스타일리스트, 코디네이터 등 예전에는 여성전문직이라고 여겼던 곳에 수많은 4유형의 남성들이 활동하고 있다.

4유형인 민종 씨는 신촌에서 알아주는 헤어디자이너다.

"저는 어려서 계집애 같다는 소리를 많이 들었어요. 말투, 표정, 손동작, 몸놀림 감각 등이 많이 여성스러웠지요. 우악스러운 남자보다 부드러운 여자들과 교감하는 것이 더욱 편해요. 옷도 부드러운 선이 있는 게 좋아요. 남자는 왜 치마를 입으면 안 되는지 그것이 참 이상해요. 전 누나 치마를 몰래 입어본 적도 있어요."

물론 모든 4유형의 남자들이 민종 씨처럼 여성성을 고집한다는 것은 아니다. 그들 속에 내재된 여성성의 강도에 따라 그리고 그것을 받아들이는 자신의 열려 있는 마음에 따라 그들의 모습은 천태만상이다.

● 나를 찾아 떠나는 끝없는 여행

4유형의 또 다른 특징은 정체성의 추구이다.

자신이 누구인지, 자신의 순수한 본질이 무엇인지를 찾아 떠나는 이들의 여행은 죽을 때까지 지속될 수 있다.

"공부보다 삶이 무엇인지 궁금했습니다. 대학에 가면 알 수 있을까 했는데 마땅치 않아 자퇴를 했지요. 그 후 삶의 의미를 찾아 전국을 떠돌아다녔어요. 절에도 가고, 수행도 하고, 연극판에서 떠돌기도 했어요. 정말 무수히 다녔습니다.

나이는 들어가는데 아직도 확실한 종착지를 찾지 못했어요. 혼기가 넘으니 부모님이 역정을 내시고, 내가 바라는 인생의 의미는 도대체 어디 있는지, 어디서 그 가치를 만날지 정말 모르겠어요. 부모님 성화보다 더 힘든 게

있어요. 내 안의 엘리트 의식과 현실의 무능함 사이의 간극. 그것이 가장 절
힘들게 해요.”

“고등학교 시절, 혼자 여행을 갔어요. 수업도 빼먹고 아무에게도 알리지
않고. 떠나지 않으면 숨통이 막힐 것만 같았거든요. 돌아와 보니 집과 학교
에서 저는 문제아로 찍혀 있었어요. 누구에게 피해를 준 것도 비행을 저지른
것도 아닌데.

삶의 의미를 찾지 못해 우울증에 빠진 상태였어요. 친구도 없었고요. 수
준 안 맞는 또래와는 말 섞기가 싫었거든요. 아무 생각 없이 웃고 떠들고 학
교에서 하라는 대로 비판 없이 받아들이는 바보들. 그 아이들이 이해도 안
되고 무조건 따라야 하는 학교 생활도 견딜 수가 없었어요. 그래서 남들이
보기엔 기행이란 걸 많이도 저질렀지요. 학교에서 집에서 외톨이가 된 건
당연하고요. 그래도 졸업은 겨우 할 수 있었어요. 대신 문제아 딱지를 등에
단 채로.”

아직까지 방황중이라는 4유형의 어느 삼십대 남자, 문제아로 찍혔던 스
무 살의 청년, 두 사람의 과거는 4유형이 떠나는 정체성 여행이 어떤 모습
인지 잘 보여주고 있다. 이들은 보통 어려서부터 자신을 찾아 의미를 찾아
오랫동안 노력한다. 유독 왜 남들보다 더 정체성을 찾아 헤매는 것일까.

이들은 자신의 정체성에 대한 확신이 없어서 정체성을 찾아 헤매는 것이
다. 확신이 없는 이들은 독특한 자신의 고유함과 특별함에 대한 유혹에 빠질
수밖에 없다. 그래서 남과 다른 특별한 존재가 되도록 노력하고 남과 달라야
만 정체성을 얻는다고 믿는다.

특별함을 원하는 4유형은 평범함을 꺼려하고 단순한 일은 못견뎌한다. 특

히 일상화된 직장 생활에 적응을 어려워한다. 이들은 먹고살기 위해 어쩔 수 없이 품위 없는 일에 종사한다는 자괴감과 자신을 기계부속품처럼 여기는 감정의 함정에 빠지게 되면 직장과 집에서 말수가 줄어들고 겉돌게 된다. 그러다 직장을 뛰쳐나와 자유를 찾지만 마땅한 일거리를 찾지 못해 경제적 위기를 겪는 경우가 흔히 벌어진다.

특별하고 품위가 있어야만 자신답다고 믿는 이들은 냉혹한 현실 앞에서 우울증에 빠진다. 이들은 감정이 가라앉거나 음울할 때는 자기 방종에 빠져들고 감정의 양극단을 넘나들며 변덕스럽게 느끼고 그대로 행동한다. 또한 이들 고유의 예민한 감수성 때문에 이들은 자주 상처받고 의기소침해 하기도 한다. 그러다 결국은 아무도 자신을 이해할 수 없고 사랑하지 않는다는 함정에 빠져 자신은 오해받고 있다는 생각이 들기도 한다.

이런 이유로 4유형은 남들에게 잘못 취급받을 수 있다. 보통 4유형의 함정인 우울은 이들의 에너지를 아래로 끌고 내려간다. 아래로 내려간 에너지는 더 이상 내려갈 수 없을 때 바닥을 치고 올라오는데 그때 이들의 예술성이 드러난다. 고흐, 버지니아 울프, 김소월 등 대개의 작가들은 어려운 상황에서 걸작을 창조했다. 그러나 일상적인 생활을 하는 4유형은 이러한 감정적 유희가 남들에게 이상하게 여겨지고 함부로 취급당하는 경우가 다반사다.

난 버림받았어

이들은 어린 시절, 어떤 충격적인 사건을 겪었다고 고백한다. 한쪽 부모의 죽음, 이혼, 이사, 전학과 같은 사건을 겪으며 상실감, 단절감, 소외감, 박탈감을 느꼈다. 이들은 또 어떤 순간에 양육자를 포함한 다른 사람들과 떨어져 갑작스런 고독과 고통을 겪는다. 또 이들은 공주님, 왕자님으로 떠받들어진 경우가 흔하다.

이런 저런 경우를 보아서, 많은 4유형은 어떤 이유에서든 부모가 바뀌어서 살고 있다는 상상을 한다. 태어나자마자 병원에서 바뀌었다든지, 원래는 고아였는데 지금의 부모님이 나를 키우고 있다든지, 또는 원래는 유럽의 공주님, 별나라 공주님이었는데 이 허름한 현실로 쫓겨난 것이라고 그들은 어려서부터 상상을 해왔다.

많은 4유형이 부모와 충분한 사랑의 교류가 없었고, 부모나 중요한 사람에게서 버려졌고 그래서 자신의 인생에 많은 것이 결핍되었다고 여긴다. 그로 인해 이들은 대단치 않은 장벽에도 쉽게 상실감에 빠지고 자존심이 꺾이며 움츠려든다. 또한 버림받고 떨어져 있다는 이 정서적 체험 때문에 작은 것을 섬세하게 느낄 수 있다.

→ 남을 비추는 거울, 남을 찌르는 유리조각

이들은 인간의 어두운 부분(상실, 이별, 고통)에 흥미가 있고 특히 죽음과 친화력이 있다. 사람 내면에 있는 깊고 섬세한 감정과 교류할 수 있는 이들은 작품 속에 이러한 정서를 담아내고, 누구보다도 미묘한 감정의 움직임을 잘 알아차리기에 훌륭한 상담가가 될 수 있다. 그래서 이들은 자신과 남을 선명하게 비추는 거울이 되기도 한다.

하지만 남들에게 이상하다고 여겨지거나 작은 일에 비난받아 상처를 입으면 그들의 거울은 쉽게 깨지고 만다. 깨진 거울은 날카롭게 자신과 남을 찌르는 무기가 되어버린다. 그러할 때 이들은 상당히 날카로운 태도를 보인다.

고상하고, 우아하고, 귀족적이고 신비롭지만 성장이 소녀성에서 멈추면 나이가 들어서도 걸맞지 않은 옷을 입고, 변덕스럽고 토라지는 철부지 같은 이들이 또 4유형이다.

↠ 4유형이 성장하는 길

4유형은 남들이 자신과 같이 생각하지 않는다는 사실을 알아야 한다. 누구도 자신을 버린 적 없고 누군가는 이들을 이해해줄 사람이 있다. 그리고 자신이 받는 상처가 일반적으로 그리 큰 상처거리가 아니라는 점도 알아야 한다. 워낙 섬세한 사람들이다 보니 그럴 수밖에 없겠지만.

당신이 만약 4유형인데 감정적인 폭발을 경험하거나 우울증에 걸려 있다면 당신의 마음은 지금 닫혀 있다는 반증이다. 양극단에서 널을 뛰는 감정을 추스르고 균형을 잡고 객관성을 유지할 필요가 있다. 그렇게 하려면 감정의 함정에서 우선 나와야 한다. 지금 자신이 빠져 있는 감정이 사실은 전부가 아니라는 것은 당신은 이미 알고 있다. 만약 당신이 그 사실을 모르겠다면 당신이 보지 못하는 부분에 대해 직설적으로 말해줄 친구를 찾아야 한다.

4유형이 자신을 극복하려면 감정의 균형을 이루고 객관성을 유지해야 한다. 더 이상 감정을 부풀리지 말고 지금 있는 그대로의 자신을 받아들이면 된다. 이미 당신은 당신 자신이다. 멀리 찾아 헤맬 필요가 없다.

또한 있는 그대로의 현실에 참여해보자. 자신은 더 이상 특별한 존재가 아님을, 당신도 결국은 평범한 존재라는 사실을 깨달을 때 당신의 마음은 활짝 열릴 것이다. 절망에서 희망을 단순함 속에서 위대함을 발견할 때 당신은 특별하려고 노력하지 않아도 저절로 특별해지는, 일상화된 밋밋한 삶에 아름다움과 품위를 보태주는 멋진 사람이 될 수 있다.

4유형의 대표적 인물

국내: 숭산(스님), 이상(작가), 이외수(작가), 류시화(작가), 앙드레 김(패션 디자이너), 장미희(배우), 김혜자(배우), 신해철(가수), 전인권(가수), 박진영(가수 겸 기획자) 등

국외: 빈센트 반 고흐(화가), 제임스 딘(배우), 오드리 헵번(배우), 사라 베르나르(배우), 실비아 플라스(시인), 버지니아 울프(작가), 마이클 잭슨(가수) 등

심리용어로 알아보는 4유형

별칭(이미지):

특별한 사람, 개인주의자, 낭만주의자, 유미주의자, 감성적인 사람, 희생자, 소녀, 우울한 자아.

일반적 특성 :

표정이 가라앉아 있으며 무엇엔가 취해 있는 듯한 인상이다. 멜랑콜리한 분위기와 반대로 매우 들뜬 태도를 보이는 4유형도 있는데 이들 모두의 내면에는 숨은 절망이 드리워져 있다. 이들은 독특하고 심미적이고 개성이 강하여 차림이나 표정, 말투 등에서 쉽게 차별이 되며 이들의 세련된 취향과 감수성은 사람들의 시선을 끌기에 충분하다. 자신의 내면세계, 심연에 대한 이들의 관심은 건강할 때는 내적 깊이와 감수성에서 비롯된 창의성으로 삶의 질을 높여주고 건강하지 못할 때는 정체감의 혼란, 심리적 딜레마에 빠져 우울로 치닫게 된다.

자아 이미지 :

나는 낭만적이고 매력적이며 독특한 나만의 세계가 있다.

집착(심리적 고착): 특별함, 아름다움(美) 추구

이들이 이상화('실재(I)'와의 연결)한 의식은 '본질의 자기'이다. 누구나 내적 성장이 진행되면 몸, 성격, 감정과 동일시하지 않고 진정한 본성이 실재(참 자기, I)임을 알게 된다. 이들은 실재와 끊어져 버림받았다고 느끼기에 자신을 비관하게 되고, 환상 속에 자아를 개발하여 이를 보상하려 한다. 미적이고 감성적인 것을 통해 상실감을 메우고 실재와의 연결을 갈망한다. 이들은 사람뿐 아니라 모든 만물과의 깊은 교감을 원하며 이는 곧잘 예술품(창작)으로 드러난다.

유혹, 함정: 우울, 고유성

이들은 본질의 특성을 모방하여 독특한 자신의 고유함과 특별함, 자연스러우면서도 우아한 사람으로 보이고자 한다. 예민한 이들의 감수성은 남들이 알아주지 않을 때 상처를 받아 의기소침해지며 우울증에 빠진다. 특별하려 하면 할수록 개성이 강하고 엉뚱하고 이방인처럼 보여 아무도 자신을 이해하지도 사랑하지도 않고 오히려 오해받는다고 느낀다. 이들의 연극적인 분위기는 본질에 대한 모방으로 곧잘 비극의 주인공이고자 한다.

회피: 평범함

특별함과 고유함, 자신만의 세계를 추구하는 이들에게 진부한 것, 관례적이고 규격화된 것, 품위 없는 것, 의례적인 대화 등은 평범한 것이기에 거부한다. 이들은 개인적 개성이나 가치를 무시한 획일화된 규칙이나 강제된 힘에 대해 강하게 저항한다. 소녀적 정서는 여성스런 목소리로 오페라 대사를 하듯 리드미컬하게 표정, 손짓 또한 대단히 부드럽게 표현된다.

방어기제: 인위적 승화, 내면화

이들은 본질과의 연결을 위해 상실감을 보상하려고 사랑하는 대상의 속성, 태도, 특징의 일부를 자신 속으로 내면화(함입)시키려 한다. 그 대상을 독창적이고 신비하게 표현하기 위해 말이나 표정에 꾸밈이 많다. 상징, 비유 등 함축적인 표현 속에 많은 메시지를 담아 전달한다. 쾌활하거나 우울(조울)하게 드러내는 이들에게 공통적인 것은 감정의 강렬함이다.

죄의식

독창적이지 않고 민감하지 못하며 남과 똑같아질 때 잘못되었다고 느낀다.

근원적 문제: 시기, 변덕

이들은 자신이 갖지 못한 것이 자신이 가진 것보다 더 좋아 보인다. 자신 속에 내재된 것을 밀어내고 거부하는 것으로 자신이 갖고 있지 않은 다른 것을 추구하게 한다. 시기의 열정은 욕망의 대상을 향한 악의적인 증오로도 나타난다. 삶이 늘 부족하다고 느끼고 현실에 잘 만족하지 못하므로 주어진 축복을 제대로 알아차리지 못한다. 또 정서적 변덕은 성공을 하면 애정을 원하고, 애정을 얻으면 고독을 얻고 싶어하는 감정의 요동이다.

덕목: 균형

4유형의 덕목은 균형이다. 이것은 마음의 평정으로 상황과 완벽한 조화를 이루고, 감정적으로 주변의 자극에 딱 필요한 만큼만 반응하는 것이다. 4유형은 자신의 감정이 전부라고 느끼며 감정이 곧 나라고 여기기에 균형을 잃기가 쉽다. 객관성을 유지하여 균형이 잡힐 때, 이들의 예술적 감수성은 우리 삶의 감로수가 되어 삶의 질을 높여주게 된다.

5유형: 지식을 쌓는 사람

소백산의 천문대에 밤이 오자, 하늘에는 별이 총총 빛나기 시작한다.

은하수, 북두칠성, 북극성, 오리온좌…… 낮에는 보이지 않던 수많은 별들
이 어둠 속에서 한꺼번에 반짝이고 별 한 번 보기가 어려웠던 도시 사람들의
입에서 탄성이 터져 나온다. 고광도의 정밀 천체 망원경에 눈 한쪽을 가져가
망망한 우주를 보고 있자니 왠지 모를 동경과 경이로움이 가슴속에 가득 차
오른다. 어느 해인가 가족들과 소백산에 놀러가 별을 보았던 그날 밤은 내
가슴에도 별이 뜨고 있었다.

여기서 별을 본 이야기를 꺼낸 이유는 5유형이 별을 관찰하는 천체 망원
경과 많이 닮아서이다. 5유형은 천체 망원경처럼 지금 여기보다 저 하늘가
의 끝에 무엇이 있는지 관찰하고 그 현상을 밝혀내고자 하는 호기심이 많은
탐구자들이다. 또한 5유형은 올빼미와도 많이 닮아 있다. 깊은 밤 숲속에서
커다란 두 눈을 뜨고 작은 동물의 미세한 움직임을 하나도 놓치지 않는 올빼

미처럼 5유형은 타고난 관찰자이다.

관찰력과 탐구정신이 뛰어난 이들은 남들이 보지 못하는 것과 남들이 어려워하는 것을 혼자 알아내는 데서 에너지를 얻고, 인간의 근원적인 부분을 밝혀내고, 현상보다 현상이 일어나기 전의 현상에 많은 관심을 쏟는 사람들이다.

●→ 타고난 은둔자

5유형의 주부, 윤경 씨는 자신의 어린 시절을 이렇게 회상한다.

"어려서부터 남의 눈에 띄는 걸 싫어했어요. 남에게 보이지 않고도 세상을 알 수 있는 투명인간이 되는 게 제 소원이었지요. 책을 많이 읽어서 공부는 곧잘 했지만 남 앞에서 발표하는 것은 죽을 만큼 싫어했어요. 남 앞에 서는 것도 싫지만 지식을 남 앞에서 얘기할 때 완벽히 알지 못한다면 말도 꺼내지 않았거든요. 그런데 사람들은 대충 알아도 다 아는 척 떠들더군요. 그런 사람들을 보면 의아하고 한심해서 저도 모르게 인상이 찌푸려져요.

수업시간에 무료하면 창문 밖 하늘을 멍하니 올려다보곤 했어요. 구름을 뚫고 지나가면 어떤 하늘이 펼쳐질까? 하늘 너머의 세상은 어떤 세상일까? 그 뒤에는 또 어떤 세상이 펼쳐질까? 이런 저런 생각에 혼자 빠져 있느라 선생님에게 지적당한 적도 여러 번 있었어요.

투명인간 말고 또 하나의 꿈은 혼자만의 다락방을 갖는 것이었어요. 책이 가득한 다락방에서 온종일 책만 읽고 책 속의 세상에 빠져 살고 싶었지요. 결혼해서 저는 제 꿈을 이뤘어요. 책이 가득한 혼자만의 방을 가졌어요. 남편은 자신을 혼자 놔둔다 해서 싫어하지만요."

지식과 정보를 축적해서 미래에 대한 두려움을 해결하려는 이들은 지식과 정보에 언제나 목말라 있으며, 현실에 뛰어들어 행동하기보다는 현실과 떨어져 현실을 분석하고 통찰하고 객관적이고 현명한 자세를 유지하려고 한다.

상황에 뛰어들지 않고 감정에 빠지지 않아야 현명함이 유지된다고 믿는 이들은 그들의 믿음처럼 현명한 판단을 하지만 현실과 너무 떨어져 있는 바람에 사람과의 관계가 서먹해지고 자신의 감정과도 멀어져 사회와 떨어져 사는 은둔자나 독신자의 성향을 보이기도 한다.

→ 팔짱 끼고 뒤로 물러나 있는 사람들

삶을 관찰의 대상으로 여기고, 불확실한 미래를 지식으로 무장하고 대비하려는 이들은 물러섬과 거리두기로 거친 세상 속에서 자신을 보호하려고 한다.

사람들과 거리를 두려는 5유형은 자신만의 공간을 확보하려고 애를 쓴다. 이들이 넓은 공간보다 좁고 어두운 자기만의 공간인 다락방 같은 곳을 선호하는 이유다. 너무 넓은 공간에 있거나 사람들 속에 있으면 에너지가 낭비되므로 좁은 공간에서 혼자 있기를 좋아한다. 5유형의 홀로됨은 고독이라기보다는, 거리를 두려는 그들의 성향에 비추어보면, 고립에 더 가깝다고 할 수 있다. 이들의 고립은 자신이 원한 자발적인 고립이다.

건강한 상태의 5유형은 분석적이고 끈기가 있어 자신의 관심 분야, 즉 한 우물을 깊숙이 파는 사람들이다. 이들은 특히 다른 사람들이 덜 관심을 갖는 분야에 흥미를 느낀다. 전문가의 별칭을 갖고 있는 이들은 왜 한 우물만 파려고 할까. 머리형인 이들의 기력은 약한 편이어서 여러 곳에 기운을 분산하기가 어렵다. 그래서 이들은 다른 쪽으로 쏠리는 관심을 차단하고 한 군데로 모아야 적은 에너지가 한 곳에 집중할 수가 있게 된다. 그러다 보니 주위를 안 보고 자신이 원하는 면만 보는 고집 센 벽창호처럼 보이고 사회성이 떨어질 수가 있다.

사람들과 거리두기가 습관화된 이들은 남들이 자신에게 갑작스럽게 다가오거나 신체적인 접촉을 해오는 경우 자신도 모르게 움찔하며 거부한다.

초등학교에 다니는 두 딸을 둔 5유형의 아버지 찬호 씨는 자신의 이런 성향 때문에 딸아이들에게 예기치 않은 마음의 상처를 준 적이 여러 번 있었다.

"아이들은 아빠하고 부른 후 갑자기 달려와 안기잖아요. 그럴 때 보통의 아빠라면 당연히 아이를 폭 안아주어야 하는데 이상하게도 저는 아이가 갑자기 제게 안기면 몸이 딱 굳어버리고 말아요. 심지어는 저도 모르게 아이를 몸으로 튕겨낼 때도 있어요. 그럴 때 제 눈과 마주친 아이의 눈엔 이 아저씨가 내 아빠가 맞나 하는 당황스러움이 깃들어 있죠. 그런 아이의 얼굴을 보는 저 역시 당황스러운 것은 마찬가지구요. 내 안에 뭐가 있길래 나도 모르게 내 자식을 밀쳐내는 것일까요?"

찬호 씨는 자신에게 정신적인 문제가 있는 것은 아닐까 한동안 전전긍긍했다고 한다. 하지만 에니어그램을 배우며 자신이 5유형임을 깨닫고 5유형의 특징 중 신체적인 접촉을 꺼리는 거리두기라는 것을 알았을 때 그는 큰 안도감을 느꼈다.

"저를 제대로 알았을 때, 얼마나 안도했는지 몰라요. 제가 이상해서가 아니라 제 성격 때문에 그렇게 행동했구나, 큰 위로가 되었지요. 그 이후로는 아이들과 신체 접촉을 하려고 노력하고 있어요. 갑자기 되지는 않겠지만, 아이도 못 안아 주는 빵점 아빠가 되고 싶지는 않아요."

독신자적인 성향에, 신체 접촉까지 꺼리는 태반의 5유형이 찬호 씨의 말처럼 노력하지 않으면 빵점짜리 부모가 되기 십상이다. 거리를 두는 이들의 성향 때문에 이들과는 좀처럼 가까워지기가 힘들다. 가까워졌다고 생각하면 저만치 달아나고, 쫓아가면 다시 달아나고 이런 도망과 추격을 반복하는 바람에 이들은 연애관계에도 문제가 많은 편이다.

5유형의 여자와 연애를 할 뻔(?)했던 한 남자는 그녀의 거리두기를 일러 '영원히 매울 수 없는 공백'이라는 표현을 쓰기도 하였다.

●⇒ 지식에 대한 탐욕

현실과 거리를 두고 모든 것을 알고 이해하고 싶은 이들에게 가장 큰 유혹은 바로 탐욕, 지식에 대한 탐욕이다. 이들에게 지식은 곧 힘이고, 이들은 모든 것을 알면 삶을 보장받을 수 있으리라고 믿고 있어서 끊임없이 지식을 끌어 모으고 정보를 수집하여 머릿속에 차곡차곡 보관해둔다.

그래서 이들이 좋아하는 것은 책이다. 책에는 지식과 정보가 있기 때문에 이들은 무엇보다도 책을 우선시한다. 이들은 책 중에서도 픽션보다 정확한 정보가 방대하게 담긴 서적인 법전, 백과사전, 곤충도감 같은 전문지식 서적을 좋아하며 그것에 탐닉한다. 이들은 마치 진공청소기처럼 자신이 원하는 지식과 정보를 빨아들이기만 하고 사람들에게 잘 내놓지 않는다. 선천적으로 사회성이 떨어지는 이들이기에 누군가 물어보기 전까지는 자신이 가진 정보를 좀처럼 공유하려고 들지 않는다.

승혜 씨는 함께 일하는 희선 씨에게 두 번 놀란 적이 있었다. 스파게티를 유난히 좋아하는 승혜 씨는 동료 직원들에게 맛있는 스파게티 전문점을 알고 있으면 소개해달라고 물어보았다. 몇 군데를 추천받아 가보았지만 영 마음에 들지 않은 승혜 씨는 인터넷을 뒤져 보고, 다른 부서 사람들에게도 여러 차례 물어본 끝에 마음에 쏙 드는 스파게티 집을 발견해낼 수 있었다. 남자 친구와 함께 그곳에 들어섰을 때 승혜 씨는 같은 부서 직원인 희선 씨가 스파게티를 먹고 있는 모습을 보고 놀랐다. 얼마 전 물어보았을 때 희선 씨는 승혜 씨에게 분명 아무 말도 하지 않았던 걸로 기억하는데 희선 씨는 이 유명한 집에서 스파게티를 먹고 있을 뿐만 아니라 이미 오래 전부터 단골이었던 것이다.

며칠 후 승혜 씨는 섭섭한 마음을 숨기고 희선 씨에게 그 집을 알고 있었느냐고 물어 보았다. 희선 씨는 이미 알고 있었다고 대답했다. 그러면 내가 물어보았을 때는 왜 알려주지 않았느냐 물어보자 희선 씨는 이렇게 대답했다. "나한테 직접 물어보지는 않았잖아요." 그날 승혜 씨는 희선 씨에게 두 번 놀랐다.

물론 희선 씨는 5유형의 여성이다. 5유형은 남들보다 많은 지식을 축적하면서도 꼭 짚어 물어보기 전까지는 뱉어내기를 꺼려한다. 지식에 대한 이들의 탐욕은 밑 빠진 독에 물을 붓는 것처럼 끊임없이 지식을 채우기를 갈망한다. 이들은 그렇게 지식을 채우고도 자기 자신이 아직 부족하고 멀었다고 느낀다. 그런 이들이 웬만해서는 자신의 지식을 과장해서 드러내는 일은 드물다. 옆에서 꼭 짚어 물어보기 전까지는.

하지만 이들도 지식과 정보를 내보이면서 수다스러워질 때가 있는데 그런 때는 이들과 관심 분야가 같은 전문가들을 만나서 공통 관심사를 이야기할 때이다. 은둔적이고 어둡게 보이던 이들도 이때만은 눈동자를 반짝이며 얼굴이 환해진다.

서로 지식을 공유하면서 자신의 지식창고를 불릴 수 있기 때문이다.

●→ 아무도 모르는 그들 안의 공허

5유형이 지식에 탐닉하는 이유는 미래에 대한 두려움을 대비함도 있지만 내적인 공허감을 채우기 위한 경우가 더 크다고 할 수 있다. 이들은 내면이 텅 빈 것 같은 공허감을 참을 수 없어 지식에 탐닉하고 무언가를 끊임없이 수집한다. 책을 수집하고, 우표를 수집하고 어떤 이는 몇 십 년치의 신문을 수집하는 경우도 있다. 그래서 이들이 이사를 갈 때 가장 큰 짐은 다름 아닌 책들이다. 수집품 중에는 옷, 신발 등 생활용품들도 있는 데 당장의 필요여부를 떠나 일단 쌓아두고 본다. 언젠가 필요할 때 이웃에 손 내밀지 않고 스스로 해결할 수 있기 때문이다.

권영 씨는 대학시절, 남자친구와 싸울 때마다 항상 가는 곳이 도서관이었다고 말한다. 도서관은 일단 책이 있어 마음이 놓이고 책을 펼쳐놓고 있으면 아무도 함부로 말을 걸지 않기 때문에 조용한 곳에서 자신만의 세계로 빠져들 수 있어 자신의 기분이 들키지 않는 가장 이상적인 도피처였다고 회상했다. 물론 책의 내용이 눈에 들어올 리는 만무하다.

●→ 인색함

지식을 탐구하는 이들은 자기가 이해하지 못하고 알지 못하여서 쓸모없고 무능한 사람이라고 여겨질 때 심한 죄의식의 상태에 빠진다. 하지만 이들의 근원적인 문제는 인색함이다. 이들의 인색함은 타인에 대한 인색함뿐

아니라 자신의 필요를 최소한으로 줄임으로써 자신의 욕구에도 인색함을
말한다.

→ 5유형이 성장하는 길

이들이 자신을 극복하려면 자신의 감정을 진실되게 접할 수 있어야 한다.

때로는 두렵고 때로는 유치하고 혼돈스럽게 여겨지는 자신의 감정에 거리
를 두지 말고 직접 느껴야 이들의 내적 성장은 발동을 시작한다. 자신의 살
아 있는 감정을 느끼려면 자신의 생각 속에서 나와 현실에서 행동해야 한다.

5유형은 자꾸 내부로 향하는 성향이 있기에 자신을 돌보지 않으면 한 없
이 안으로 움츠러든다. 요즘처럼 인터넷이 발달한 세상에서 고립되어 지식
을 추구하는 5유형은 더욱 집밖으로 나서지 않으려 할 것이다.

진정으로 자신을 발전시키고 싶다면 5유형은 우선 밖으로 나가보자. 사
람을 만나 구질구질한 삶을 밑바닥부터 느껴보자. 삶에 적극적으로 개입해
서 사람과 사람 사이에서 가상이 아닌 진짜 사랑이 무엇인지 몸으로 체험해
보자.

인간 공동체의 구성원인 우리가 우선적으로 갖추어야 할 것은 사회성이
다. 나와 다른 가치와 기준을 갖고 있는 남과 다른 존재들과 관계를 맺는다
는 것은 불편하고 어려운 일이다. 하지만 그 불편과 어려움을 받아들이는 노
력과 수고가 있을 때 사회가 형성된다. 그 노력과 수고를 안 하려고 하는 것
은 대단히 이기적인 태도이다.

세상을 접한 5유형은 자신의 지식을 세상에 널리 알리고 세상에 봉사할
줄 아는 유능하고 지적이고 또한 유머러스한 사람이 될 수도 있다.

『예언자』에서 칼릴 지브란이 노래한 결혼과 부부에 관한 시처럼, 사원의

천장을 받치고 있는 기둥들처럼 서로간의 적당한 거리를 유지하면서 그 사이에 바람이 마음 놓고 춤출 수 있도록 허락하는, 각각의 독립성을 간섭 없이 인정해주면서 서로의 가치를 존중하는 실로 점잖고 깊이 있는 사랑의 실천가가 된다. 이들의 덕목은 초연이다.

5유형은 세상이 어둠에 막혀 있을 때 사람들에게 올빼미의 밝은 눈으로 숨겨진 진실을 밝혀내고, 또 어두운 밤하늘에서 별을 관찰하는 천체 망원경이 되어 길을 잃은 사람들에게 별처럼 빛나는 지혜와 비전을 제시하는 나침반 같은 사람들이다.

●→ 5유형의 대표적 인물

국내: 이건희(삼성 회장), 김정호(지리학자), 신채호(독립운동가, 사학자), 서태지(가수), 김제동(방송인), 수애(배우), 이나영(배우) 등

국외: 팀 버튼(영화감독), 빌 게이츠(마이크로소프트 창업자), 조앤 롤링(작가), 워런 버핏(사업가), 에디슨(발명가), 제인 구달(동물학자), 밥 딜런(가수) 등

●→ 심리용어로 알아보는 5유형

별칭(이미지):

탐구자, 지식을 쌓는 사람, 관찰자, 전문가, 철학가, 독신자, 어린왕자, 인색한 자아.

일반적 특성:

대체로 표정이 차갑고 지적인 냉철함에 담백한 인상이다. 혼자만의 공간을 좋아하고 사람들과 어울리는 것을 불편해 한다. 삼켜질까 두려워 삶으로

뛰어들지 않고 자기만의 사적인 내면세계를 유지하려고 한다. 주변에서 일어나는 일에 참여하기보다는 관망하고 관찰한다. 내면의 결핍감과 텅 빈 느낌을 많은 지식과 정보로 채우려 한다. 고독을 즐기고 폐쇄적인 이들은 비사교적이고 독신자적 성향이 강하다. 건강할 때는 아주 지적이며 점잖은 현자의 모습이고 건강하지 못할 때는 감정이 메마르고 배타적이며 인색하여 사회생활이 어렵다.

자아 이미지 :

나는 지적이고 현명하며 은밀한 세계의 주인이다.

집착(심리적 고착): 앎, 관찰

이들이 이상화('실재(I)'와의 연결)한 의식은 '직접적인 지식'이다. 지식이 생존을 위한 열쇠이고 동시에 잃어버린 실재와 재연결을 해줄 수 있는 무엇이라고 느낀다. 재연결의 열쇠인 지식을 많이 갖고 있으면 삶이 보장되리라 여기고 실제 경험보다는 책을 통한 간접 경험으로 활동을 대신하려 한다. 사생활이 공개되는 것이 두려워 경계하는 자세로 관계를 맺고 현실에 개입하지 않고 한 발 떨어져 관찰을 통하여 모든 것을 알려고 한다.

유혹, 함정: 관찰, 탐욕

이들은 삶에 뛰어들어 부딪히기보다는 그것들로부터 후퇴한다. 내면에서도 뒤로 물러서서 관찰한다. 항상 부족함으로 현실에 뛰어들지 못하고 관찰자로 모든 것을 알고 싶어한다. 지식이 곧 힘이라고 느끼고 있는 이들은 직접 경험보다는 책이나 인터넷 등 정보매체를 통해 모든 것을 알려고 한다. 시간, 에너지, 자원 등에 대해서도 탐욕적이고 사교성이 부족한 이들에게 생필품, 옷, 신발들도 쌓아놓는 대상이다.

회피: 내적 공허감

이들의 내면세계는 텅 비어 있고 삶의 생명력이 결여된 것처럼 느껴진다. 이것이 바로 내적 공허감인데, 이러한 감정을 지식으로 채우려 한다. 수집욕도 대단하다. 사람들과 세상으로부터 고립되고 분리되어 있어서 철저히 혼자이고, 아무도 자기에게 닿을 수 없다는 결핍감에 수치스러워 한다. 감정적 반응의 둔감함이 공허감으로 다가온다.

방어기제: 거리두기, 격리

이들은 사람과의 관계나 어떠한 상황에서 감정적으로 휘말릴까봐 자동적으로 후퇴, 거리두기를 한다. 거리두기를 통해 시간을 확보하여 이성적으로 대처하려 하는 것이다. 거리두기의 방법 중 하나가 격리이다. 격리란 자신의 기억과 생각으로부터 감정적인 느낌을 분리시킨다는 것이다. 그렇기에 고통스럽거나 정신적 외상을 입은 사건까지도 감정을 연결시키지 않고 생각할 수 있다.

죄의식

자기가 알지 못하고 이해하지 못하여서 쓸모없고 무능한 사람이라고 여겨질 때 죄의식을 느낀다.

근원적 문제: 인색

이들은 마음속 깊은 곳의 메마른 공허감이 있다. 자기 내면에 수원지가 없으므로 자신이 가진 얼마 안 되는 것을 꽉 붙잡고 있어야 한다고 느낀다. 자신의 에너지, 감정, 관심, 의사소통까지도 아끼다 못해 인색할 정도로 느껴진다. 자신에게도 많이 내어주지 않아서 대부분의 5유형은 검소하다. 원하는 것을 억제하는 자신의 마음을 투사하여 다른 사람도 자기처럼 아무것도 원하지 않을 것이라고 생각한다.

덕목: 초연

5유형의 덕목은 초연이다. 이것은 감정에 얽매이지 않고 애착을 갖지 않는 것을 말한다. 무엇에게도 사로잡히거나 속박당하고 싶어하지 않으며 빠져나올 수 없는 어떠한 것에도 붙잡히거나 전념하고 싶어하지 않는다. 애착을 갖지 않는 것은 본질의 충만감을 스며들게 하고 본질의 충만감은 이들의 진정한 본성과 재연결시켜 준다.

6유형: 성실한 사람

6유형의 성격을 가진 사람들을 생각하다 보면 여러 가지 이미지가 한꺼번에 떠오른다.

어느 6유형 여성은 커다란 눈이 매력적이었는데 그 예쁜 눈에 항상 두려움이 서려 있었다. 그녀를 생각할 때마다 눈이 크고 겁이 많은 꽃사슴이 저절로 떠오른다. 기업 강연에서 만난 6유형의 어느 중견 간부는 조직에 대한 충실과 책임이 강해서 부하직원들의 존경과 상사의 믿음을 동시에 얻고 있었다. 그를 생각할 때마다, 표현이 조금 그렇지만, 충직한 진돗개의 이미지가 떠오른다.

경호업체에 근무하는 6유형의 어느 삼십대 남성은 그 힘들다는 해군 특수부대를 나왔고 보통사람은 엄두도 못 내는 극한의 스포츠를 주말마다 즐기고 있다. 공포를 자극하는 일이면 자청해서 뛰어드는 그를 보고 있자면 겁이라곤 조금도 없는 늑대의 이미지가 얼른 떠오른다. 에니어그램을 공부하러 왔던 어느 6유형의 젊은 여성은 마치 산토끼처럼 귀엽고 앙증맞았다. 주위 사람들의 감정이나 변화를 잘 감지하고 반응해서 그녀는 인간관계가 무척 좋았다.

꽃사슴, 진돗개, 산토끼, 늑대…… 도무지 어울리지 않고 오히려 천적관계의 이미지를 6유형은 동시에 지니고 있는 사람들이다. 이들의 다양한 모습은 마치 다른 유형과 닮아 보여서 종종 다른 유형으로 착각할 수 있다. 늑대 같은 6유형은 공격적인 8유형과 닮았고, 산토끼 같은 6유형은 관계지향적인 2유형과 닮았고, 꽃사슴 같은 6유형은 창조적인 4유형과 닮았고, 진돗개의 6유형은 이상주의자 1유형과 많이 닮아 있다.

6유형이 여러 가지 모습을 갖고 있어도 이들의 본질은 근본적으로 동일하다. 내면에는 불안과 두려움이 누구보다도 많고 이를 해소하기 위해 이처럼 여러 가지로 행동을 취하게 된다. 우리는 이들을 성실한 사람 또는 회의론자라고 부른다.

⟶ 오래된 회의론자

이들은 내면이 안정되고 평온할 때 안전을 추구하고 책임감이 강하다. 그래서 자기가 믿는 신념이나 자기가 권위를 부여한 인물에 가장 충실하고 이들의 충실함은 전통, 단체, 공동체에 대한 헌신으로 나타난다. 또한 이들은 조직이 부여한 일을 성실하게 그리고 협조적으로 해내기 때문에 조직에 믿음과 호감을 주는 사람들이다.

책임감이 강하고 확실한 권위를 따르는 사람들이지만 이들은 근본적으로 회의론자들이다. 회의론자가 가장 잘하는 생각은 "이 일이 정말 맞는 일인가?"라는 의심과 "이 일이 잘못되면 어떡하지?"라는 염려이다.

이들이 회의론자인 이유는 이 세상이 확실하고 믿을 만한 구석이라곤 전혀 없고 사방에 위험이 도사리고 있다는 생각 때문이다. 그 위험과 불확실성을 걷어내기 위해 이들은 본능적으로 안전하고 확실한 것을 찾아 끊임없이 헤맨다. 내적 두려움이 강한 이들은 권위를 자신 안에서 찾는 대신 바깥에서 찾고 안심하려고 든다. 이를테면 전통, 법규, 단체, 권위자, 신 등 바깥의 권위는 자신을 믿는 힘이 약한 이들에게 대체된 믿음이며 용기이다. 이들이 성실하고 책임감이 강한 이유 역시 권위와 관련이 있다.

혹시라도 자신의 불성실함이나 위험 때문에 자신이 속한 공동체가 흔들릴 수 있기 때문에 미리 대비하자는 것이다.

이들은 자신이 리더임에도 낮은 위치에서 공동체를 섬기는 겸손한 사람들이다.

방송인 유재석 씨는 현재 대한민국에서 가장 잘 나가는 진행자이다. 그에게는 그를 따르는 많은 방송인들이 있다. 오락 프로그램을 진행할 때의 유재석 씨의 모습을 보면 동료 연예인을 배려하고 자신이 더 궂은 역할을 도맡아 하는 것을 볼 수 있다. 강력한 포스로 팀을 장악하는 8유형의 강호동 씨와 차별이 되는 부분이다.

또 이들은 전통주의자들이다. 사회의 관습과 전통, 질서가 이들이 부여한 외적 권위이기에 이러한 모습은 전통을 잘 지키고 조상들을 공경하는 것으로 드러난다.

우영 씨는 집안의 장남이다. 위로 누나가 둘 있지만 장남으로서 집안의 대소사를 질서 있게 잘 이끌고 있다. 물론 어머님도 모시고 산다. 그에게는 아버지가 돌아가시기 전에 선영 앞에 지어놓으신 한옥이 있다. 한옥이라서 손볼 것도 많고 평일에는 비어 있다 보니 주말만 되면 내려가서 관리를 한다. 그 정성이 얼마나 가상한지 가끔씩 내려가보는 형제나 친구들은 갈 때마다 달라져 있는 집을 보고 감탄을 한다. 또 제사는 어찌나 정성을 다해 모시는지 제수씨 왈, 아주버님은 제사 마니아 같으셔요, 해서 폭소를 자아낸 적도 있다.

▶ 상상의 공포에 질려버리다

충실하면서 걱정이 많은 이들의 비관적인 사고는 유비무환이라는 강점을 지니기도 하지만 반대로 도전하려는 사람들의 의욕을 단번에 꺾고, 사람들의 희망어 찬물을 끼얹기도 한다.

또 지나치게 안전과 확실함을 갈망하다보니 융통성이 발휘되기가 어렵다, 생각이 유연하지 못하다, 라는 핀잔을 듣기도 하는 사람들이 바로 6유형의 사람들이다.

이들의 근본적인 문제는 공포와 두려움이다. 내적 권위가 부족해 바깥의 권위에 의존하는 이들은 최악의 경우를 아주 쉽게 상상해낸다. 왕성한 상상력으로 만들어진 상상은 이들을 공포에 몰아넣고 두려움에 빠지게 한다. 어느 6유형의 중년 여성이 전해준 경험은 6유형의 상상 속 공포가 어떤 것이 잘 알려주고 있다.

"죽지드 않은 남편의 삼우제를 지낸 적이 있었어요. 지금 생각해 보면, 우습지만 당시에는 정말 무서웠어요. 평소에 일찍 들어오던 남편이 그날은 연락도 없이 밤이 늦도록 돌아오지 않았어요. 휴대전화는 꺼져 있고 초조해진 저는 거실과 베란다를 들락거리며 남편이 오기만을 한참을 기다렸는데 시간을 보니 고작 몇 분밖에 지나지 않았더라고요. 초조함이 점점 심해지자 저는 마른 걸레를 들고 거실이며 유리창이며 정신없이 닦았어요. 그러면 초조함이 사라질까 해서.

그러다 갑자기 공포에 질린 저는 거실에 퍼질러 앉아 통곡을 하고 말았답니다. 내 상상 속에서 남편은 이미 교통사고로 뺑소니차에 치어 죽었어요. 정신없이 장례식에 삼우제까지 치르고 나니 북적이던 사람들도 사라지고 이제 나 혼자 새끼들은 어떻게 키워야 할지 막막하고 갑자기 공포와 두려움이 한꺼번에 몰려오더군요. 겁에 질려 울고 있는 데 초인종이 울리더니 남편이 멀쩡한 채로 들어오는 거예요. 그 모습에 안심이 되면서도 왜 또 그렇게 화가 나던지……"

실제로 남편이 죽지 않았는데도 6유형의 이 여성은 자신의 머리가 만들어 낸 상상 속의 공포에 질려 현실을 잘못 바라보고 겁에 질린 채 잘못된 행동을 하고 있었다. 지나고 나면 해프닝이지만 강박적인 6유형에게는 결과가 나오기 전까지 겪게 되는 공포는 실제와 별로 차이가 없다. 이들은 그런대로 세상이 안전하고 확실하다는 사실을 좀체로 믿으려 하지 않는다.

의심과 걱정, 공포와 두려움에 묶인 6유형들은 자신들의 건강한 기운을 펼치지 못할 때가 많다. 6유형들은 자신의 염려와 걱정이 현실적인 것인지 가상의 것인지 항상 점검해보아야 한다. 6유형은 스스로에게 끊임없이 내가 왜 그런지, 정말 위험해서 위험하다고 느끼는 건지, 아니면 확실함과 안전에 대한 집착으로 상상에 조종당하는 건지 물어보아야 건강한 상태를 유지할 수 있다.

걱정에 잘 빠지는 이들은 일탈이나 불확실함을 무엇보다 피하고 싶어한다. 생활이나 단체에 대한 일탈, 불순종, 불확실함을 피하고, 조직 안의 누군가가 조금만 정도에서 벗어나도 이들은 극단적으로 대처할 수 있다. 일탈을 두려워하는 내부 고발자, 비난자, 경계자가 이들의 모습이다.

올해 중학생이 된 승현이는 착하고 믿음직한 소년이다. 공부도 잘하고, 어른들 말씀도 잘 듣고, 교우관계도 좋고, 부모님이 운영하는 식당 일도 척척 돕는다. 그런 승현이가 부모님을 놀라게 한 적이 있었다. 얼마 전 승현이네 식당은 청결관리가 안 되었다는 이유로 구청에서 벌금을 부과받았다. 검사 당시 공무원들도 깔끔한 식당과 식자재를 보고는 칭찬을 하고 돌아갔는데 갑자기 벌금이 떨어지자 놀란 아버지는 구청 공무원에게 자초지종을 물었다. 구청 공무원에게 숨겼던 비위생적인 식당 뒤편을 누군가 제보했다는 것이다. 알고 보니 제보자는 다름 아닌 승현이었다. 어이가 없어진 아버지는 승현이에게 그 이유를 물었다. 승현이는 이렇게 대답했다. "만약 구청이 아니라 시청 공무원들이 와서 그걸 발견했으며 어떡해요. 구청에선 벌금만 받았지만 시청에선 몇 달씩 업무정지를 받을 수 있잖아요. 그래서 구청에 말한 거예요. 시청 단속에 걸리면 우리 가족은 굶어죽을지도 모르잖아요." 울먹이며 대답하는 승현이의 말에 부모님은 한동안 할 말을 잃었다고 한다. 이런 승현이의 행동은 작은 일탈을 스스로 고백해서 큰 사고를 미리 방지한 6유형의 전형적인 모습을 보여준다.

내면 위원회의 승인 얻기

완벽주의자인 1유형의 내면에 심판관이 있다면 충실한 6유형의 내면에는 위원회가 있다. 1유형은 내면의 심판관이 제시하는 도덕적 기준에 따라 행동하고, 6유형은 도대체 몇 명이나 되는지 모르는 위원회의 동의에 따라 행동한다. 6유형의 위원회는 이들이 권위 있다고 생각하는 모든 사람들로 구성되어 있다. 아버지, 어머니, 형제, 학교 선생님, 리더십 강한 친구, 직장 상사, 그리고 친한 이웃 등. 6유형은 이 내면의 위원회의 승인을 얻고자 노력한다. 이러한 태도는 책임감과 두려움이 과도하게 발달되어 초래되는 일로 결정이 쉽지 않고 우유부단해 보이기도 한다.

고등학교에서 미술을 가르치는 지영 씨는 학교를 홍보할 수 있는 걸개 그림을 학생들과 함께 그리는 업무를 맡게 되었다. 6유형이었던 지영 씨는 그림 시안을 준비하다 생각보다 예상한 시간을 훌쩍 넘기고 말았다. 오랜 시간 준비해 내놓은 그녀의 시안은 이런 것이었다. 이사장 선생님 취향에 맞는 그림, 교장 선생님 취향에 맞는 그림, 교감 선생님 취향에 맞는 그림, 그리고 미술부장 선생님 취향에 맞는 그림 등. 지영 씨의 시안 작업은 그녀의 안에 있는 위원들이 모두 만족할 만한 그림을 그리다 보니 늦어질 수밖에 없었다.

◦→ 투사, 순응, 대항

이들은 자신의 걱정을 남에게 책임을 전가하는 버릇이 있다. 문제를 느끼면 자신 안에서 원인을 찾지 않고, 밖에서 권위를 찾듯 문제의 원인도 밖에서 찾는다. 남에게 책임을 전가하는 이른 바 '투사'를 통해 이들은 자신의 약한 자아를 보호한다. 이들은 자신이 하지 말아야 하는 행동을 남들이 할 때 남에게 투사하여 화를 내며 민감하게 반응한다. 또 이들은 책임감이 있으면서 책임지는 일을 맡지 않으려고 하고 질책 당할까 전전긍긍하고 불평한다. 어느 6유형이 공개한 일기장에는 자신에게 숨겨진 불평이 어떤 것인지 잘 드러나 있다.

"나는 착하다, 믿음직하다, 성실하다 따위의 이야기를 들으면 신경질이 난다. 내가 성실한 이유는 진정으로 우러나온 마음이라기보다는 안 하면 안 돼서 어쩔 수 없이 하는 경우가 많다. 그래서 내 안에는 불만이 많다. 언젠가 폭발할 건수만 찾고 있다. 요즘은 누가 나를 자꾸 칭찬하면 그 사람이 의심된다. 지가 나에 대해 뭘 안다고? 나를 이용해 먹으려고 그러나?"

이들이 공포와 두려움에 젖어 끌려다는 것만은 아니다. 6유형은 자신의 근본적인 문제인 공포를 순응적으로 대처하느냐 아니면 대항하느냐 양가적인 반응을 보인다. 앞서 말한 토끼 같은 6유형의 여성은 공포에 순응하는 경우다. 그녀는 어떤 상황에서 행동보다 분석을 시도하고 권위 있는 사람이 시키는 대로 해서 불화를 만들지 않으려고 한다. 이러한 모습은 가슴형과 유사해 보인다.

반면 늑대 같았던 6유형의 남성은 공포에 대항하는 경우다. 위험에 고개를 숙이고 도망가지 않고 오히려 고개를 뻣뻣이 들고 적극적으로 뛰어들어 공포에 맞선다. 이들은 남들보다 공포에 과민하게 반응한다. 상반되는 두 가지 반응은 사람에 따라 약간의 치우침은 있으나 모두 6유형이 동시에 지니고 있는 반응이다.

6유형이 성장하는 길

이들이 공포와 두려움을 극복할 수 있는 방법은 무엇일까.

무엇보다 6유형은 외부에서 권위를 찾지 말고, 자기 안에서 권위를 찾는, 자기 확신이 필요하다. 누구보다도 자신감과 용기가 필요한 이들은 자신이 결정한 일을 스스로 신뢰할 수 있어야 한다. 그리고 자신의 두려움의 실체가 상상 속의 공포인지 실제적인 공포인지 구분할 수 있어야 한다. 그렇게 하려면 우선 두려움과 공포를 직면해야 분별력이 생긴다. 두려움을 직시하기란 누구나 어렵고 특히 6유형의 경우는 더 어렵지만 용기라는 작은 불빛을 자꾸 키워가다 보면 두려움과 공포의 어둠은 점점 사라지게 됨을 믿어야 한다.

또한 지나친 충성심과 독단이 자신의 두려움에서 나왔다는 것을 깨닫고 그 안에서 벗어나자. 그러면 자신의 감정에 충실하고 조화로운 삶을 유지할 수 있게 된다.

이들이 자신의 약점을 극복하고 나면 사회 공동의 이익에 봉사할 줄 아는 큰 그릇이 된다. 공포와 두려움을 성실과 노력으로 극복한 이들은 자신의 재능을 발휘하여 사회에 봉사할 줄 아는 진정한 책임자 봉사자의 모습을 갖춘다. 바로 이순신 장군과 안철수 사장은 6유형이 성장한 모습이다.

이순신 장군의 애국과 애민은 우리나라에 지대한 공헌을 하였다. 임진왜란에 맞선 그의 전략은 6유형의 기운을 십분 발휘한 결과이다. 『손자병법』에 나오는 '전쟁을 이기는 다섯 가지 근본'

첫째 도(道; 올바른 길, 백성과 장군의 뜻이 하나로)를 지켜야 하고,

둘째 천(天; 기후, 온도, 적의 사기)을 따라야 하고,

셋째 지(地; 지형, 거리, 험함)를 알아야 하고,

넷째 장(將; 대장의 슬기, 위엄)이 바로 서야 하고,

다섯째 법(法; 조직, 규율, 병기)이 있어야 한다, 에 근거하여

한치의 어긋남도 없이 철저히 전쟁에 임하였기에 열악한 환경에도 32전 32승을 거둘 수 있었던 것이다.

오늘날의 훌륭한 인물로는 안철수 씨를 들 수 있다. 안정된 직업인 의사를 버리고 당시에 불모지였던 컴퓨터 바이러스 보안업계로 뛰어든 것은 그 분

야에 취약한 당시의 상황에서 자신의 희생을 통한 공동체의 발전을 생각하는 6유형의 성숙한 모습이다.

⟶ 6유형의 대표적 인물

국내: 이순신(장군), 율곡 이이(학자), 안철수(교수 겸 사업가), 박지성(축구선수), 김택수(탁구선수), 유재석(개그맨), 김희애(배우), 류시원(탤런트), 이승기(탤런트) 등

국외: 지미 카터(전 미 대통령), 조시 부시(전 미 대통령), 우디 앨런(영화배우 겸 감독), 멜 깁슨(배우), 다이애너비(영국황태자비), 햄릿(희곡 『햄릿』의 주인공) 등

⟶ 심리용어로 알아보는 6유형

별칭(이미지):

성실한 사람, 충성가, 안전 추구자, 회의주의자, 신봉자, 전통주의자, 참모, 겁이 많은 자아

일반적 특성 :

조심성 있고 차분한 이들의 인상은 편안해 보인다. 때론 의심스런 눈빛으로 경계적이고 방어적으로 보이기도 한다. 모든 것에 의심을 품는 이들은 확신과 자신감이 부족하고 대부분 정신 에너지가 불안을 처리하는 쪽으로 나아간다. 불안을 드러내는 공포순응형과 불안에 대항하는 공포대항형이 있다. 이들이 건강할 때는 책임감이 강하고 공동체를 중시하는 신실한 사람이며 건강하지 못할 때는 의심이 많고 투덜거리며 편협함에 빠진다.

자아 이미지 :

나는 책임감이 강하고 순종적이며 확실한 것을 좋아한다.

집착(심리적 고착): 안전

이들이 이상화('실재(I)'와의 연결)한 의식은 '의지'이다. 이들에게 의지는 확고함, 견고함, 단호함, 굳셈, 결단력, 지원의 느낌으로 묘사된다. 세상에 대한 냉소적 인식과 내적인 불안은 자신의 의지대로 행동하기보다는 외부의 권위를 찾게 된다. 삶은 위험과 불확실함으로 가득 차 있으므로 끊임없이 안전과 확실함을 추구한다.

유혹, 함정: 의심

이들은 세상은 잔인하고 악의적인 사람들로 가득하며 생명이 위협당한다고 느낀다. 자신은 약자이기에 공격당할 것이라고 생각되어 모든 것을 의심하게 되고 두려움에 떤다. 이를 만회하려 힘이 있는 사람이나 조직, 신념이나 종교에 맹목적으로 따를 수도 있다.

회피: 일탈, 불확실성

이들은 책임감이 강하고 자신의 역할에 충실한 사람들로서 불성실하거나 의무라고 생각하는 것을 저버리는 것을 피한다. 이들에게 남과 다르다는 느낌, 기준에서 벗어난 느낌은 견디기 힘들다. 갑작스런 변화와 모험, 도전을 좋아하지 않는다.

방어기제: 투사

투사는 개인이 용납하기 어려운 충동이나 생각을 남에게 전가하는 것으로 자신의 두려움과 직면하지 않으려는 무의식적 행위이다. 이 결과 자신의 욕심과 욕구가 마치 다른 사람의 것으로 인식되어 남의 탓으로 돌리게 된다.

자신의 책임에 충실하지 못할 때, 불확실함에 뛰어들 때 이들은 죄의식을 느낀다.

이들 내면에 배어 있는 정서 상태는 두려움이다. 이 두려움과 불안은 내면 혹은 외부에서 일어날지도 모르는 예상에서 빚어지는 일이다. 이들은 상상 속의 공포를 갖고 있기에 곧잘 최악의 상황을 상상하며 겁에 질리게 된다. 이들이 두려움에 맞서는 방식은 공포에 순응하거나 대항하는 것으로 나타난다. 부풀려진 이들의 공포는 자신과 이웃의 발전에 발목을 잡는다.

6유형의 덕목은 용기이다. 두려움에 휩쓸리거나 자신의 판단과 경험을 의심하지 않고 자신의 내면과 대면하기 위해 용기가 필요하다. 불필요한 의심에서 벗어나 현실을 우호적으로 받아들이고 망설임 없이 행동화하는 것 또한 용기이다. 참된 변화를 겪으려면 안정감을 위해 붙잡고 있는 모든 것을 내려놓고 용기 있게 있는 그대로의 자신과 대면해야 한다. 성실하고 믿을 수 있는 이들은 안정된 사회를 구축하는 데 크게 이바지하는 사람들이다.

7유형: 행복을 추구하는 사람

긍정적인 측면만 보고 낙천주의를 실천할 것이라고 항상 즐거운 표정을 짓고 만나는 모든 생명체에게 미소지을 것이라고 기쁨의 환성을 지르자.
– 피터팬

영원한 소년, 피터팬.

피터팬과 유쾌한 친구들은 네버랜드에서 후크 선장을 놀려 먹으며 하루하루를 즐겁게 보내는 악동들이다. 이들이 사는 네버랜드는 마음만 먹으면 하늘을 날아다니고, 신기한 일이 여기저기 벌어지는 꿈의 동산이다. 피터팬은 이곳에서 늙지도 죽지도 않고 고통도 시련도 없이 꿈만 꾸면 뭐든지 이룰 수 있는 즐거움을 만끽하면서 산다. 누구나 한번쯤 그런 삶을 꿈꾸지만 알다시피 피터팬과 네버랜드는 동화 속에 존재하는 가상의 인물이며 환상의 공간이다.

그런데 세상에는 마치 피터팬처럼 살고 싶어하는 사람들이 있다. 머릿속에 아이디어와 상상력이 샘솟고 삶이 재미와 즐거움으로 가득 찬 사람들. 피터팬처럼 만년소년으로 늙고 싶지 않은 사람들. 에니어그램에서는 이들을 7유형이라고 부른다.

☞ 멋진 계획의 설계자들

사람들에게 미래의 계획표를 그리게 하면 하강곡선을 그리는 사람은 드물다. 대부분의 사람들은 완만한 상승곡선을 그리며 자신의 미래가 행복하기를 바란다. 그런데 7유형의 사람들은 완만한 상승곡선이 아니라 하늘로 급상승하는 그래프를 그리고 자신의 미래 계획을 멋지게 설명한다.

국어교사인 은정 씨는 이십대 후반의 7유형 여성이다. 에니어그램 강좌 첫 시간에 개략적인 유형 소개를 듣고 그녀는 주저거림 없이 자신을 남성성이 강한 8유형으로 단정했다.

내가 보기에는 그녀의 씩씩함은 성인의 남성성이라기보다는 보이시한 소년성에 있었다. 그녀에게 조심스레 최근에 실천한 활동을 좀 알려달라고 부탁을 하자 그녀는 최근 2년간의 활동 내용을 알려주었다. 그녀는 마인드 맵을 통해 자신의 활동을 소개해주었는데, 괄호 안은 실제 행동으로 옮긴 기간이다.

은정 씨의 자료는 7유형의 특성이 그대로 드러나 있다. 왕성한 호기심으로 모든 것을 경험해보고 싶은 이들은 흥분된 열정으로 새로운 활동에 뛰어든다. 시작은 열정적이나 시간이 지날수록 싫증이 나면서 또 새로운 계획을 찾는다.

이들의 멋진 계획이란 것은 바로 이런 것이다. 은정 씨는 최근 2년 동안 이렇게 멋진 계획을 짰고 상당수의 계획을 실행에 옮겼다. 하지만 이 계획표를 유심히 보면 은정 씨가 지긋하게 한 일은 몇 개 안 된다. 대부분 계획은 짧게는 1개월이나 길면 8개월에서 그친다. 도서 구입이나 도서관 가기는 직업과 관련이 있어서 지속할 수 있었고 나머지는 대부분 시도만 해보고 그친 경우가 많다.

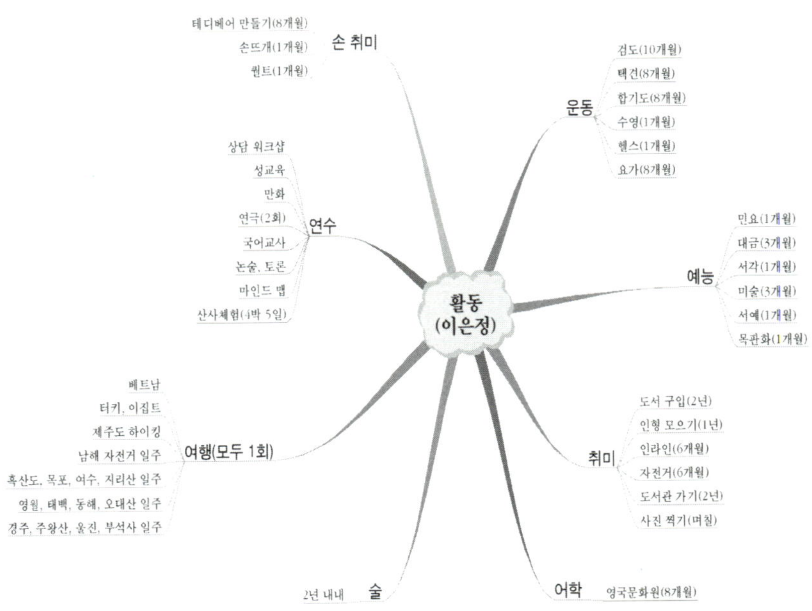

하지만 은정 씨의 마음은 이 모든 것을 섭렵한 것처럼 착각한다. 그래도 은정 씨는 7유형의 다른 사람보다 실제로 많은 경험을 실행한 것이다. 대부분의 7유형은 계획만 멋지게 짜고 상상 속에서 실컷 맛만 본 후 실제 시도는 하지 않는 경우도 종종 있다.

나는 산만하지만 똑똑하지

멋진 계획을 잘 짜며 행복을 추구하는 7유형은 다른 어떤 유형보다도 낙천적이고 즐겁고 상냥하다. 이들은 자기 주변에서 즐거움을 찾아내는 타고난 능력이 있어서, 이들 주위에는 많은 사람들이 모인다.

이들은 자신과 남을 위해서 항상 재미있는 사람이 되려고 노력한다. 아이디어와 상상력이 풍부하고 호기심이 넘치는 이들은 항상 즐겁고, 너무나 유쾌하고, 미래의 계획이 무궁무진하다. 멋진 계획과 재미 추구는 7유형의 타고난 집착이며 그래서 이들은 매사를 과장하여 밝고 긍정적인 부분만 보려고 해 삶의 깊이와 진지함이 부족할 수 있다.

또한 이들은 한 가지 일에 열중하기보다 여러 가지 일을 동시에 벌려놓고 하기에 어려서부터 산만하다는 말을 수도 없이 들어왔다. 수업시간에 집중하지 못하고 친구들과 장난치다 선생님에게 주위를 받고 "지금 선생님이 뭐라고 설명했는지 대답해봐."라는 질문을 받으면 이들은 선생님의 설명을 정확히 기억해 친구들과 선생님을 놀라게 한다. 그런 일이 반복되면서 자신은 산만해도 똑똑하다는 자아인식을 갖게 되고 어른이 되어서도 그 버릇은 쉽게 고쳐지지 않는다.

이들은 멀티플레이어다. 어느 위치에서도 역할을 할 수 있는 이들은 자칫 영원한 아마추어로 전락할 수도 있다.

한 번은 세미나에서 나를 찾아온 나이 지긋한 7유형의 한 남성과 이야기한 적이 있었다. 간단하게 인사를 나누고, 내가 말을 꺼내는 순간, 그분은 고개를 돌려 내가 아닌 다른 사람과 이야기를 나누는 것이다. 조용한 목소리로 "선생님, 제 이야기 듣고 싶다면서 다른 분과 말씀을 하시네요."라고 말했더니, 그분 말씀이 재미있다. "아, 걱정 말아요. 귀는 선생님 쪽으로 열려 있잖아요. 다 듣고 있으니 말씀 계속하세요."

➡ 탐닉과 무절제

어느 것도 어떠한 상황도 놓치고 싶지 않은 이들의 근원적 문제는 탐닉이다.

이들의 탐닉은 이상주의에 대한 유혹에 잘 빠진다. 이들의 이상주의는 죽음, 어둠, 이별, 슬픔이 없는 영원한 광명의 세상, 유토피아 등이다. 이들의 계획은 유토피아와 관련이 있다. 신나는 계획은 그러한 것을 생각했었다는 데에서 만족을 얻고, 어쩌면 현실도피를 위한 책략이기도 한 것이다. 현재는 실망과 고통뿐이기에 현재에 살지 않고 과거와 미래에 걸쳐 산다. 과거에 대해서는 좋은 기억만을 반추하고 미래에 대해서는 계획 세우고 아이디어 자체에 열중한다.

그러나 이들의 상상은 비현실적인 나머지 실현되기가 어려움이 있다. 계획을 세우는 만큼의 실행력이 부족해서 끝까지 하기보다는 시도했다는 데에 의미를 두기가 일쑤다. 또한 고통스런 체험으로부터 재미있는 생각이나 이상을 전개하며 고통스런 과거를 낭만화하려는 경향도 종종 보인다.

이들은 육체적이건 심리적이건 어떤 식의 고통이던 모두 회피한다. 꾸중이나 잔소리, 반복되는 말 등 자신을 고통스럽게 만들 수 있는 가능성이 조금만 있어도 그것을 피하려고 든다. 고통은 피하고 즐거움을 추구하려는 모습이 세상을 사는 7유형의 전형적인 모습이다.

또한 고통을 포함해서 슬픔과 부정적인 면은 보고 싶지도 느끼고 싶지도 않기 때문에 자신의 말과 행동을 자신에 맞게 합리화시키려는 성향이 다분히 있다. 그래서 이들은 궤변론자라는 소리를 자주 듣는다.

7유형은 재미가 없을 때, 행복하지 못할 때 스스로 죄의식을 느끼며 그러지 못한 자신이 문제라고 생각하지만, 진짜 문제는 탐닉과 무절제에 있다. 의식이 낮아진 7유형은 재미와 기쁨과 쾌락에 탐닉한 나머지 폭음하고 폭식하고 방종하며 무절제의 모습을 보인다. 또한 흥분과 도취감을 유지하기 위해 자신을 기쁘게 해주는 것을 더 많이 요구하고 금전 감각이 부족해 충동적이며 즉흥적인 소비활동을 하기도 한다.

홈쇼핑은 이들에게 매혹적인 광고이다. 새로움과 신상품에 대한 호기심이 강한 이들은 텔레비전, 인터넷 광고에 누구보다도 잘 반응해서 충동구매를 제일 많이 한다. 자신을 기쁘게 해줄 물건을 즉흥적으로 구매하며 흥분과 도취감에 빠지지만, 정작 물건이 도착하는 그 며칠 사이에 그 물건에 대해 흥미를 잃고 만다.

쇼핑뿐 아니라 중독에도 쉽게 빠질 수 있는 기질이다. 흡연, 음주, 약물, 자극적인 행동 등에 빠져 어두운 현실을 덮고서 즐겁고 행복하고만 싶어 한다.

●→ 강렬함과 흥분을 맛보는 경험주의자

이들은 또한 경험주의자이기도 하다. 실제 경험했을 때의 흥분은 상상 속에서의 간접경험보다 훨씬 강렬하다.

40대의 주부가 어렸을 때의 아버지를 떠올리며 소개한다.

"저희 아버지가 7유형이신 것 같아요. 생생히 기억나는 일이 있는 데 어느 날 마당에 풀어 키우던 닭이 모래 속에서 무엇을 쪼아 먹더니 금방 눈이 뒤집히면서 파닥거렸어요. 그러자 아버지가 얼른 방에서 면도칼과 실 바늘을 가져오라 하시더니 닭 모가지를 꽉 움켜쥐고 면도칼로 목을 가르시는 거예요. 식도에 방금 삼킨 쥐약을 손으로 끄집어내시더니 바늘로 가른 목을 꿰매셨어요. 닭은 한참을 퍼덕 거리더니 살아났어요.

또 저희는 아버지의 재치로 가을에 맛있는 수박을 먹을 수도 있었어요. 그 때는 모두 제철에라야 과일을 먹을 때잖아요? 한여름에 수박을 수확하고 나면 끝물에 아직 덜 자란 수박을 몇 개 도랑에 남겨두고 흙을 소복이 쌓아둡니다. 그리고 한 달쯤 지나 밭에 가서 흙더미를 헤치면 그곳에 아주 달고 차가운 수박이 있답니다. 우리 아버지는 못하시는 것이 없었어요. 동네의 '맥가이

버’ 이셨죠. 잠시만 뚝딱뚝딱 만지면 웬만한 것은 모두 수리를 하셨답니다. 헌데 재주 많은 사람이 굶어죽는다고 우리 어머니의 고생은 말도 못했습니다.”

☞ 영원한 소년

지금까지 말한 7유형의 특성을 요약해 본다면 이들은 한 마디로 ‘소년’이다. 앞서 예를 든 피터팬 같은 소년이다. 이들의 소년성은 아이의 아빠가 되었을 때도 할아버지가 되었을 때도 소년성을 잃지 않고 자신만의 네버랜드에서 살려고 한다.

저희 성당에 제1 보좌신부님이 (사도)요한 신부님이신데요. 지난 축일[*] 인사말씀에 당신은 예수님의 사랑을 가장 많이 받는 사도이다 하면서 얼마나 사랑하면 예수님께서 며칠 먼저 탄생하셔서 온통 축제로 분위기도 띄워놓고 길도 깨끗이 닦아놓았겠냐 하시는 겁니다. 그렇게 예수님께서 완벽히 준비를 해놓으셨을 때 싸악 태어나니 요한처럼 행복한 사람은 없다 하며 너스레를 떨으셔서 전 신자가 와아~ 하고 웃었어요. 미사를 마치고 밖에 나오니 한 발 앞서 나가신 신부님께서 성당 마당에 청년성가대들에게 에워싸여 계시는데 등에 당신이 손수 만든 천사날개를 입고 전 신자들을 향하여 맴맴이를 돌면서 날개를 파닥거리시는 겁니다. 청년성가대의 축송 속에 전 신자들에게 기쁨과 행복을 유감없이 전하시는 거지요. 그 모습이 얼마나 익살스럽고 귀여우신지……. 저희 신부님은 정말 해맑으십니다. 얼굴도 아주 곱상하게 잘 생기셨구요. 또 권위적이지 않으셔요. 늘 사진기를 들고 다니며 신자들이 활동하는 곳에 와서 사진을 찍어주시고 특히 할머니 신자분들께는 어찌나 곰

---

* 사도요한축일은 12월 27일입니다

살맞게 구시는지 우리 성당의 전 신자들은 요한 신부님을 너무너무 좋아하고 존경한답니다. 이렇듯 천진한 어린아이의 맑은 영혼을 지닌 사람들 이들이 7유형이다.

7유형인 김씨 할아버지는 주민복지센터의 계단 아래에서 기거하는 생활이 어려운 분이시다. 수입이라고는 기초생활비가 전부인데도 아이들에게 인형을 나눠주며 즐겁게 사신다. 할아버지는 파스텔톤의 양복에 하양, 빨강, 노랑, 분홍 등 여러 가지 색의 넥타이와 스카프와 구두를 그날의 기분에 맞게 입고 신고 하여 외출을 한다. 쫙 빼입은 멋쟁이 할아버지의 자전거에는 바퀴만 빼고 온통 인형들이 붙어 있다. 할아버지는 인형 자전거를 타고 콧노래를 부르며 거리로 흥겨운 외출을 나간다. 그리고 아이들을 만날 때마다 자전거를 멈추고 아이에게 갖고 인형을 마음껏 고르라며 선심을 쓰신다. 사철 산타클로스할아버지이시다.

이들의 소년성은 소년, 소녀, 어린아이에게 관심을 집중시킨다. 내 고통도 힘들고 남의 고통도 보기 힘들어 하는 이들은 어려운 사람의 고통을 덜어주는 자선가로서의 모습을 보이기도 한다.

기부천사라 일컬어지는 가수 김장훈 씨가 그런 사람이다.

"나는 참으로 행복한 사람입니다. 내가 좋아하는 노래를 무대 위에서 여러 팬들의 환호 속에서 실컷 부를 수 있어서입니다. 더군다나 여러분은 나를 노래할 수 있게 해주시면서 거기다 돈까지 주십니다. 그 돈은 내 돈이 아닙니다. 그 돈을 어려운 형편에 있는 사람에게 쓰는 것은 당연한 일입니다. 그들은 나의 가족이니까요."

⟶ 7유형이 성장하는 길

이들이 영원히 철없는 소년에만 머물러 있다면 성장의 길은 열리지 않는다. 7유형은 무엇보다 참을성을 키우고 고통을 직접 맛보아야 한다. 자신의 인내심 부족이 어디에서 오는지 그 뿌리를 살펴보고 고통을 피하지 말고 직면하고 받아들이려고 노력해야 한다. 창조적 아이디어는 누구보다 뛰어나지만 그것을 실행한 끈기가 부족하기 때문에 7유형은 시간을 갖고 끈기 있게 자신의 능력이 결실이 맺을 때까지 기다려야 한다. 또한 신기한 것, 새로운 것만 찾다가 정작 현실적인 기반을 잃을 수 있다. 자신이 평범하고 재미없다고 여기던 것에서 즐거움을 찾도록 노력해보자.

7유형이 자신을 극복하고 나면 이들은 낙천적이고 긍정적인 분위기 메이커가 된다. 또한 단발적인 열정이 지속적인 열정으로 변하면 남들이 장기간에 얻는 결과를 단기간에 얻는 기적을 선보이기도 한다. 또한 이들의 톡톡 튀는 아이디어와 남들을 기쁘게 해주는 능력은 엔터테인먼트 쪽에서 두각을 나타나게 한다. 이제는 땀을 흘리는 노력으로만 승부를 하는 시대는 지났다. 튀는 아이디어와 재미가 21세기를 선도한다. 이들의 상상이 〈쥬라기 공원〉, 〈과속스캔들〉과 같은 영화로 만들어졌을 때 웬만한 기업의 생산수입을 훨씬 초과할 수 있는 시대이다. 쇼 오락의 연예계 사업, 광고, 마술, 운동경기 등 사람들을 기쁘게 해주는 곳에 유쾌한 7유형이 가장 많이 활동을 한다. 어디로 튈지 모르는 럭비공 같은 7유형, 아이디어뱅크인 이들의 머릿속을 따라가다 보면 우리는 새로운 열매를 발견해낼 수 있다.

이들의 부풀린 긍정주의와 낙천성은 어느 누구보다도 고통을 잘 이겨내는 힘으로 발휘되기도 한다. 양 팔다리도 없는 채로 몸통에 붙은 두 개의 발가락으로 모든 것을 다 해내는 닉 부이치치, 그는 불굴의 낙천성으로 장애를 극복하고 세계의 청소년들에게 행복을 전파하는 행복전도사로 큰 활동을 하고 있다.

어느 유형이든지 유형의 근원적인 문제를 극복하면 가장 훌륭한 강점이
되는 것이다.

거기에 또한 에니어그램의 지혜가 숨어 있다.

7유형의 대표적 인물

국내: 김병연(김삿갓), 천상병(시인), 조영남(가수), 신동엽(개그맨), 노홍철(개그
맨), 김장훈(가수), 홍진경(가수), 이하늘(가수) 등

국외: 스티븐 스필버그(영화감독), 찰리 채플린(영화배우 겸 감독), 데이비드
카퍼필드(마술사), 볼프강 아마데우스 모차르트(음악가), 로빈 윌리엄스(배우),
닉 부이치치(행복전도사) 등

심리용어로 알아보는 7유형

별칭(이미지):

열정적인 사람, 행복을 추구하는 사람, 팔방미인, 낙천가, 소년, 계획하는
자아.

일반적 특성 :

대체로 얼굴이 밝고 투명하며 장난기 어린 표정과 눈빛을 띠고 있다. 매사
에 호기심을 보이며 유쾌하므로 주변에서 즐거움을 찾아내는 능력이 뛰어나
다. 유머가 많고 상냥하기에 주위에 많은 사람들이 모인다. 새로운 아이디어
나 경험, 오락거리 등 자극을 필요로 하며 되풀이되는 일상은 지루해 하며
싫증을 빨리 느낀다. 건강할 때는 기발함과 밝음으로 행복의 전령사가 되고

건강하지 못할 때는 산만하고 마무리가 안 되며 책임감이 부족하게 된다.

자아 이미지 :

나는 매우 낙천적이며 호기심이 많으며 주변에서 즐거움을 찾는다.

집착(심리적 고착): 재미, 멋진 계획

이들이 이상화('실재(I)'와의 연결)한 의식은 '자기 상징화'이다. 자기상징화는 사고를 통하여 관계를 맺는 것으로 실제적이지 않고 추상적 상징적이 된다. 이들은 부정적인 감정들이 가져올 잠재적인 위협을 분쇄하기 위해 긍정적 시각이 부여된다. 이들의 미래는 늘 멋진 계획으로 가득 차 있다. 매사를 과장하여 밝은 면만 보려고 하므로 삶의 깊이와 진지함이 부족하다. 이들의 계획은 남들보다 한 발 앞서는 기발함으로 완성이 되었을 때 대박을 터트리게 된다.

유혹, 함정: 이상주의

이들은 겉으로 보기에는 불안과 걱정이 없는 듯이 보인다. 하지만 이들도 머리형으로 두려움의 지배정서를 갖고 있다. 이들의 쾌활함은 두려움을 감추려는 무의식적 태도이다. 고통스러운 삶의 현실을 회피하는 수단으로 두려움이 없는 유토피아를 꿈꾼다.

회피: 고통

이들에게 고통은 메마르고 바싹 타버린, 텅 빈 삶이 결여된 내면의 불모지처럼 느껴진다. 그렇기에 모든 고통(육체적, 심리적, 정신적)을 피하려 한다. 기발한 아이디어를 완성하는 데에는 땀과 수고, 시간이 필요한데 이를 고통으로 받아들이기에 완성에 저해가 된다.

방어기제: 합리화, 이상화

합리화는 자신의 행동을 정당화하기 위해서 또 고통을 맛보지 않으려고 그럴듯하게 논리를 내세우는 것이다. 이상화는 사물을 긍정적 시각으로 보고 삶, 일반에 대해서 이상적이고 낙관적으로 보려는 경향이다.

죄의식

낙천적이지 못하고 멋지지 않고 행복하지 않을 때, 재미가 없을 때 문제가 있을 때 죄의식을 느낀다.

근원적 문제: 탐닉, 무절제

이들은 내면의 황량함, 결핍감을 메우기 위해 무엇이든 게걸스럽게 입 안으로 넣으려고 한다. 이러한 탐닉은 먹는 것에만 국한되지 않고 아이디어, 이야기, 책, 마약, 놀이 등 자신을 자극시키는 것이라면 무엇이든 해당된다. 또한 멋진 경험, 기분을 들뜨게 하는 행복한 경험을 갈망한다. 즐거움을 채울 수 있는 것이라면 무엇에나 뛰어들고 잘 헤어나오지 못하고 무절제의 늪에 빠지고 만다.

덕목: 절제

7유형의 덕목은 절제이다. 실재와 조화된 삶을 살려면 탐닉에서 벗어나 절제가 필요하다. 절제는 몸에 균형감을 주며 에너지를 정확하게 필요한 양만큼만 소모한다는 것이다. 세상 밖으로 뻗어나간 방만한 관심을 거둬들이고 그간의 경험을 집대성할 때 이들은 비로소 아이디어를 실현시킬 수 있게

된다. 이들의 기발함과 유쾌함은 발명과 엔터테인먼트로 발전되어 이 시대
가 요구하는 고부가가치의 경쟁력을 갖추게 된다.

아홉 유형 사람들을 위한 배려의 기술

우리를 망치는 것은 다른 사람의 눈이다. 만약 나를 제외한 다른 사람이 모두 장님이라면, 나는 굳이 고래등 같은 집도 번쩍이는 가구도 원할 필요가 없을 것이다.

– 벤저민 프랭클린

1유형

1유형과 잘 지내는 방법

이들의 도덕관, 높은 기준, 당신과의 관계에 대한 성실성을 높이 평가하라.

당신이 신뢰성 있고 성실한 배우자임을 보여주라.

카드나 선물, 포옹 등으로 당신의 감사를 표현하라.

실수를 인정해라. 1유형은 사람들이 뉘우칠 때 아주 너그러워진다.

항상 예의를 지켜라.

모든 일을 질서 있게 조직적으로 하고 시간을 잘 지켜라.

이들이 불평을 할 때 부드럽게 대하고 잘 들어라.

1유형을 도울 수 있는 방법

자신이 완벽하다는 것을 보여줄 필요가 없다는 것을 확신시켜라.

이들이 분노를 표현해도 당신이 여전히 이들을 사랑하고 있다는 것을 상기시켜라.

이들이 실수를 했을 때 깊은 이해를 보여라.

이들과 휴가를 떠나라. 1유형은 집이나 책임을 떠났을 때 아주 경쾌하고 밝아진다.

취미생활이나 좋아하는 일을 할 수 있는 시간을 마련하도록 격려하라.

1유형이라면 절대 꿈도 꾸지 못할 일

부부동반 동창회에 배우자가 트레이닝복을 입고 가도록 허락하기.

어떤 일을 할 때 자신이 바르게 하고 있는지 확인하지 않기.

자신은 하루 종일 놀고 와서 저녁식사에 초대한 친구들에게 음식을 가지고 오도록 하기.

배우자가 이성 동료에 대해 칭찬의 말을 할 때 질투를 느끼지 않기.

요리를 태웠을 때 그대로 손님에게 내놓기.

직장에 30분 늦기.

일주일 동안 청소 안 하기.

2유형

2유형과 잘 지내는 방법

이들의 따뜻함과 관대함, 열정, 유머 감각에 감사를 표시하라. 감사하고 또 감사하라!

이들이 당신에게 특별한 존재임을 재확인시켜라. 카드나 선물을 주고 포옹하라.

이들이 즐기는 것들에 함께 참여하라.

세상이 아름다운 곳이 되기를 원하는 이들의 이상에 감사를 표하라.

이들이 좋아하는 일에 대해서 이야기하라.

비판해야 할 때는 부드럽고 요령 있게 하라.

이들은 당신이 자신을 사랑한다는 것을 모든 사람이 알기를 원한다.

2유형을 도울 수 있는 방법

이들의 생활과 그들이 가진 문제에 관심을 표명하라.

이들로 하여금 당신에게 자신의 느낌을 정직하게 말하도록 하라.

도움을 받아들이도록 격려하라.

분노를 표현할 수 있는 용기를 갖도록 도와주라.

필요하다면 싸움을 하는 것도 괜찮다는 것을 알게 하라.

이들이 자신이 원하는 창조적인 활동을 하도록 도와주라.

2유형이라면 절대 꿈도 꾸지 못할 일

포틀럭 파티에 빈손으로 나타나기

집의 실내장식을 바꾼 후에 자신의 안목이 얼마나 높은지 말하지 않기.

남자친구의 부모님을 처음 만났을 때 그들에게 칭찬의 말을 하지 않기.

다른 사람이 작은 부탁을 했을 때 거절하기.

훌륭한 시민상을 받고 다른 사람에게 말하지 않기.

자신을 거절한 사람이 그 말을 취소하고 용서를 구하기를 바라지 않기.

3유형

3유형과 잘 지내는 방법

이들의 성공과 성취를 인정하라.

이들이 관계에 많은 노력과 공을 쏟고 있다는 것을 이해하고 감사를 표시하라.

이들이 일을 잘 해나가지 못할 때 몹시 언짢아 할 수도 있다는 것을 알고 있어라.

이들은 피상적이라는 말을 들을 때 마음 상해 할 수 있다는 것에 유의하라.

공동의 목표를 위해서 함께 일하라. 3유형은 생산적인 활동을 통해서 관계 맺기를 좋아한다.

이들의 자신감과 낙천주의, 효율적인 일 처리 능력, 넘치는 에너지에 대해 칭찬하라.

3유형을 도울 수 있는 방법

이들은 일에 대해 아주 적극적이다. 개인적인 생활에서도 자신이 원하는 것을 찾을 수 있도록 도와주라.

이들이 깊은 인간관계를 맺을 수 있도록 도와주라.

마음을 느긋하게 갖고 여유 있게 일을 하도록 도와주라.

자신이 믿는 명분을 위해 일하도록 격려하라.

내면의 삶을 풍요롭게 하도록 격려하라.

이들이 무엇을 느끼는지에 관심을 가져라.

3유형이라면 절대 꿈도 꾸지 못할 일

한 번에 세 개씩 뛰어 올라갈 수 있는 계단을 뭔가를 생각하며 천천히 걸어서 올라가기

자기의 경쟁자가 초대받지 못한, 유명 인사들의 모임에 초대받고 우쭐해하지 않기.

자신이 일류대를 졸업했음을 말하는 것을 잊어버리기.

나이가 드는 것을 편안하게 생각하고 좋아하기.

고등학교 동창회가 있을 때 흥분하지 않기.

공동수상을 할 때 한 사람만 소감을 말할 경우 공동수상자에게 양보하기.

5년 동안 사귄 사람과 헤어졌을 때 15분 이상 울고 있기.

→ 4유형

4유형과 잘 지내는 방법

이들의 창조성과 뛰어난 지각력, 감정의 깊이를 높이 평가하라.

사교적이 되라고 강요하지 말라.

이들이 기분이 자주 바뀔 때, 그것이 당신에게 어떻게 영향을 주는지 솔직하게 말하라.

당신의 사랑을 자주 표현하라.

비판이 이들의 수치심을 자극할 수 있다는 것을 기억하라.

이들이 힘들어 할 때 쉬운 해결책을 제시하지 말라.

자신의 감정을 처리하고 표현하고자 하는 이들의 욕구를 이해하라.

4유형을 도울 수 있는 방법

강렬한 감정과 분노가 일어날 때 그것을 표현해도 괜찮다는 느낌을 갖도록 도와주라.

독립적이고 자주적이고자 하는 이들의 욕구를 이해하라.

저술이나 음악, 무용, 디자인 등을 통해서 창조성을 발휘하도록 도와주라.

이들의 인정스러움을 표현할 수 있는 의미 있는 일을 찾도록 격려하라.

4유형이라면 절대 꿈도 꾸지 못할 일

방의 가구 배치나 장식이 잘못되어 있다고 느끼면서도 그냥 지나쳐 버리기.

다른 사람이 자신에 대해 악의 있는 말을 우연히 들었을 때 그저 웃어넘기고 자신을 비하하지 않기.

자신이 존경하는 비평가가 자신의 공연에 대해서 악평을 했을 때 우울해하지 않기.

이미 끝난 관계에 대해 30분 이상 생각하는 것으로 충분하다고 여기기.

자신의 평범한 직업에 자부심을 갖기.

세수 안 하고 식당 가기.

하루 종일 웃으면서 지내기.

5유형

5유형과 잘 지내는 방법

이들의 객관성과 지성, 재치에 대해 칭찬하라.

직설적이고 간결하게 말하라.

당신이 이들의 조언과 상담을 감사한다면 감사를 표현하라.

이들에게 관심이 집중되도록 해서 당황하게 만들지 말라.

이들이 자기 일을 할 때는 혼자 내버려 두라. 이들의 사생활을 존중하라.

가사를 분담하도록 도우라.

사교적이 되라고 강요하지 말라.

5유형을 도울 수 있는 방법

문제를 해결할 때 객관적이 되어라. 감정을 내세우면 해결이 안 된다.

이들과의 관계에 문제가 있을 때는 구체적으로 지적하라.

흥미 있는 주제에 대해 진지한 대화를 나누라.

이들이 어떤 일에 별로 열의를 보이고 있지 않다고 하더라도 강요하지 말라.

5유형이라면 절대 꿈도 꾸지 못할 일

한 번도 만난 적이 없는 친척들을 집에 초대하기.

쇼핑센터에서 하루 종일 옷을 입어보는 데 시간을 보내기.

학과장이 자신이 좋아하는 수업을 더 이상 맡기지 않겠다고 했을 때 사람들 앞에서 큰 소리로 울기.

속옷이나 플라스틱 용기를 팔기.

일주일 동안 "난 알아"라는 생각을 하지도, 말하지도 않기.

자기가 좋아하는 분야의 책을 열 권 이상 읽는 것은 시간낭비라고 생각하기.

사람 많은 곳에서 춤추기.

자원해서 모임의 회장하기.

→ 6유형

6유형과 잘 지내는 방법

이들의 충실함, 지성, 인정스러움, 재치, 비상사태나 위기상황을 극복하는 능력을 높이 평가하라.

모든 것을 정직하게 열어놓아라.

모든 문제에 대해 명백하게 합의를 해서 의심의 여지를 남기지 않도록 하라.

아첨하거나 지나치게 친절하게 대하지 말라. 요점을 회피하지 말라.

당신도 이 관계를 소중히 여기고 있으며 이 관계에 충실하다는 것을 확신시켜라.

갈등이 생겼을 때는 당신이 문제를 건설적인 방법으로 풀 수 있는 방법을 찾고 있다는 것을 이들에게 알게 해라.

이들이 화가 났을 때 한 발짝 물러나서 분노가 가라앉을 때까지 기다려라. 같이 화를 낸다는 것은 불난 데에 기름을 끼얹는 것과 같다.

6유형을 도울 수 있는 방법

불안과 스트레스가 쌓이지 않게 하기 위해서 운동을 많이 하도록 격려하라.

적절한 행동을 취해야 할 시점에는 생각을 멈추고 행동하게 하라.

때로는 결정을 내리는 데 있어서 위험 부담을 피할 수 없음을 알려주라.

가장 나쁜 일보다는 가장 좋은 일이 일어나는 것에 초점을 맞추도록 도우라.

자신의 결정을 신뢰하는 것을 배우도록 도우라.

6유형이라면 절대 꿈도 꾸지 못할 일

월요일에 시작되는 새로운 일이 잘 풀려 나갈 거라고 믿으면서 주말 내내 편안하게 지내기.

말 많고 아첨 잘 하고 참견이 많은 시끄러운 사람들과 함께 여행하면서 꾹 참고 있기.

자신이 '긍정적으로 생각하는 것의 위력' 을 가르치는 강좌에 완벽한 강사라고 믿기.

자신이 실수한 일에 대해 그냥 웃어넘기기.

큰 불만이 있을 때, 먼저 동료들의 지원을 구하지 않고 곧장 상관에게 가기.

문단속 안 하고 잠자기.

야한 옷 입고 외출하기.

➔ 7유형

7유형과 잘 지내는 방법

이들의 낙천주의와 자발성, 새로운 것에 대한 열정을 높이 평가하라.

이들의 이야기를 잘 듣고 함께 흥미로운 대화를 하라.

스케줄이나 똑같은 일상 속에 이들을 묶어두려고 하지 말라.

비판을 할 때는 부드럽게 하라.

두 사람 사이의 감정에 대해 이야기하고 분석하려고 하는 것은 자제하라.

이들은 문제를 회피하려는 경향이 있다. 해결되지 않는 한 문제는 계속된다는 것을 일깨워주라.

7유형을 도울 수 있는 방법

자신의 감정을 지켜보고 공포를 인식하도록 도와주라.

규칙적으로 운동을 하도록 도와주라.

어떤 일을 끝까지 밀고 나가는 것을 배우도록 도와주라.

기쁨과 슬픔, 즐거움과 고통 등 모든 감정의 영역을 경험할 수 있도록 도와주라.

7유형이라면 절대 꿈도 꾸지 못할 일

바로 옆에 새롭고 이국적인 레스토랑이 있는데 많이 가봤던 곳에 들어가기.

세미나의 휴식 시간에 가장 재미없는 사람을 골라서 이야기하기.

같은 일을 반복하기.

휴가 일정을 정확히 세워놓고 휴가 내내 그것에 따르기로 결심하기.

하루 종일 한 가지 일만 하기.

우울증 환자 상담하기.

8유형

8유형과 잘 지내는 방법

열정적으로 그들을 만나라.

이들의 힘과 독립심, 정의감을 높이 평가하라.

정직하고 직선적이 되라. 당신의 마음속에 있는 것을 말하라.

이들이 당신에게 상처를 주면 그것을 표현하라.

당신의 주장을 당당히 밝혀라. 당신의 의견을 무시하고 자신의 뜻대로 몰고 가도록 내버려두지 말라.

당신과 상대 모두가 자존심을 유지하도록 하는 타협책을 찾아라.

이들이 혼자 있고 싶어할 때 그 욕구를 존중하라.

이들이 많이 화가 났을 때는 한 걸음 물러서서 일단 화가 가라앉기를 기다려라.

이들의 거친 태도를 어느 정도까지는 받아들여라. 그런 모든 행동을 개인적인 공격으로 생각하지는 말아라.

8유형을 도울 수 있는 방법

스트레스가 쌓이는 것을 막기 위해 규칙적으로 운동을 하도록 권하라.

때로는 다른 사람의 말도 들을 필요가 있다는 것을 일깨워주라.

대부분의 사람들은 정면으로 부딪히는 것을 싫어한다는 것을 알려주라.

당신에게 자신의 문제를 편안하게 이야기하고 약점을 보여줄 수 있도록 도와주라.

8유형이라면 절대 꿈도 꾸지 못할 일

슈퍼마켓에서 계산원이 다른 손님과 이야기 하는 동안 조용히 기다리고 있기.

노트북을 빌려간 친구가 고장을 냈을 때 침착하고 조용히 있기.

자기가 좋아하는 음식이 있을 때 한 번만 덜어먹고 끝내기.

어떤 사람이 그들을 놀리거나 화나게 했을 때 복수하겠다는 생각을 하지 않기.

상사에게 매일 아침 커피를 가져다주겠다고 자원하기.

속눈썹을 깜박거리며 우아하게 웃으며 부끄러운 것처럼 행동하기.

낯선 사람들만 있는 자리에서 불안을 느끼고 동료에게 손을 잡아달라고 하기.

회의 중 자기의견 말 안 하기.

짝사랑하기.

→ 9유형

9유형과 잘 지내는 방법

이들의 친절과 부드러움, 참을성에 대해 감사하라.

이들에게 칭찬과 포옹 등 사랑의 표현을 하라.

이들이 하지 않는 것보다는 하는 것에 대해 감사를 표하라.

결정을 할 때 시간이 많이 걸리더라도 기다려주라.

비난을 하거나 이들에게 뭔가를 부탁할 때 조심스럽게 하라.

이들은 압박을 가하거나 잔소리하거나 불평하면 반발한다는 것을 명심하라.

명령이나 강요하는 투로 말하지 말라. 공손하게 부탁하면 받아들인다.

9유형을 도울 수 있는 방법

이들의 이야기를 잘 들어라.

불만이 있을 때는 밖으로 표현할 수 있도록 도우라.

다른 사람이 원하는 것을 그저 따르지 말고 자신의 관심사나 욕구를 표현할 수 있도록 도우라.

이들의 주변 환경이 평화롭게 유지되도록 해주라.

자신이 무엇을 원하고 무엇을 느끼는지 알아낼 수 있도록 도와주라. 선택할 수 있는 몇 개의 대안을 제시하라.

먼저 할 일과 나중에 할 일을 구분하고 목표를 정하도록 도와주라.

9유형이라면 절대 꿈도 꾸지 못할 일

동창회에서 몇 시간 동안 자신이 얼마나 잘 지내고 있는지 말하느라고 상대방에 대해서는 묻지 않기.

하루 계획을 빡빡하게 잡아놓고 정확하게 그것을 따르기.

남자 친구나 여자 친구의 부모님을 만나는 자리에 가장 화려하고 눈에 띄는 옷을 입고 나가기.

이웃을 초대한 자리에서 배우자에게 소리를 지르고 모욕을 주기.

다른 사람들이 자신에게 관심을 주지 않을 때 관심을 끌려고 애쓰기.

에니어그램을 읽고 곧바로 자신이 9유형이라고 결정하기.

자신이 다른 번호는 아닐까 의심하지 않기.

한 문장으로 자기의견 발표하기.

화를 내고 화난 이유 말하기.

* 위의 내용은 『나를 찾는 에니어그램, 상대를 아는 에니어그램』(레니 바론 · 엘리자베스 와겔리 지음 / 주혜명 · 김태홍 · 김환영 옮김 / 연경미디어)에서 발췌, 정리한 것이다.

알기 쉽게 정리한 유형별 성장 포인트

세상에 번뇌 없는 사람은 없다. 번뇌는 욕심에서 생긴다. 그러나 우리는 다행히 번뇌 이상으로 강한 것을 하나 가지고 있다. 그것은 곧 진리를 갈망하는 마음이다. 만약 진리를 갈망하는 마음이 욕심보다 약하다면, 진리의 길을 찾아나서는 사람이 이 세상에서 몇이나 되겠는가.

– 아우구스티누스

●→ 각 유형이 성장하려면

다음은 각자의 성장 포인트를 정리한 것이다. 눈으로만 보고 맞다며 수긍만 하고 넘어가서는 성장에 전혀 도움되지 않는다. 여러 항목 중에 오늘은 이것만은 반드시 실천해야겠다는 결심이 필요하다.

성장 포인트를 실천할 수 방법을 두 가지 소개하면,

첫째, 먼저 잠이 들락말락할 때 성장 포인트와 함께 내가 추구하는 바를 떠올려라.

잠이 들면 뇌는 입각한 정보에 맞게 상황을 만들어낸다. 아침에 일어날 때도 비몽사몽하는 사이 내가 할 일을 얼른 떠올려라. 우리의 정신은 혼미할 때, 즉 뇌파가 세타(θ)파*일 때, 우리의 영적 능력은 다른 때보다 훨씬 확장된

---

* 세타(θ)파 : 4~8Hz(1초에 진동한 횟수). 졸거나 얕은 잠에 빠졌을 때의 뇌파.
　　보통 상태의 뇌파 : 14~30Hz의 베타(β)파임. 활동할 때.
　　편안(이완)한 상태 : 8~13Hz의 알파(α)파임. 눈을 감고 명상할 때.

상태에 이른다. 바로 그때 오늘 할 일을 떠올리면 그 일을 잘 할 수 있다. 그때 마음먹는 것은 쉽게 실행이 잘 된다.

둘째, 성장 포인트를 늘 자신의 화두로 삼아라.

머리르만 알지 말고, 책상에, 거울에 써서 붙여놓자. 그날의 성장 포인트를 하나 선택해서 실천하라. 눈으로 보고 입으로 말하라. 그러면 에너지가 차오르고 그 에너지가 나를 끌고 갈 것이다. 그걸 활용하여 오늘의 성장 포인트를 하나 실천해보라.

→ 유형별 성장 포인트

1유형의 성장 포인트

긴장을 풀고 유머 감각을 개발하자.

내 기준대로 남을 개혁하지 말라.

분노를 알아차려라.

자신의 결점이나 실패를 인정하라.

자신과 타인의 행동에서 긍정인 면과 감사를 배우자. 비판하고 뜯어 고치지 말자.

새로운 아이디어와 마음에 문을 열어라.

이분법적 사고를 지양하자.

독선적인 분노에서 벗어나자.

다른 사람의 결정을 신뢰하자.

타인의 말에 귀를 열어라. 일단 들어라.

상대방이 진정으로 필요한 것에 관심을 갖자, 나만의 지레짐작이 아닌.

당신의 친절함과 사심 없는 봉사로만 남을 돕자.

숨겨진 동기, 관심으로 타인을 통제하려는 마음을 직시하라.

선행으로 주목받고자 하는 유혹에 빠지지 말자.

호감을 얻기 위해 자주 하는 말과 행동을 살펴보라.

자신이 진정 필요한 게 뭔가 생각하라.

자신을 혹사시키지 말라.

혼자만의 시간을 가져라.

남의 요구를 들어줄 때 분명하게 한계를 그어라.

사람만큼 일에도 관심을 갖자.

3유형의 성장 포인트

다른 사람과 따뜻한 동정을 나누고 원만한 협조관계를 만들자.

정직이 필요하다.

자신의 업적을 자꾸 드러내서 과시하지 말라.

돋보이려고 행동하지 말고 자신을 성장시켜라.

자신의 감정과 욕구를 접하고 가족과 친구들에게 나누며 살아라.

다른 사람의 일을 칭찬하고 그들을 존경하자.

지나친 경쟁을 하지 말라.

경쟁보다 자신의 삶을 받아들이자.

매일 명상을 하고 삶의 의미에 대해 생각하라.

4유형의 성장 포인트

자신의 감수성과 객관적인 이성을 동시에 이용하자.

마음이 들떠 있거나 우울할 때 조심해서 행동하자.

자신만의 능력, 지식, 소질을 자랑스럽게 여겨라.

상상 속에서 오랫동안 대화하는 것을 피하라.

섬세하고 순수한 마음으로 실제적인 봉사를 실천하자.

현재의 삶을 가치 있게 여기고, 현재의 삶에 충실하자.

무슨 일이든 지나치게 개인적으로 파악하지 말자.

다른 사람의 관심을 끌기 위한 나의 제스처, 표정, 말의 패턴을 알아차려라.

특별한 관계를 맺게 되면 소중히 여기고 가꿔나가라.

5유형의 성장 포인트

생각에만 그치지 말고 행동으로 옮겨라.

체험이나 바이오피드백을 활용해서 긴장 에너지를 흘려보내라.

자기 자신에게 중요한 질문을 던져라. 남에게 이성적인 잣대를 들이대거나 질문하지 말고 스스로에게 물어보라. 자신이 안으로 자꾸 들어가는지 자신에게 물어보라.

함께 일하는 사람과 지속적으로 아이디어를 교환하자.

다른 사람을 칭찬하고 감사하고 긍정적으로 대하자.

자신이 훌륭하다고 여기는 것을 남 역시 훌륭하게 생각한다고 여기지 말라.

창의적 활동이나 운동을 하면서 활동적이 되라.

일어나서 나가라.

머리만을 사용하지 말고 가슴과 장을 사용하라.

6유형의 성장 포인트

불안이 이상한 게 아니다. 하지만 거기에 묶여 있으면 성장하기가 힘들다.

우유부단하게 변명하지 말고 화를 잘 내지 않도록 하자.

스트레스나 불안을 느끼고 있을 때 과도하게 최악의 상태를 상상하고 거기에 빠지지 말라.

신뢰할 수 있는 사람들을 찾도록 노력하고 그 사람과 가깝게 되도록 노력하라.

지나친 책임감이 오히려 책임을 회피하고 평정심을 잃게 할 수 있다. 걱정하는 것 때문에 오히려 걱정을 초래한다.

규칙에 너무 권위를 주지 말라.

약한 자의 수호천사가 되어줄 수 있다.

통찰력과 투사를 구별하라. 내 안의 불안을 남에게 전가하지 말라.

7유형의 성장 포인트

자신의 충동을 관찰하는 습관을 갖자.

다른 사람이 말할 때 경청하는 태도를 배우고 익혀라.

새것에 대한 욕망을 조절하자.

당신이 원하는 것이 자신에게 정말 도움이 되는지 긴 안목을 갖고 보자.

통제의 고통을 때때로 받아들여라.

유머와 기지를 잘 계발하라.

자신이 얻으려고 하기보다 다른 사람에게 주는 방법을 발견하자.

아이디어에 집중하지 말고 완성을 이루도록 하자.

8유형의 성장 포인트

행동의 속도를 줄이고 자제력을 발휘하자.

다른 사람의 책임과 권리를 무시하지 말자.

지배하고자 욕구가 많으면 건강하지 못한 위험 신호인 걸 알아라.

독불장군으로 행동하지 말라.

인생의 의미를 발견하고, 다른 사람이 성장하고 극복하는 걸 도와주고자
하는 고차원적 목표를 설정하라.

약한 모습을 감추려고 하지 말자. 연민이 와야 인간성이 회복된다.

타인에게 상처 입힌 적이 있다면 직접 사과하라.

밀어붙이기보다는 여유를 갖고 다른 사람이 당신을 돌보도록 놔두자.

9유형의 성장 포인트

모든 이와 평화를 유지하기 위해 내가 어떤 행동을 취하는지 보라.

자기주장을 내세우라.

자기감정을 의식하라.

스스로 선택하고 결정하라.

큰 그림도 그리고 작은 그림도 그려라. 거시적인 안목에서 미시적인 계획
도 함께 세울 것.

자신의 공포와 불안을 자신의 배우자나 친구와 자유롭게 이야기할 수 있
어야 한다.

사람에 대한 수용성을 적극적으로 활용하라. 누구하고나 잘 맞춰줄 수 있
는 너그러운 이들이다.

제4장
결혼은 리얼리티다

결혼은 행복한 결말이 아니라 갈등의 시작이다

> 감옥에 갇혀 있는 것이 오히려 다행스러워요. 그래도 여기서는 자기 영혼에 대해 생각할 시간이 있잖아요.
> ─ 솔제니친

결혼은 로맨스일까, 아니면 리얼리티일까.

결혼은 무엇인지, 결혼식부터 인생의 마지막 순간까지 한 쌍의 부부가 사는 인생의 궤적을 쫓아가보자.

결혼식 당일.

가장 바쁜 사람은 누구보다도 신랑과 신부 두 사람이다. 결혼식의 주인공들은 새벽에 일어나 화장을 하고 머리를 하고 웨딩드레스를 차려입고 날이 밝으면 치를 인생 최고의 행사 결혼식을 바쁘게 준비한다.

신랑은 식장 앞에서는 일일이 손님을 맞으며 인사를 하느라 정신이 없고, 신부는 대기실에서 친구들의 축하를 받느라 역시 정신이 없다. 누가 왔는지 누군지도 모르고 기억도 없다.

그리고 거행되는 결혼식.

먼저 입장하는 신랑. 그리고 아버지의 손을 살짝 잡고 어릴 적부터 꼭 한 번 입고 싶었던 웨딩드레스를 입고 등장하는 신부. 주례 선생의 주례사와 하객들의 축복 속에서 두 사람은, 태어난 날은 달라도 죽는 날은 같기를 고대하고 영원한 사랑하기를 맹세하면서, 마침내 부부됐음을 온 세상에 알린다.

커플룩을 차려 입은 신랑신부가 친구들의 배웅을 받으며 신혼여행에 오르고, 이제야 둘만의 시간을 갖게 된 두 사람은 사랑의 키스를 나누려는 순간 배에서 꼬르륵 소리를 듣는다. 생각해보니 하루 종일 부부는 아무것도 먹지 못했다. 하지만 부부는 행복하게 웃는다.

세상에서 무엇을 줘도 안 바꿀 사랑스런 신부와 세상에서 가장 든든한 남자 신랑은 오래오래 행복하게 살기를, 바다 위를 날으는 비행기 안에서 또 한 번 맹세하고 맹세한다. 그래, 우리 영원히 행복하게 살자. 두 사람의 로맨스는 이제부터 시작한다.

두 달 후.

부부는 열 번 정도의 집들이와 또 열 번 정도의 친지댁 방문과 또 열 번 정도의 축하 모임을 치르며 신혼여행을 돌아와서 지금까지 주말을 단 한 차례도 쉬어본 적이 없다. 그리고 열 번쯤 싸운 것 같다.

2년 후.

드디어 첫째 아이가 생겼다. 부부는 이제 어엿한 엄마아빠가 된다. 드디어 어른이 되는 거다. 말 한 마디, 몸가짐 하나가 달라지면서 먹는 것 · 보는 것 · 듣는 것에 더 없이 신중하고 더 없이 조심해진다. 그렇게 열 달을 채우고 몸을 풀어 낳은 첫째 아이. 태어나준 것만으로 감사한 아이는 부부와 두 집안의 보물이다. 그러는 사이 두 사람은 오백 번쯤 싸운 것 같고 백 번쯤 타협한 것 같다. 약간 지겨워진 것도 같기도 하다.

10년 후.

날씬하고 아름답던 아내는 팔뚝 굵은 아줌마가 되었고, 샤프하고 잘생겼던 남편은 배불뚝이의 대머리 아저씨가 되었다. 아내는 바가지 박박 긁는 마누라가 되었고, 남편은 돈 버는 기계가 되었다. 양육비, 교육비, 생활비는 오르는데 월급은 오르지 않고, 대출금을 완납할 날은 아직도 멀었다. 남편의 용돈은 대학생들보다도 적다. 남편은 그 용돈으로 가끔 로또 복권을 산다. 언제 한 방 터지기만 하면 해뜰 날이 오겠지…… 하면서.

15년 후.

집은 이제 내 집이 되었다. 머리 빠지게 번 끝에 내 집도 마련했고, 지방 어딘가에 작지만 땅도 조금 마련했고 전보다 살림살이가 나아졌다. 그런데 남편은 이제 집에 들어가기가 싫다. 아무도 반겨주지 않는 집에 들어가 무얼 할까. 아내는 아내대로 아이들은 아이들대로 각자 논다. 어쩔 때는 자신만 떼놓고 자기들끼리 어울린다. 가족이 남보다 못하다. 그래서 남편은 가끔 집 앞 포장마차에서 혼자 소주를 마신다. 옆에서 또래의 한 남자도 혼자 술을 마시고 있다. 왠지 비슷한 처지인 것 같다. 서글퍼져서 말 걸기가 싫다. 차라리 여자를 만나고 말지. 남자는 자신을 이해해줄 여인을 꿈꾼다.

그리고 20년, 30년, 40년이 흐른다.

아이는 성인이 되어 결혼을 하고 부부에게 손자를 안겨준다. 손자는 자식하고는 또 다르게 각별하게 다가온다. 이제 첫째 녀석도 중년의 나이가 되고, 부부는 함께 늙어간다. 바빠서 찾아오기 힘들다는 자식들과 눈에 넣어도 안 아플 손자들을 기다리는 낙으로 두 사람은 함께 죽을 날을 기다린다. 그리고 어느 날, 두 사람 중 누군가 먼저 세상을 뜬다. 짝 잃은 기러기가 된 한 사람. 이젠 의지할 데라곤 자식밖에 없다. 툭하면 화가 나고 눈물이 솟는다. 그리고 한 사람 역시 쓰러지고 먼저 간 그 사람을 따라간다. 그래서 부부의 인생은 마무리된다.

조금 건조해 보이지만 대부분 부부의 인생사가 이렇다. 여기서 별반 다를 게 없다. 조금 더 나은 결혼 생활도 있겠고, 사달이 났다면 어느 시점에서 갈라졌거나 누군가 일찍 떠났을 것이다.

다시 생각해보자. 결혼은 로맨스인가, 리얼리티인가. 아무래도 리얼리티가 아닌가. 연애와 결혼식 그리고 신혼까지는 로맨스라 인정해도 그 이후는 현실이고 리얼리티다.

그런데 우리는 결혼을 행복한 결말이라고 배워왔다. 동화에서, 로맨스소설에서, 로맨스드라마와 영화에서 사랑하는 두 남녀는 행복한 결혼으로 끝을 맺는다. 그래서 결혼하면 모든 게 다 행복할 것이라고 은연중에 생각해왔다. 그러나 현실을 똑바로 응시해 보라.

결혼은 로맨스가 아니다.

결혼은 리얼리티다.

결혼은 행복한 결말이 아니라 갈등의 시작인 것이다.

남자건 여자건 결혼의 로맨스에서 빨리 깨어나는 것이 현명한 일이다. 로맨스와 환상, 사랑만 갖고는 결혼 생활을 유지할 수 없는 일이다. 어서 빨리 꿈에서 깨고 현실에 대한 인식을 재정립하고 공유한다면 두 사람에게 결혼은 행복의 리얼리티가 되지만, 각자의 로맨스와 환상을 고집한다면 두 사람에게 결혼은 갈등의 리얼리티가 되고 만다.

결혼은 어린아이가 하는 게 아니라 적어도 20년 이상은 산 어른들이 합치는 일이다. 그러기에 두 사람의 성격, 가치관, 욕망은 같을 수가 없다. 이것 또한 이해하지 못한다면 결혼은 갈등에 갈등을 더한 오로지 갈등만 존재하는 지독한 현실이 되고 만다. 게다가 남녀는 알다시피 머리부터 발끝까지 모두 다르다. 만화적으로 말하자면 결혼은 외계인과 함께 사는 것이나 마찬가지다. 오죽하면 『화성에서 온 남자, 금성에서 온 여자』라는 책도 있지 않은가.

아직 달콤함에 빠져 있는 신혼부부들부터 서로가 지겨워질 대로 지겨워진 중년부부들, 이제 의지할 데라곤 서로밖에 없는 노년부부들까지 둘에서 하나가 된 남녀는 서로를 알아야 갈등을 줄이고 행복해질 수 있다. 남녀의 차이를 알아야, 배우자의 성격과 습성을 알아야 갈등이 행복으로 변할 수 있다. 또 내 안에 서로를 위한 자리를 비워둬야 부부는 하나가 될 수 있다. 그러기 위해서 우리는 서로를 위해 매일매일 노력해야 한다. 또 우리는 우리 자신이 누군지 모른 채 살고 있다. 내 배우자 역시 자기가 누군지 잘 모르고 산다. 사람과 사람이 만나서 한 누군가가 상대를 향해 몸을 돌릴 때 비로소 사랑이 된다. 상대를 향해 몸을 돌리려 애쓰다 보면 어느 날 문득, 결혼이란 리얼리티가 진짜 로맨스로 변해 있을지도 모른다.

호르몬이 나를 지배한다고?

인생을 살아가면서 나는 한 가지 분명한 사실을 알게 되었다. 그것은 열린 마음을 잃지 않는 것이 무엇보다 중요하다는 것이다. 열린 마음은 사람에게 가장 귀중한 재산이다.

– 마르틴 부버

사람은 몸과 마음을 지닌 존재이다.

마음이 먼저인지 몸이 먼저인지 순서는 중요하지 않다. 음식과 그릇처럼 하나가 없이는 하나가 존재할 수 없고, 둘이면서 하나인 게 몸과 마음이다.

몸이 약해지면 얼마 지나지 않아 마음도 약해진다. 몸이 건강해지면 마음도 따라서 건강해진다. 반대로 마음의 상태에 따라 몸 역시 변화한다.

앞장에서는 우리는 마음에 대해 알아보았다.

헌데 진정한 마음을 만나기 전에 움직이는 마음은 언제 어느 상황에서나 조작이 가능하다. 하루에 열두 번도 더 변하는 것이 마음이다. 그러나 언제나 정직한 것, 그것이 바로 몸이다. 우리는 몸의 언어를 알아차려야 한다. 우리의 의식이 깨어 있을 때라야 몸이 전해주는 메시지를 알아차릴 수가 있다.

그렇다면 여기서는 우리의 몸에 대한 기본적 사실에 대해 알아본다. 앎이 늘수록 이해하고 수용할 수 있는 여유가 생기고 그래야 부부가 화목해질 테니까 말이다.

●→ 난자 vs 정자

이 세상의 어떤 암컷도 충분한 먹이와 안전한 환경이 보장되지 않는 곳에서는 새끼를 낳지 않는다. 하물며 이성의 동물인 인간은 오죽하랴. 다시 말해 이 세상의 모든 여성은 본능적으로 재정이 튼튼하고 정서가 안정되었으며 미래가 보장된 환경에서 아이를 낳고 싶어한다.

또한 세상의 모든 암컷들은 우수한 수컷의 유전자를 받아 우수한 새끼를 낳으려는 본능이 있다. 인간 역시 마찬가지다. 수많은 여성이 좀 더 나은 배우자, 남성을 원하며 그들과 사랑하고 결혼하여 훌륭한 아이를 낳고 기르고 싶은 욕망을 본능적으로 갖고 있다.

그래서 생명을 잉태하고 출산하는 위대한 역할을 맡은 여성은 본능과 이성에 따라 신중하게 배우자를 구하고 결혼을 선택하는 것이다.

반면 남자들은 어떨까. 남자들의 성욕에 대한 우스갯소리 중에 이런 게 있다. "남자는 밥 숟가락 들 힘만 있어도 그것을 한다." 남녀 모두가 자연스럽게 성욕을 갖고 있는데, 특히 남자는 여자들보다 성욕이 더 강하고 오래가는 편이라 할 수 있다.

또한 이 세상의 수컷과 남성은 본능적으로 자신의 유전자를 최대한 많이 뿌리려는 본능이 있다. 이 세상에 자신의 후손을 최대한 많이 남기려는 것이다. 그래서 수컷과 남성은 수많은 암컷 또는 여성에게 자신의 후손을 퍼트리려고 서로 경쟁한다.

배우자를 신중히 고르려는 여성과 자신의 후손을 무차별적으로 퍼트리려는 남성의 이 확연한 차이는 생명을 만드는 난자와 정자의 차이에서 온 것이다.

여자는 난자를 갖고 태어나고, 남자는 사춘기가 되어서야 정자가 생긴다. 여자아이는 태어나면서 난소에 약 200만 개의 난모세포(난자가 되기 전 단계의 세포)를 갖고 태어나지만 사춘기 무렵이면 난모 세포의 숫자는 약 400개로 줄어든다. 200만 개에서 400개로 준 난자는 하나하나가 정말로 소중한 존재들이다. 여자는 평생 동안 이 400개의 세포로 아이를 낳고 매달 생리일을 맞는다.

반면 남자는 고환을 갖고 태어난다. 남자가 정자가 생산하기 시작할 무렵인 사춘기부터 남자는 하루 평균 2~3억 개의 정자를 생산해낸다. 개인차와 나이에 따라 다르겠지만 70세까지 생산한다고 가정하고 대략적으로 계산해도 남자가 평생 만들어내는 정자의 수는 무려 약 5조 개가 넘는다.

400대 5조.

이런 상황이다 보니 평생 400개를 갖고 있고 그중에 태반은 생리일에 배출하는 여성과 평생 5조 개의 정자 세포를 가진 남성은 성에 대한 인식과 배우자에 대한 선택 방식은 다를 수밖에 없다.

한쪽은 신중에 신중을 기해 최고의 선택을 하려고 하고, 다른 한쪽은 어떻게 하든 이 넘쳐나는 것들을 최대한 많이 뿌리기 위해 무제한 공격이라는 선택을 하려는 것이다. 이것이 바로 난자와 정자의 차이이며 남녀의 차이이다. 이것은 시작에 불과하다.

● 에스트로겐 vs 테스토스테론

에스트로겐(Estrogens)은 여성 호르몬의 대표격이고, 테스토스테론(Testosterone)은 남성 호르몬의 대표격이다. 두 호르몬은 남성여성 모두에게 분비된다. 하지만 에스트로겐은 기본적으로 여성에게 많이 분비되며 테스토스테론(과 안드로겐Androgens도 대표적 남성 호르몬이다)은 기본적으로 남성에게 많이 분비되어 각자 여성을 여성답게 남성을 남성답게 만드는 역할을 한다.

여성 호르몬은 여성의 몸을 부드럽고 둥글게 만들 뿐만 아니라 정서와 친밀도에도 영향을 미친다. 여성들이 남성과 달리 서로 유대하고 친밀함을 유지하고 아이를 키우는 모성애를 갖는 데에 이 여성 호르몬은 한 몫을 단단히 하고 있다.

여성이 남성과의 가장 큰 차이는 무엇보다 생리다. 사춘기 이후 폐경이 될 때까지 몇 십 년 동안 여성은 매달마다(임신 기간을 제외하고) 마법에 걸린다. 생리는 여성 호르몬과 결합되어 몸을 변화시키고 이는 마치 여성이 평생 지고 다녀야 할 짐처럼 여겨진다.

생리전증후군이란 말이 있을 정도로 생리는 여성들에게 매우 힘든 과정이다. 꿉꿉하고 불쾌하고 이루 말할 수 없는 몸의 변화는 마음까지 변덕스럽고 짜증스럽게 만든다. 그래서 많은 여성들이 생리 전에 가족과 남편을 당황스럽게 만든다.

여성이 중년이 되면 여성 호르몬은 줄어든다. 호르몬의 변화로 얼굴이 화끈거리고, 우울해지고, 변덕스러워지고, 무기력해지면서 이른바 여성은 갱년기를 겪는다. 그리고 보면 여성의 몸은 사춘기부터 갱년기까지 거의 평생을 여성 호르몬과 난자의 지배를 받고 살아간다. 갱년기를 넘기고 폐경이 오고, 이제 노년이 와서야 여성은 호르몬의 지배에서 조금 자유로워질 수 있다.

남성은 기본적으로 여성보다 공격적이다. 이 공격성은 남성 호르몬에서 기인한다. 서너 살의 아이들만 살펴봐도 사내아이와 여자아이는 완전히 다르다. 인형을 갖고 옹기종기 모여 노는 여자아이들과 달리 사내아이들은 누가 가르친 것도 아닌데 자동차, 로봇, 총, 칼 같은 공격적인 장난감을 갖고 서로 싸우면서 공격성을 드러낸다.

그렇게 자란 많은 남편들이 공격적인 남성 호르몬으로 인해 위험을 감수하면서 가족을 위해 돈을 벌고, 집에 와서 가족들에게 화를 내고 고함을 지르고 간혹 이웃과 싸움을 한다.

공격성은 폭력으로 물의를 일으키기도 하지만 제어와 규칙이 있는 곳(대표적으로 스포츠 시합)에서 건강하게 발산하면 위험을 감수하고 앞서나가는 도전 정신과 불굴의 의지로 승화될 수 있다. 오히려 기개가 있고 아량이 넘치는 남성으로 변할 수 있는 것이다.

호랑이 같던 아버지가 머리에 하얀 눈이 내리면서 이빨 빠진 호랑이로 변하는 경우를 우리는 자주 보았다. 이는 남성 호르몬이 줄면서 공격성과 폭력성이 사라졌기 때문이다. 호랑이 아버지 때문에 힘들었던 가족들에게는 좋은 일(?)일지는 몰라도 남성 개인에게는 좌절스러운 일이 아닐 수 없다. 그 힘 좋고 기개 넘치는 시절이 가고 이제는 기죽고 힘 빠진 노인의 얼굴이 거울에 비쳐지고 있으니. 남성 역시 호르몬에 지배를 받기는 마찬가지다.

여자의 성 vs 남자의 성

성은 자손을 낳기 위한 인간의 본능이자 행동이며 부부간의 가장 친밀하고 사랑스런 몸의 대화이다. 성 역시 남자와 여자가 아주 다르다.

대부분의 남성은 남성 호르몬의 공격성과 정자의 무한에 가까운 숫자 때문에 여성이 상상할 수 없을 정도로 성욕구가 무차별적이고 강하다.

부처의 제자 중 성욕을 이기지 못해 자신의 성기를 자르겠다는 제자가 있었을 정도로 남성에게 성욕은 엄청난 힘을 갖고 있는 것이다. 수많은 남성들이 젊은 시절, 이 성욕을 도덕성과 인내력으로 참아내려고 무던한 애를 쓴다. 건강하게 풀면 생산성이 늘고 예술 작품을 창조하여 업적을 남기지만 제어가 쉽지 않은 이 성욕을 함부로 풀어놓으면 불상사를 겪기가 십상이다.

쾌락이란 동질성을 제외하고 남성의 성욕은 여성의 성욕에 비해 매우 공격적이란 것이다. 마치 화산처럼 순간적으로 끓어오르고 폭발하고 나면 갑자기 식어버린다. 젊을수록 자주 반복된다. 반면 여성은 불에 달구는 질그릇처럼 천천히 올라갔다가 천천히 내려온다.

그리고 남성, 남편의 성욕은 10대 말부터 시작해 30대 후반까지 한창 올랐다가 40대부터는 서서히 가라앉는다. 그러나 여성, 아내의 성욕은 30대 이후가 되어서야 오르면서 적극성을 띠게 된다. 또한 아내는 성을 생산과 쾌락뿐 아니라 남편과의 친밀함과 사랑의 표현으로 여긴다. 하지만 많은 남편들이 아내의 사인을 이해하지 못하고 그냥 넘어간다.

남편들은 갑자기 달아올랐다가 갑자기 식어버리는 자신의 성과 천천히 오래가는 아내의 성이 다르다는 사실을 반드시 알고 배려해줘야 한다. 아내에게, 자신의 성욕만 채우고 돌아눕는 남편은 그렇게 미울 수가 없고 그냥 한 마리 동물로만 보인다. 아내는 사랑의 대상이지 성욕의 대상이 아니다.

호르몬과 성은 우리 몸에서 나오고 우리 몸을 지배하고 마음에 영향을 미친다. 하지만 나, 인간 전체를 지배하는 것은 아니다. 호르몬과 난자와 정자에 대해 우리의 지식이 부족했다면 우리는 여전히 지배당하고 살겠지만 과학을 통해 실체를 알면서 우리는 안심할 수 있고 제어할 수 있고 다른 선택을 할 수 있게 되었다.

배우자의 몸은 물론이고 그보다 먼저 자신의 근거인 자신의 몸에 대해서 언제나 돌보고 신경을 쓸 필요가 있다. 건강한 몸은 행복한 삶을 위해서 나와 가족을 위해서 선택 요건이 아니라 필수 요건이다.

우리의 귀는 마음이 속삭여주는 작은 소리에만 열려 있어야 하는 것이 아니다. 꼬르륵, 우두둑하며 내 몸이 내는 우직하고 정직한 소리에도 귀는 항상 열려 있어야 한다.

부부는 함께 성장하는 아이들

싸움에 있어서는 한 사람이 천 사람을 이길 수 있다. 그러나 자기자신을 이기는
자야말로 가정 위대한 승리자이다.
−석가모니

"결혼을 해야 어른이 된다."

이 말은 아직 짝이 없는 미혼자들이 "빨리 결혼해라."라는 잔소리와 함께 짝을 맞춰 지겹게 들어온 어른들의 훈계일 것이다.

미혼자들의 귀는 따갑겠지만 이 말은 맞는 말이다. 사람은 정말로 결혼을 해야 어른이 된다. 나이만 먹었다고 다 어른이 되는 게 아니다. 미혼자들이야 그렇지 않다고 항변하겠지만, 그러건 말건 정말로 결혼을 해보면 달라지는 것을 자신이 직접 겪어봐야 실감할 수 있다.

결혼을 하면 어떻게 달라지고 어른이 되는 걸까?

어른은 우선 책임감과 자기 주도성이 있다. 미혼자 중에서도 이런 자질을 갖춘 사람은 충분히 많다. 하지만 그것만으로 어른이 되는 것은 아니다. 책임감의 어깨 위에 가족에 대한 책임감이 턱하니 더해지고, 가족을 부양할 수 있는 재정적 능력이 충분히 오랫동안 있어야 한다. 그리고 평생 동안 누군가에게 무엇이 되어야 한다. 평생 동안!

214

독신에서 결혼을 하는 순간부터 우리는 누군가의 아내가 되고 남편이 되고, 사위가 되고 며느리가 되고, 자식에서 부모가 되고, 처형이 되고 매형이 되고, 처제가 되고 매제가 되고, 큰아버지가 되고 큰어머니가 되고, 이모가 되고 이모부가 되어야 한다. 한 사람이 여러 역할을 할 수 있어야 비로소 어른이 되는 것이다.

가족에 대한 책임감, 초능력을 요구하는 부양 능력, 동시에 생긴 여러 개의 역할 등 결혼과 함께 생기는 이 모든 것은 우리에게 큰 부담감이다. 하지만 그걸 견뎌내고 수행해내는 것이 어른의 조건이다. 그래야 어른 대접을 받을 자격이 생긴다.

여기까지는 가정과 가문에서의 어른의 역할이다. 사회적 동물인 인간은 사회적 역할도 충분히 해내야 어른으로 또 대접받을 수 있다. 그러니 어른이 되는 과정은 끝이 없다. 죽을 때까지 어른이 되어가며 어른으로 살아가야 하는 것이 우리의 인생이다.

그래서 결혼을 해봐야 부모가 되어 봐야 우리는 어른이 되는 것이다. 결혼을 하지 못하면 평생 부모된 마음을 알 길이 없다. 특별히 정신적 영적 수양도 없이 독신으로만 평생을 살아간다면 언제나 자식으로 남을 수밖에 없다. 그러니 결혼을 하고 부모가 되기 전까지 우리는 성인의 몸을 가진 어린아이일 뿐이다. 자신이 어린아이인지도 모르는.

보왕삼매론*은 절간의 스님들이 수행 중에 겪는 여러 장애를 극복할 수 있도록 용기와 지혜를 열어주는 열 가지 지침의 글이다.

"첫째, 몸에 병 없기를 바라지 말라. 몸에 병이 없으면 탐욕이 생기기 쉽나

---

* 寶王三昧論; 중국 명나라 초기의 고승 묘협이 정리해 놓은 글

니, 그래서 성인께서는 '병고로써 양약을 삼으라' 고 말씀 하셨느니라.", "둘째, 세상살이에 곤란 없기를 바라지 말라……" 등의 열 가지 지침은 수행과 인생을 방해하는 걸림돌을 디딤돌로 변화시키는 훌륭한 금언이다. 수행자는 물론이요, 우리 같은 평범한 사람들이 세상을 살아가는 데도 밝은 등불이 되어준다.

나는 거기에 하나를 덧붙이고 싶다.

"사람 사이에 갈등(葛藤) 없기를 바라지 말라."

사람이 사는 곳에 어디나 갈등이 있다. 아무리 좋은 사이라도 갈등은 있게 마련이다. 갈등은 칡 갈(葛)자와 등나무 등(藤)자가 합친 말이다. 칡은 왼쪽으로 휘는 습성이 있고 등나무는 오른쪽으로 휘는 습성이 있다. 이 두 나무가 가까이 있으면 서로 반대로 휘는 바람에 부딪히고 얽히게 된다. 칡과 등나무처럼 사람도 서로의 마음과 뜻이 달라 부딪히는 것이다.

갈등은 우리에게 화, 좌절, 미움, 분노 같은 부정적인 감정과 행동을 전해 준다. 그래서 갈등은 사람 사이에 장애물, 걸림돌이 된다. 이 걸림돌은 사람 사는 곳이면 어디나 있게 마련이다. 하지만 우리가 지혜롭게 풀기만 한다면 갈등은 디딤돌이 될 수 있다.

갈등할 때 우리는 서로의 진심을 알 수 있다. 자신의 마음 즉 욕망, 가치관을 양보 없이 내세우기 때문에 진심을 알 수 있는 것이다. 그래서 갈등을 통해 서로를 더 이해할 수 있는 것이다. 기업 '현대' 의 경우를 보면 갈등이 독이 아니라 약이 되는 걸 알 수 있다. 강한 장의 기운이 넘치는 '현대' 는 노조 파업을 대단치 않은 일로 여긴다고 한다. 다른 기업 같으면 파업을 비상사태로 여기고 협상이 안 되면 공권력을 투입하니 마니 하겠지만, '현대' 에게 파업이란 노사가 서로 갈등하고 협상하면서 서로의 진심을 알 수 있는 너무나 좋은 계기라는 것이다. 그래서 파업 이후 오히려 생산성이 더 향상된다고 한다. 이렇듯 잘 풀기만 하면 갈등은 우리에게 약이 되고 디딤돌이 된다.

어떤 엄마가 말썽쟁이 아들을 두고 웃으며 이런 말을 했다.

"저 애가 나를 부처님으로 만들어준답니다."

말 안 듣고 철없는 아들과 하루 종일 몇 년을 붙어 있으면 당연히 속에서 열불이 터진다. 부모자식 사이에도 갈등이 생긴다. 처음엔 화도 내고, 협박도 하고, 달래보기도 한다. 바뀌지 않는 아들을 보며 속이 터지지만 참고 또 참는다. 하지만 내 새끼라 포기하지 않고 살다 보니 갈등을 풀 수 있는 방법을 조금씩 알게 된다. 엄마는 인내심도 생기고 아량도 생기고 아들을 다룰 줄 아는 기술도 생기는 것이다. 그래서 이 엄마는 부처님이란 소리를 할 수 있다. 우리는 이 엄마처럼 갈등을 잘 풀기만 하면 사람 사이도 나아지고 내적 성장도 이룰 수 있다.

결혼 역시 마찬가지다. 두 성인이 만나 갈등을 한다. 행복하려고 만났는데 칡과 등나무처럼 서로 부딪히고 얽힌다. 더구나 신혼부부는 아직 미성숙한 상태이고 그동안 각자의 방식으로 살아왔기에 서로를 몰라서 예기찮은 갈등에 당황하고 풀 방법을 찾아 헤맨다. 오래된 부부 중 많은 이들은 그저 참는 것으로 갈등을 회피하거나 해소하려고 한다. 하지만 인내는 소극적인 갈등의 해결 방법이다. 참는다고 해결됐다면 대한민국 아줌마들이 왜 화병에 걸리겠는가.

적극적으로 방법을 찾아야 한다. 우선은 갈등이 당연하다는 사실을 받아들여야 한다. 갈등은 당연한 것이고 서로의 진심을 알 수 있는 아주 좋은 기회이기도 한 것이다.

이러한 갈등을 풀기 위해 에니어그램 공부는 아주 적극적인 방법 중에 하나다. 인간 성찰학인 에니어그램을 통해 나와 배우자를 알고, 그렇게 알게 된 지식과 지혜를 실천하면 우리는 갈등이 행복으로 변하는 미묘한 순간을 체험할 수 있다.

아이들은 싸우면서 큰다.

싸우면 왜 클까. 말했잖은가, 싸우다 보면 서로를 알게 된다고. 그러다 보면 나도 알고 남도 알게 되며 서로를 이해하게 되고 정신적으로도 성장하게 되는 것이다. 성인도 똑같고 부부도 마찬가지다. 결혼생활은 자신밖에 모르는 아이의 마음을 가졌던 두 성인이 만나 갈등하고 풀면서 그렇게 세월이 흐르면서 어른이 되어가는 과정이다. 결혼에, 가족부양에, 책임감에, 여러 역할 때문에 부부가 성숙해가기도 하지만 갈등을 통해서도 부부는 서로를 이해하고 성숙해진다. 나만 알던 이기심, 무책임, 무절제, 무신경이 갈등과 해소를 겪으면서 배려와 친절과 사랑으로 화학작용을 하는 것이다.

그래서 부부는 서로에게 깨달음을 주는 부처님이면서 함께 성장하는 아이들이다.

싸우는 부부보다
싸울 사람도 없는 독신이 더 불행하다

어쨌든 결혼하도록 하라. 만일 당신이 훌륭한 아내를 얻으면 보다 행복해질 것이다. 만약 나쁜 아내를 얻었다면 당신은 철학자로 될 것이다. 어느 쪽이던 간에 당신에게는 좋은 일이 아닌가.
– 소크라테스

최근 이혼율이 점점 높아지고 있다.

신혼부부가 홧김에 하는 이혼에서부터 자식들 결혼시키고 남편이 은퇴하면서 하는 황혼 이혼까지, 이혼은 대한민국에서 계속 증가하고 있다. 선진국일수록 이혼율이 높은 편이다. 또 이혼을 비롯해 비혼, 만혼, 동거, 독거의 비율도 상대적으로 높다. 과거 일본이 그랬고 더 앞서서 미국과 서구 사회가 그랬다. 풀리지 않는 갈등 속에 사느니 이혼하는 게 훨씬 더 행복할 거라는 생각으로 30, 40여 년 전 서구 사회의 이혼율은 높았다고 한다. 이제 대한민국에서도 이혼이 급증하고 있는 추세다.

그런데 요즘, 서구 사회에서 오히려 이혼을 막으려는 정책과 풍조가 퍼지고 있다. 이유는, 이혼하면 쿨하게 살 것만 같던 사람들이 이혼 후 겪는 고통이 이루 말할 수 없이 크기 때문이다. 그 고통은 당사자뿐 아니라 자식들에게도 심각한 영향을 미쳤다. 게다가 영향이 자식대에서 끝나는 것이 아니라 손자손녀에게까지 간다. 즉 이혼하면 3대가 고통에 빠진다는 것이다.

이혼을 하고 나면 긴 고통의 터널을 홀로 걸어야 한다. 매일매일이 슬픔이고 고통이다. 정서적으로 힘든 것은 물론이요, 재정적인 타격도 만만치가 않다. 거기다 아이를 떠안았다고 하면 홀로 하는 양육은 너무나 큰 짐이다. 이런저런 고통을 잊으려 술에 약에 빠지는 경우도 부지기수다. 결국 이혼 때문에 몸도 마음도 모두 망치는 게 되고 마는 것이다.

고통과 손실을 겪는 개인이 늘수록 당연히 사회적인 손실도 늘 수밖에 없다. 이혼으로 인한 여러 가지 손실비용—정신과 치료, 술 등에 대한 중독, 직장에서 생산성 저하 등—이 생기고 사회와 정부가 떠안는 부분이 적지 않으니 이혼의 급증으로 인해 개인과 사회가 모두 고통과 손실을 겪는 것이다. 그래서 서구 사회가 이혼을 막는 정책에 자꾸 힘을 싣고 있는 것이다.

하루도 눈물 없이 지낸 적 없고, 하루도 소주 없이 지낸 적이 없다는 게 이혼 경험자들의 한결같은 한탄이다. 내가 만난 이혼자들의 대부분이 이혼을 후회하고 다른 부부에게 웬만해서는 이혼하지 말라고 당부한다. 정말 특별한 경우, 즉 배우자의 인격적 결함이 너무 심할 때나 폭행·폭언이 정신과 치료로도 법적 조치로도 개선이 안 될 때처럼 배우자가 극단적인 결함이 있는 사람이 아니고는 힘들어도 살 수 있으면 살라는 게 아픔을 겪은 선배들이 전하는 조언이다. 또한 이들은 자신이 조금만 더 참았더라면, 그때 그 말만 안 했더라면, 조금만 더 노력해볼 걸 등 후회와 아쉬움을 토로한다.

이들이 이혼 후 가장 힘든 점은 따로 있다. 바로 혼자라는 사실이다. 가족이 있던 사람이 가족을 잃으면, 그 상실감은 이루 말할 수 없다. 미혼의 독신이 겪는 외로움과 이혼의 독신이 겪는 외로움은 질적으로 다르다. 그래서 독신이 된 이혼자들이 이혼을 후회하고 서둘러 재혼을 하는 것이다.

미혼의 독신자들이 결혼을 안 하거나 늦추는 이유는 대개 구속보다 자유를 선택해서다. 미혼자는 기혼자를 보며, 부러움보다 안쓰러운 눈길을 보낸다. 젊음을 누릴 자유, 내가 번 돈을 마음껏 쓸 수 있는 자유, 새벽에 들어가도 잔소리 듣지 않을 자유, 주말에 마음껏 쉴 자유 등등의 자유를 박탈당한 유부녀, 유부남을 보며 저러고 사느니 혼자 사는 게 낫다고 생각한다.

하지만 언제까지 그럴 수 있을까. 한 살 한 살 나이를 먹어가면서 자유는 지독한 외로움과 불안감으로 바뀐다. 젊은이는 언젠가는 늙고, 아무리 안정된 직장을 가졌어도 언젠가는 퇴직을 해야 한다. 늙으면 자신의 능력보다 자신의 재정으로 살아가야 하는데 대부분의 미혼 독신자들은 결혼한 부부보다 재정적으로 취약하기가 쉽다. 사람이 늙으면 타인에게 의지할 수밖에 없다. 젊을 때는 몰라도 늙으면 병들고 지친 노구를 배우자와 자식에게 의지하는 게 우리의 인생이다. 그런데 미혼이고 독신자 노인에겐 그를 도와줄 배우자도 자식도 없다. 조금만 생각해봐도 눈앞이 캄캄해진다. 그런데 돈까지 없다면?

어떤 이들은 구속적인 결혼도 외로운 독신도 아닌 동거를 선택하기도 한다. 마음이 맞으면 같이 살다가 마음이 떠나면 몸도 바로 떠나면 그만인 동거가 쿨하다는 것이다. 하지만 따져보면 동거는 자유로울지는 몰라도 결혼보다 합리적인 선택은 될 수 없다. 일단, 동거 부부의 경우 법적 지위가 약하다. 혼인 신고를 한 경우와 사실혼의 경우는 차이가 크다. 동거 부부는 '쿨'할지는 몰라도 서로에 대한 믿음이 약한 게 사실이다. 저 사람이 언제 떠날지도 모르고, 또 저 사람이 나 말고 다른 사람을 만나고 있을지도 모른다는 의심이 생기는 건 어쩔 수가 없다. 거기에 결혼한 부부보다 공동 재산에 대한 개념이 부족하기에 아무리 오래 살아도 돈 모으기가 쉽지 않다. 각자 벌어 각자 쓰자는 생각이 은연중에 있기 때문이다. 여러 모로 따져보면 동거를 할 바에는 결혼을 하는 게 훨씬 합리적이고 안정적이고 현실적인 선택이다.

결혼이란 싸우다 정이 드는 과정이다.

자유를 박탈당한 결혼의 수감자가 되어 지지고 볶으며 싸우는 일상을 몇 십 년째 계속할지 몰라도 우리는 그사이 사이에 불현듯 다가오는 행복을 맛보며 살아간다. 아이가 '엄마' '아빠'를 처음 말할 때, 남편이 월급이 오를 때, 아이의 성적이 오를 때, 깜짝 생일 선물을 받은 아내가 눈물을 흘릴 때, 싸울 때는 싸워도 밥은 차려줄 때, 그래도 내 남편 내 아내가 최고야라고 말할 때, 우리는 결혼이라는 과정의 인생을 살면서 잠깐씩이지만 행복을 누리고 정을 느낀다.

우리 인생에 기쁨과 환희에 취해 비틀거리는 순간은 그리 많지 않다. 그 순간이 와도 잠시뿐이다. 오히려 갈등과 외로움과 지겨움의 시간이 더 길고 깊다. 그렇다 해도 인생은 살 만한 것이고, 결혼은 해볼 만한 것이다. 자유를 선택한 독신은 당장 행복을 누릴지 몰라도 긴 세월로 보면 잠깐의 자유를 긴 안정과 구속 속에서 누릴 행복을 맞바꾼 것이다. 부부는 싸워도 행복하다. 그래도 싸울 사람이라도 있으니까. 하지만 독신은 불행하다. 싸울 사람조차 옆에 없으니. 그래서 싸우는 부부보다 싸울 사람도 없는 독신은 불행하다.

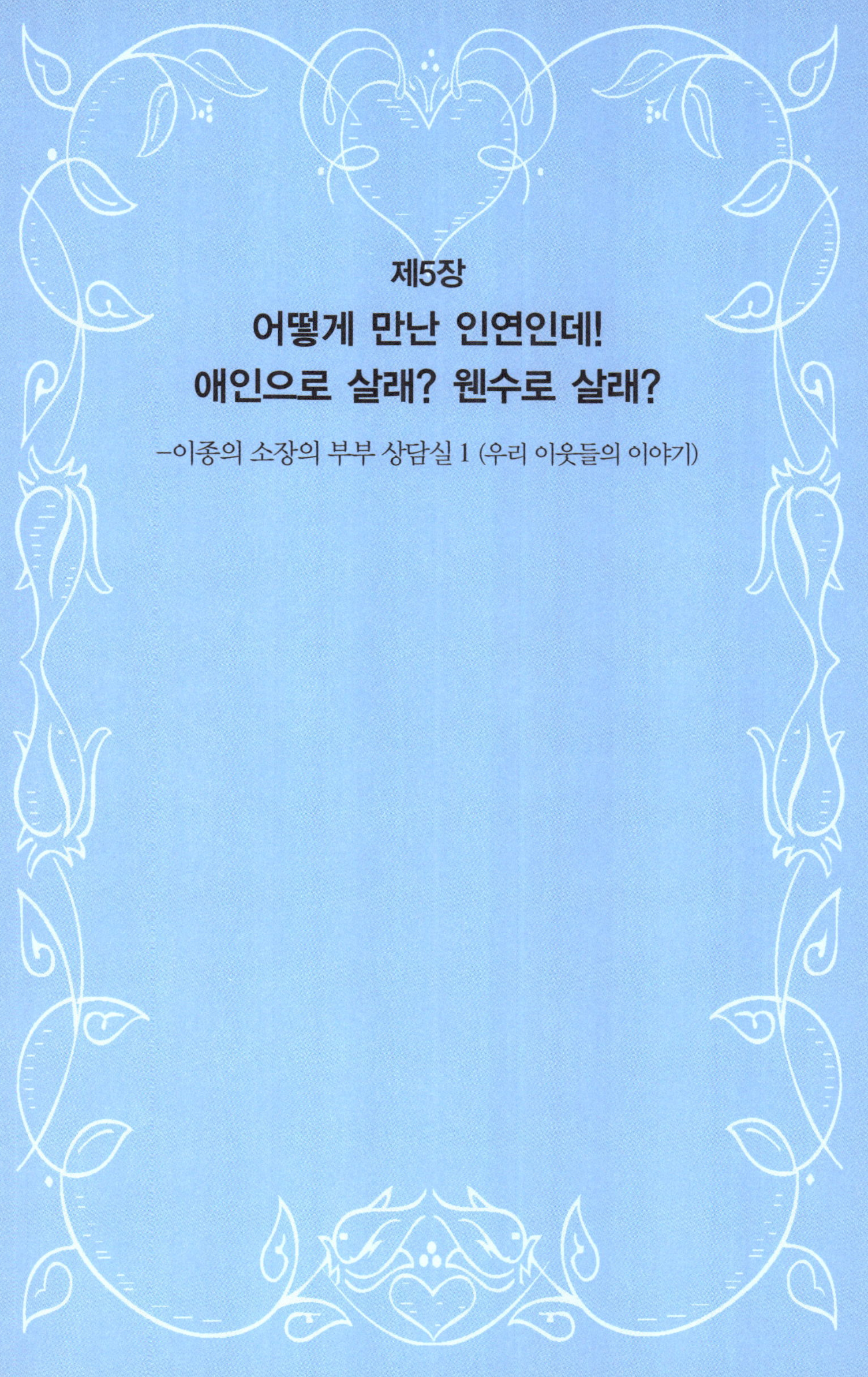

제5장

어떻게 만난 인연인데!
애인으로 살래? 웬수로 살래?

－이종의 소장의 부부 상담실 1 (우리 이웃들의 이야기)

어느날밤

7유형 아내-7유형 남편

인간은 자신이 행복하면 차츰 그 행복을 크게 생각하여 남에게 나누어주고 싶어 한다.
-제레미 벤담

새벽 2시.

설핏, 잠에서 깬 아내 선영 씨가 침대 옆자리를 손으로 더듬어본다. 남편 규식 씨의 자리가 여전히 비어 있다. 이 남자가 아직도 안 들어왔네. 이불을 뒤척이며 돌아눕는 선영 씨의 입에서 짧은 한숨이 새어 나온다. 오늘도 새벽 4시나 되어야 기어들어 오겠구나. 그놈의 회식이 뭔지. 어떻게 일주일에 4일을 회식을 하니? 선영 씨는 슬그머니 짜증이 나기 시작했다.

선영 씨의 남편 규식 씨는 대기업의 영업부 직원이며 회사에서 알아주는 분위기 메이커다. 남편이 빠진 술자리는 김빠진 콜라라며 영업부는 물론이고, 다른 부서와 거래처에서까지 날이면 날마다 규식 씨를 호출한다. 놀기 좋아하는 남편이 그 좋은 자리를 거절할 리도 없고 그래서 규식 씨는 일주일에 4일은 새벽 4시나 되어서야 집에 들어온다. 그런다고 누가 상이라도 주나.

지난 명절, 선영 씨는 남편이 왜 그리 인기가 좋은지 그때서야 알 수 있었다. 친정식구들과 함께 간 노래방에서 남편이 보여준 '쇼'는 식구들의 스트레스를 한 방에 날리게 할 만큼 충격과 재미가 있었다. 무뚝뚝한 친정아버지가 사위 덕에 실컷 웃으셨다며 자주 노래방에 가자고 할 정도였으니 회사 사람들은 얼마나 좋아할까.

남편이 잘 놀고 인기 좋은 건 선영 씨도 전부터 잘 알고 있다. 유머 감각이 풍부한 남편은 언제나 사람들을 즐겁게 해주었다. 선영 씨 역시 사람 좋아하고 웃기기를 잘해서 두 사람은 금방 친해졌고 함께 있으면 시간가는 줄 몰랐다. 둘 다 노는 걸 좋아해서 결혼을 할 수 있을까 걱정도 했지만 그나마 현실적인 선영 씨가 조정을 하면 충분히 잘살 수 있으리라 생각에 두 사람은 주저 없이 결혼을 했다. 하지만 사람 좋고, 인기 좋은 것도 하루 이틀이지 언제까지 이럴 수 있을까. 남들이 부러워하는 대기업 남편에 교사 아내라면 환상적인 맞벌이 부부이지만 우리 부부는 돈이라곤 거의 모으지 못했고, 결혼한 지도 벌써 3년이 넘었는데 아이는 언제 낳을 건지…… 여기까지 생각이 이르자 선영 씨의 잠이 멀리 달아나버린다. 그러고는 평소 규식 씨의 행동 하나하나가 새록새록 떠올랐다.

회식을 좋아하는 규식 씨는 아내가 회식하는 날이면 꼭 초장을 친다. 교사들끼리 회식을 하는 날이면 선영 씨는 도무지 마음 놓고 시간을 즐길 수가 없다. 그날이면 남편에게서 30분마다 연락이 온다. 전화로 들려오는 남편의 말인즉, "나 심심해. 빨리 와서 놀아줘." 다른 남편들은 밤길에 늦을 아내가 걱정이 돼서 빨리 들어오라는데 이 남자는 자기가 심심하니 빨리 들어오란다. 아이가 없어 짜증을 좀 내면 또 이런다. "당신한테 버려진 것 같아. 세상이 외롭고 쓸쓸해."라며 우는 시늉까지 한다. 완전히 엄마 찾아 헤매는 어린아이 꼴이다.

어린아이 같은 남편의 행동은 이뿐만 아니다. 남편은 호리호리하고 준수

한 인상과 다르게 허기가 지면 죽겠다며 호들갑을 떤다. 퇴근길에 배에서 꼬르륵 소리가 나면 가장 먼저 눈에 들어오는 빵집에 무작정 들어가 손에 집히는 대로 빵이란 빵은 모두 사들고 집에 들어온다. 그러고서 먹는 빵이라고는 고작 서너 개가 전부다. 배가 부른 남편의 안중에서 벗어난 빵 무더기는 며칠 동안 집안을 굴러다니다 결국에는 쓰레기통에 버려지고 만다.

외식을 가도 마찬가지다. 남편은 일단 먹고 싶은 음식은 모두 시키고 본다. 그걸 어떻게 다 먹느냐고 타박을 하면, 나머지는 싸가서 집에서 먹을 거라며 고집을 부린다. 그렇게 싸들고 온 음식 역시 빵처럼 며칠 집에서 굴러다니다 쓰레기통으로 직행한다.

또 취미생활은 어떤가. 몸짱이 되겠다며 사놓은 그 비싼 운동기구도 며칠이 지나면 몇 십만 원짜리 옷걸이 신세로 전락하고, 고가의 디지털 카메라는 핸드폰 카메라만도 못한 신세가 되고 말았다. 이러니 집안에는 한 번 쓰고 방치된 온갖 기구와 물건들이 가득 차서 발 디딜 틈이 없다. 일단 저지르고 결과는 나 몰라라 하는 남편 때문에 선영 씨는 속도 상했고 싸우기도 많이 싸웠다.

일주일에 4일 회식에다 돈을 물 쓰듯 하는 이런 남편과 살고 있으니, 돈이 아무리 들어와도 모이지가 않지. 우리도 조금씩 나이 들어가는데 언제까지 이렇게 살 수 있을까. 언제나 웃음을 잃지 않던 선영 씨지만 오늘은 한숨이 깊어진다. 밤도 점점 깊어지고 남편은 아직 감감무소식이다.

새벽 3시.

한 남자가 아파트 놀이터에서 혼자 놀고 있다. 회사원 차림의 남자는 넥타이를 머리에 묶고 와이셔츠를 풀어헤치고 즐거운 듯 노래까지 불러가며 그네를 씽씽 탄다. 바로 선영 씨의 남편 규식 씨다. 회식을 마치고 돌아오던 길에 규식 씨는 아파트 놀이터를 지나다 호기심이 동했는지 그네에 시소에 여기저기 앉아 본다. 그러다 갑자기 한숨이 나온다. 휴~ 이 짓도 못해 먹겠네. 흥겹던 규식 씨의 어깨가 축 늘어진다.

내가 술 마시러 회사 다니는 건가. 사람 좋고 인기 좋은 것도 하루 이틀이지 지친다, 지쳐. 다 먹고 살자고 하는 짓 아니야. 선영이와 나와 미래에 태어날 자식을 위해서 말이야. 그런데 내가 이렇게 힘들게 일해도 선영이는 날 이해해주지 않는 거 같아. 요즘 선영이가 퉁명스러워졌어. 예전에는 우리가 얼마나 손발이 잘 맞았어. 연애할 때부터 유쾌, 상쾌, 통쾌 커플로 유명했었잖아. 놀 때 놀고 일할 때 일하고, 또 여행도 얼마나 많이 다녔어. 맛있는 음식도 먹고, 갖고 싶은 물건도 마음껏 사고, 그렇게 멋지게 지냈잖아…… 그래서 그런가 저축한 돈이 하나도 없네. 이게 말이 돼? 난 아내만 믿고 월급 다 맡겼는데 통장 잔액이 꼴랑 그거야.

도대체 어디다 다 쓴 거야. 내가 피땀 흘려 모은 돈을. 아내는 내가 과소비해서 돈을 못 모은다고 그러지. 흥, 그건 아니라고. 이것저것 맘대로 사는 건 선영이도 마찬가지야. 읽지도 않을 거면서 책을 왜 그렇게 많이 사냐. 읽으려고 사는 게 아니라 예쁘게 포장해서 서재에 꽂아놓으려고 사더만, 뭘. 그리고 다이어리는 또 왜 그렇게 사는 거야. 일 년에 하나면 될걸 여섯 개나 사는 사람이 어딨어? 그게 다 과소비지. 나만 돈 썼나. 그리고 내가 모를 줄 아나 봐. 선영이가 나 몰래 인터넷쇼핑 하는 걸. 다 알고 있다고, 남자라서 그냥 모르는 척할 뿐이야.

아이고, 그건 그렇고, 이렇게 살다간 쪽박 찰지도 몰라. 내가 아무리 돈 벌면 뭐해, 둘 다 흥청망청 써버리는데 이젠 정신을 차려야 하는데. 누가 말려줄 사람이 없나. 나도 선영이도 둘 다 관리가 안 되네. 똑 같은 사람끼리 사는 게 힘든 일인가.

한참 동안 생각에 빠져 있던 규식 씨가 한숨을 푹 쉬며 그네에서 일어났다. 유쾌하고 씩씩한 그답지 않게 오늘은 어깨가 축 늘어졌다. 깊은 밤, 남편이 집으로 터덜터덜 걸어 들어간다.

하하~ 정말 머지않아 이 집은 거덜이 나겠군요.

에니어그램에서 같은 유형의 만남은 대박이든지 쪽박이든지 둘 중 하나입니다. 이들처럼 성향이 같은 경우는 모든 여건이 좋은 상태에서는 이심전심의 찰떡궁합이지요. 하지만 머지않아 취약점이 드러나면서 충돌이 생기고 쪽박이 되는 겁니다.

대체로 연애할 때는 같은 유형끼리가 잘 어울려집니다. 헌데 결혼 후에는 눈에 쓰인 콩깍지가 벗겨지면서 상대의 단점이 내 모습이기에 투사가 일어나지요. 같은 극끼리는 밀어내는 전극과 같은 이치입니다.

규식 씨와 선영 씨는 낙천주의자, 열정주의자, 행복과 즐거움을 추구하는 타입인 7유형의 부부입니다. 이들의 강점은 자신과 주위 사람들에게 활력을 찾아주는 유쾌한 사람들입니다. 요즘은 유머가 뛰어나고 재치가 있고 그리고 긍정적인 이런 젊은이들이 인기가 아주 좋습니다. 두 분 커플은 아마도 연애시절, 부러움의 대상이었을 겁니다.

규식 씨에게 묻습니다.

회사의 회식자리는 몇 차까지 지속되나요? 아마도 한 자리에서 새벽까지 있지는 않겠지요?

2차, 3차 옮겨 다니는 회식자리에 당신이 꼭 껴야 하나요?

혹시 규식 씨가 바람을 잡지는 않나요? 4, 5차까지 이어지는 술자리에 내가 꼭 안 가면 안 되어서가 아니라 내가 포기하고 싶지 않아서 아닌가요?

7유형의 탐닉(gluttony)은 어떠한 물건과 경험을 절제 없이 꿀꺽꿀꺽 삼키려 합니다. 7유형인 규식 씨는 4, 5차에서 벌어질 수도 있는 흥미로운 자극을 포기하고 싶지 않은 것이지요.

이제, 선영 씨에게 물을게요.

왜 인터넷쇼핑을 하시나요? 인터넷의 상품들은 보면서 심취했을 때를 상상하면 흥분이 되고 기쁨이 올라오지요? 또 한정판매라며, 쇼호스트들이 마감시간 5분전 3분전 물량이 거의 떨어지고 있습니다, 라며 호들갑을 떠는 순간 선영 씨의 머리와 손가락이 민첩하게 움직이잖아요? 그러면서 '지름신'이 하강하여 전화 다이얼을 누릅니다. 그때의 쾌감이란 이루 말할 수 없지요?

어느 7유형 분은 아무리 이성으로 절제를 하려고 해도 그 유혹에서 벗어나기가 너무 힘들었대요. 해서 궁여지책으로 인터넷 비밀번호를 수시로 바꾸면서 절제를 연습했답니다. 또는 실컷 인터넷쇼핑을 하며 가상 장바구니에 물건을 가득 채웁니다. 그러면서 입고 마시고 놀기를 상상 속에서 실컷 즐긴 후, 결제코스에서 가서는 눈을 질끈 감고 빠져나온답니다. 그러면서 점차 벗어났다고 하더군요.

두 분과 같은 유형인 개그맨 신동엽 씨가 결혼 전에 스스로에게 한 서약이 있답니다. 결혼 후에는 충동구매와 끝까지 술자리에 참석하는 것을 하지 않겠다는 것. 두 분 역시 한 번쯤 생각해 보실 수 있겠지요?

규식 씨! 선영 씨! 두 분이 무절제에서 벗어나려면 흥미와 재미가 수반되는 긍정적 활동거리를 찾아보세요.

퇴근 후 일주일에 몇 차례 헬스장에서 만나 운동을 함께 하는 것도 좋습니다. 보통 헬스가 지루하면 다른 방식의 운동 예를 들면 요즘 유행하는 커브스(신나는 음악과 함께 바로 바로 코스 이동을 하면서 즐기는 유산소 운동)를 한다던가, 또는 함께 자전거·탁구 같은 운동 동호회에 가입하여 주중과 주말을 함께 한다던가, 찾아보면 얼마든지 있답니다.

규식 씨, 회식에 빠지려고 거짓말이나 궁색한 핑계를 대고 싶지는 않으시잖아요? 그러니 이렇게 긍정적 핑계를 만드시고 실천하시면 부부간의 돈독함은 물론이고 건강도 챙기고 두 분이 그리 고대하는 2세의 소식도 들려오겠지요.

행복이 두 배일 그 집에서 태어날 아이는 얼마나 행운일까요? 벌써 그 아이가 부럽습니다.

●→ 상담 후기

소장님. 지난 달 저희 아이, 형우의 돌이었어요. 돌잔치에 소장님도 모시고 싶었지만 워낙 바쁘신 분이시라 연락드리지 못하고 오늘에서야 메일을 띄웁니다.

1년 전 출산하고 가장 먼저 소장님 생각이 나서 전화를 드렸을 때 흠씬 축하해주셔서 기뻤습니다.

소장님과의 상담과 그 후에 이어진 성격공부가 없었다면 형우는 이 세상에 없었을 거예요.

지금도 그 생각을 하면 '어쩔 뻔했나' 싶습니다. 정말 그때 상담소를 찾았을 때의 심정은 '더는 안 되겠다. 정말 갈라서야겠다.' 작정하고 있던 때였거든요. 친정 언니가 "이혼할 때는 하더라도 한 번 상담이나 받아보라"고 제 손을 잡고 연구소를 방문하지 않았더라면……

한 차례의 상담과 그 후 이어진 정규과정 워크숍에서 사람들의 기질이 어떻게 역동하는지 알게 되고, 그것은 어디서부터 비롯되었는지 알고 나니 헛웃음이 나오면서 모든 것이 풀리기 시작했어요. 그 후 나만 공부해서는 안 되겠다 싶어 연구소 주말 프로그램에 남편을 끌고 가고, 나도 리뷰를 하면서 우리는 서로에 대해 많은 공감을 하게 되었지요. 상대의 행동이 내 맘에 그렇게 거슬렸던 것도 그것이 내 안의 건강하지 못한 모습이었기에 더욱 민감했다는 것도.

이제 우리는 상대가 못마땅할 때, 눈을 마주치면서 '그게 네 꼴이야' 하며 웃는답니다. 예전에는 기분이 들떠 죽이 맞을 때는 쉴 새 없이 떠들었고, 기분이 상했을 때는 말 한마디 하지 않으면서 뻔히 들여다보이는 속내를 간파하고 앙심을 품었었습니다.

지금도 그러한 현상은 같아요. 우리 부부는 같은 타입이기에 이심전심이 저절로 되거든요. 헌데 달라진 점은 이제 서로를 바라보는 시각의 차원이 달라졌다는 거예요. Under+Stand(상대를 존중하며 아래에 서줌)하기에 말이 많아도 말이 없어도 우리는 선(善)한 교감을 할 수가 있답니다. '네 맘이 내 맘~!' 이라는 것, 얼마나 경제적이고 합리적인지 몰라요. 감사합니다. 정말 우리 아기는 네버랜드에서 맘 놓고 놀게 해주고 싶어요. 우리 부부가 꿈꿔왔던 네버랜드…… 우리 아이에게는 펼쳐줄 겁니다.

와인과 된장찌개

9유형 아내—4유형 남편

의사결정의 문제는 대부분 더 많은 결정을 필요로 한다는 것이다.
－이언 베네트

외로움을 잘 타는 상진 씨.

요즘 그의 외로움이 더욱 깊어지고 있다. 아내 정현 씨가 벌써 일주일째 그와 대화를 거부하고 있기 때문이다. 그가 집에 돌아오면 거실에서 텔레비전을 보던 그녀는 남편을 본 척도 않고 곧바로 방으로 들어가 문을 잠가버린다. 상진 씨가 쫓아가 문을 두드리고 말을 걸어도 정현 씨는 반응이 없다. 그는 며칠 동안 문 앞에서 아내를 어르고 달래고 화까지 내보았지만 바위처럼 꿈쩍도 하지 않았다. 상진 씨는 아내가 그러는 이유를 도통 알 수가 없다.

어젯밤 상진 씨는 눈물까지 흘리고 말았다. 방문 앞에서 그녀가 듣거나 말거나 그녀에게 밤새도록 말을 걸었다. 아내의 마음이 열리기를 기다리며 연애시절 아름다웠던 이야기를 하나하나 꺼내는 동안 상진 씨 자신이 감정에 북받쳐 눈물을 흘리고 말았던 것이다. 그런데도 정현 씨는 꿈쩍도 하지 않았다.

지난 일요일, 상진 씨와 정현 씨는 상진 씨의 사촌동생 결혼식에 다녀왔
다. 상진 씨는 먼저 외출준비를 마치고 자동차의 시동을 걸어놓고 정현 씨를
기다렸다. 30분이 넘어도 아내가 나오지 않자 조급해진 상진 씨가 방으로 들
어가 정현 씨를 재촉했다. 하지만 정현 씨는 아랑곳하지 않고 자기 속도에
맞춰 느긋하게 외출준비를 했다. 서두르는 법도 없고 미안하다는 말도 없이
자동차에 오르는 아내를 보자 상진 씨는 분통이 터져 올랐다.

그러다 상진 씨의 눈에 아내의 옷차림이 눈에 들어왔다.

"스타일 좀 어떻게 할 수 없어?"

"이 옷이 어때서 그래? 다들 예쁘다 그러는데."

"예쁘고 밉고의 문제가 아니라, 당신은 무조건 남들을 따라하잖아? 자기
에게 어울리는지 안 어울리는지도 모르고.."

"그게 뭐 어때서? 예쁘면 그만이지."

"당신은 옷을 너무 못 입는 거 같아. 남자인 나보다도."

그 말은 들은 정현 씨는 말문이 막혔다. 아내에게 예쁘다는 말은커녕 옷을
못 입는다니. 정현 씨가 아무 말도 하지 않자 상진 씨가 무안한 듯 자동차의
라디오를 켰다. 한참 인기를 끌고 있는 남자 아이돌그룹의 최신곡이 흥겹게
나왔다. 평소 정현 씨가 좋아하는 그룹이었다. 정현 씨가 볼륨을 높이려고
하자 상진 씨가 입을 열었다.

"쯧쯧, 노래 한 번 천박하네. 이런 음악 듣는 사람은 이해가 안 돼."

정현 씨는 기가 막혔다. 내가 좋아하는 그룹이란 걸 뻔히 알면서, 나 들으
라고 하는 소리인가.

"누가 듣긴 누가 들어? 내가 듣는다, 왜!"

정현 씨는 자신도 모르게 소리를 질렀다. 평소 꾹꾹 눌렀던 화가 화산처럼
터져 나온 것이다. 정현 씨의 그런 속을 알 리 없는 상진 씨는 처음 겪는 아내

의 분노에 깜짝 놀라 운전대를 꽉 쥐었다.

남편과 말을 안 섞은 지 일주일째.

남편도 많이 지쳤을 거다. 어젯밤에는 밤새도록 연애시절 이야기를 하더니 끝내는 울고 말았다. 그때 잠시 마음이 흔들렸지만 마음을 다잡았다. 이번 기회에 남편의 버릇을 고쳐놓을 작정이다.

남편은 은근히 나를 무시한다. 유행 따라 옷을 입고, 유행 따라 음악을 듣는다고 아내를 보고 천박하다니. 그러는 자기는 얼마나 고상한가. 사실 남편이 고상하기는 하다. 너무 고상해서 탈이지.

남편은 와인을 좋아한다. 남편이 와인을 얼마나 좋아하냐면 된장찌개에 저녁을 먹을 때도 와인을 꼭 마신다. 그래야 우아해진다나.

옷 이야기가 나와서 말인데, 남편의 패션 감각은 정말 남다르다. 남편은 결혼식 예복을 영국식으로 맞춰 입은 사람이다. 캐주얼보다 양복을 선호하고 양복은 반드시 영국식에 따라 입는다. 그걸 내게도 강요한다.

우아하고 고상한 취미? 그래, 좋다. 하지만 남의 취미는 깔보지 말아야 하는 거 아닌가. 게다가 우리 집은 중산층이다. 영국식 양복 맞춰 입고, 와인 타령할 재정이 아니라고.

이번 기회에 남편의 이런 버릇을 단단히 고쳐놓고 말 테다.

● 이종의 소장의 부부 상담실

우리는 유형을 떠나서 누구나 자신의 가치관에서 비롯된 행위를 지적당하면 심하게 불쾌합니다. 욕구와 가치관은 다릅니다. 욕구는 다른 사람이 지적하였을 때 바꿀 수 있는 범위 안에 있는 것입니다. 하지만 '누가 뭐래도 나는 이게 좋아', '바꾸고 싶지 않아' 라고 말하는 가치관은 거의 바꿀 수 없는 범

위에 있는 것입니다.

옷차림, 취향 등이 만약 욕구 영역이면 바꿀 수가 있어요. 헌데 가치관의 영역에 있다면 그 사안을 지적받았을 때는 몹시도 불쾌하고 적의까지 느껴집니다. 옷차림, 헤어스타일, 취향뿐 아니라 큰 범주에서 보면 성격도 가치관으로 포함시킬 수 있습니다.

동반자로서 파트너십을 발휘하고 살기는 참으로 어렵습니다. 왜냐하면 이미 20~30여 년, 아니 평생을 걸쳐서 형성된 개인의 특성이기에 쉽게 고쳐지는 것이 아닐 뿐더러 그걸 제대로 나누기 위해서는 고도의 기술이 필요하기 때문에 그렇습니다. 에니어그램의 성격유형은 그 기술을 알려주는 지혜입니다.

아내 정현 씨는 9유형으로 천하태평, 무골호인, 평화롭고 싶은 사람입니다. 반면 남편 상진 씨는 4유형으로 감수성이 뛰어나고 예술가적이며 자신의 성(城)을 갖고 있는 품위 있는 사람입니다. 아내의 템포는 라르고, 아디지오(매우 느리게)입니다. 아마도 정서의 오르내림이 강한 4유형의 남편은 아내의 이러한 지순한 템포, 안정감이 마음에 들었을 겁니다.

9유형은 애벌레의 특징이 있습니다. 애벌레는 건드리면 본능적으로 움츠러듭니다. 더 자극하면 더욱 쭈그리며 딱딱해집니다. 그것이 수동적 공격이지요. 그 딱딱하게 굳은 애벌레를 길게 펼치려면 따뜻하고 부드러운 바람이 필요합니다. 이것이 바로 칭찬, 격려입니다.

세련되고 우아한 안목을 지닌 남편이 보기에 아내의 스타일이 눈에 안 찰 수 있어요. 하지만 연애할 때 느꼈던, 그냥 옆에만 있어도 휴식을 제공한 아내의 강점을 떠올리며 "난 당신의 어깨가 너무 편안해~"라고 했을 때 애벌레(아내)는 흐물흐물 부드러워집니다. 이것이 9유형의 유연성이에요. 그럴 때 가치관의 영역에서 욕구의 영역으로 옮겨지며 남편의 스타일에 맞출 수 있습니다.

당분간은 당신의 안목으로 직접 골라주세요. 아마도 기쁘게 그 옷과 음악을 취할 겁니다. 9유형의 수용적이고 도인의 풍모를 지닌 큰 바위 얼굴. 그것이 우리 모두가 꿈꾸는 평화랍니다.

상진 씨! 당신의 감수성이 독자적인 것은 아시지요? 자신만의 성곽 안에서 현실과는 동떨어진 환상 속으로 도망칠 때 주변 사람은 기가 찹니다. 현실을 직시하세요.

아내가 당신한테 무슨 말을 하고 싶은지 아세요?

"당신은 그냥 내 남편, 애들의 아빠야! 영국 귀족, 왕자가 아니라구. 언제까지 당신 안에 있는 소녀를 돌보려고 하는 거야! 난 애들 돌보며 집안 살림하기도 힘들다구요!"

두 분은 모두 움츠림의 기운을 갖고 있는 사람들입니다. 움츠림이란 내적 기운을 간화시키는 것으로 감수성, 문학적, 심연에 대한 관심이 많습니다. 그런 두 분에게 어울리는 취미나 운동 등을 찾으면 좋을 거예요. 예컨대 예술영화 감상, 글쓰기, 농촌 체험, 텃밭 가꾸기, 고적지 여행 같은 내적이며 감수성을 나눌 수 있는 활동들을요.

헌데 두 분이 사이가 틀어지면 '누가누가 말 안 하고 오래 버티나' 시합을 할 수도 있어요. 그러면 그 집은 적막강산이 될 테고 아이들은 숨쉬기 어렵겠지요?

두 분 가정에 평화가 깃들길 기원합니다.

오시는 걸음걸음마다 깨진 사기그릇

3유형 아내-8유형 남편

> 정말로 성공하는 사람들은 지름길과 속임수를 이용한다. 그렇게 일은 완수되는
> 것이다.
> -존 드 로레안

"와장창!"

사기그릇이 깨지자 수경 씨의 분이 확 풀렸다. 오늘도 남편은 늦으신단다. 고귀하신 친구분들과의 술 약속 때문에. 친구들 불러낸 것도 아마 남편일 것이고, 더치페이는 쩨쩨하다며 혼자서 술값 계산할 사람도 남편일 것이고, 온 동네 창피한 줄도 모르고 고래고래 노래 부르며 집에 들어오는 남자도 분명 우리 남편일 것이다.

의리보다 중요한 건 가정이요, 덤텅이보다 올바른 것은 더치페이며, 무엇보다 중요한 것은 술자리가 아니라 일찍 들어오는 남편과 남편을 기다리는 아내라고 수백 번을 앵무새처럼 종알거렸지만 아무 소용이 없었다. 네 귀가 소니? 나는 경 읽는 스님이고? 이렇게는 못 살겠다. 오늘은 결판을 내고 말 겠어.

수경 씨의 눈에 이 빠진 사기그릇이 들어왔다. 좋아 이거야, 어차피 쓰지 도 못할 그릇, 여자가 화나면 얼마나 무서운지 오늘 보여주지. 수경 씨는 사

기그릇을 들고 현관으로 갔다. 냅다 그릇을 던지자 그릇이 큰 소리를 내며 산산이 깨져버렸다. 어휴, 속이 다 시원하다. 자 이걸 보고 내 기분이 어떤지 알라고. 그리고 반성해, 남편.

수경 씨가 오늘 단단히 벼르고 있는 사실, 남편 성호 씨는 알고나 있을까. 수경 씨의 예상대로 성호 씨는 친구들을 불러 모아 호탕하게 술값을 혼자 계산하고 얼큰하게 취해 애창곡을 부르며 집으로 들어왔다. 기분 좋게 취한 성호 씨가 현관문을 열자 게슴츠레한 눈에 뭔가 들어왔다. 신발은 한 짝도 없고 깨진 사기그릇이 이러 저리 굴러다니고 있었다. 이게 뭐야? 여보 이게 어찌된 일이야! 큰 소리로 아내를 불러보았지만 대답이 없다. 성큼성큼 안방으로 들어간 성호 씨가 씩씩거리며 소리를 지른다.

이봐! 내 말이 안…… 헉! 불 꺼진 방, 침대 위에 귀신같이 앉아 있는 한 여인이 있다. 여인의 입에서 서늘한 말이 흘러나온다. 또 그러면 우리도 현관의 사기그릇처럼 깨지는 거야! 아무 소리도 못하고 돌아서는 성호 씨. 그 모습을 본 수경 씨는 고소해 죽을 지경이다.

하지만 수경 씨는 내심 불안했다. 자신도 보통 기가 센 게 아닌데 남편 역시 기 센 걸로 치면 어디 가서 질 사람이 아니다. 건장한 남자들도 우락부락한 남편하고 기 싸움을 벌이다 남편의 강한 기에 압도당해 꼬리를 쏙 내리는 판국인데 여자인 내가 이길 수 있을까. 거기다 남편의 입이 좀 걸걸한가. 목소리도 큰데다 말투까지 시비조에 명령조라서 듣는 사람 입장에선 정말 마음상한 적이 한두 번이 아니다.

그러나 내가 누구인가. 똑 부러지는 똑순이 김수경 아닌가! 이번 기회에 내가 화를 내면 얼마나 무서운지 똑똑히 알려주겠어!

와우~

이 다음은 제2편이 개봉박두인가요? 성호 씨가 시원하게 잘못을 시인하고 단칼에 자신의 습관을 끊던지, 아니면 남편의 권위에 도전하는 수경 씨와 육탄전을 벌이던지.

8유형의 도전하는 사람들은 어느 상황에도 모 아니면 도로 해결합니다. 우선 수경 씨가 선제공격을 잘한 것 같아요. 공연히 전화로 징징거리고 또 앉혀놓고 설교(3유형이 잘 하는 방법임)를 하는 것은 부러질지언정 휠 줄을 모르는 8유형에게는 안 좋은 방법입니다.

저의 친구 남편 중에 8유형이 있는데 그분은 그 지역의 유지로 웬만한 단체에서 거의 우두머리의 자리에 있는 사람입니다. 당연히 모임도 많고 술자리도 빈번하지요.

어느 날, 친구가 하는 말이 애들 아빠가 하루아침에 술을 싹 끊었다고 하는 겁니다. 도저히 상상이 안 갔어요. 어떻게 된 일인지 물었더니 작은 딸의 한 마디 말에 강한 울림이 있었던 겁니다. "아빠가 술에 취해 고래고래 소리를 지를 때, 난 아빠 딸이라는 사실을 숨기고 싶어요. 창피해서요." 평소에 아빠를 잘 따르는 사랑스런 막내딸이 절망스러운 표정으로 그런 고백을 하면서 아빠와 눈도 마주치지 못했다는 겁니다. 딸의 그런 모습에 그만 아빠의 가슴이 쿵~ 하고 내려앉았던 거죠.

그분은 술을 끊자마자 금단현상 때문에 기도원에서 무진 애를 썼다 합니다. 그 후 십여 년이 지났건만 가끔 부부모임에서 만나도 그분은 전혀 입에 술을 대지 않는 것을 봅니다. 이렇듯 8유형은 강한 사람들이예요. 강력함을 어떻게 사용하느냐에 따라서 나타나는 행태가 달라지는 것이지요.

3유형 또한 공격성이 대단합니다. 주의해야 할 것은 주도권 다툼으로 남편과 맞서면 안 됩니다. 3유형은 지략을 쓰는 사람들이므로 8유형의 하고 보자는 식의 태도에 대하여 비난하고 폄하할 수 있습니다. 8유형인 남편에게 주도권을 주고 한 발 뒤에서 보조를 맞추어야 하는데 3유형의 특성상 남편을 무찌르고 앞서려고 하다가 크게 부딪칩니다.

3유형의 아내가 "나도 잘할 수 있지만 당신이 해주면 더욱 든든하고 마음이 놓여요. 당신은 큰 산이잖아. 나는 그 토양에서 자라나는 소나무고……" 하고 8유형의 남편에게 기댈 때 이들은 비옥한 땅과 강렬한 태양, 시원한 바람을 제공합니다. 공격적인 두 기운이 건강하게 조화하면 이 세상에 두려울 것도 거칠 것도 없는 자신만만한 삶이 될 겁니다. 정의와 질서를 바로 세울 수 있는 푯대로서.

남편의 꽃편지

5유형 아내 – 2유형 남편

정확히 비판을 하려면 비판의 대상을 사랑하면서, 일정한 거리를 두고 대상에서
떨어지는 일이 중요하다. 나라의 일, 자기의 일을 비판하는 데도 마찬가지이다.
– 앙드레 지드

상훈 씨가 또 토라졌다.

남편 상훈 씨가 보낸 이메일에는 아내 윤희 씨에 대한 서운한 마음이 서럽
게 묻어 있다. 옆에 있으면 도닥거리기라도 하겠는데 남편 상훈 씨는 지금
미국 출장이다. 막상 함께 있다 해도 무뚝뚝한 윤희 씨는 엄마처럼 남편을
위로할 리도 없다. 덩치는 산만 한 남자가 사춘기 소녀처럼 왜 그리 잘 토라
지는지.

상훈 씨가 토라진 이유는 윤희 씨가 이메일 답장을 덜 해서 그렇다. 남편
은 매일매일 아내에게 이메일을 보냈던 반면, 윤희 씨는 가끔 답장을 해주
었던 것이다. 해외에 있는 남편이 외로워서 그렇겠거니 생각할지 모르지만
상훈 씨는 한국에 있을 때도 자주 아내에게 이메일을 보내주는 세심한 남편
이다.

상훈 씨가 보낸 이메일은 그야말로 '꽃편지'였다. 달콤한 음악이 흐르고,
알록달록하고 화사한 편지지에 적힌 시적인 문장이 마음을 따뜻하게 만든

다. 그런데 윤희 씨는 그런 편지를 읽을 때마다 행복하다기보다는 낯이 간지럽다. 왠지 윤희 씨의 성격과 맞지 않는다. 남편이 생긴 모습하고 하는 행동이 달라서 더욱 그런지 모른다. 덩치가 큰 남편을 들여다보고 있으면 속에 여리고 여린 여자가 한 명 보였다.

반면 윤희 씨는 착하고 예뻐 보이지만 다가갈수록 냉랭한 벽이 느껴진다는 이야기를 자주 듣는다. 그래서 두 사람을 두고 주위 사람들은 겉 다르고 속 다른 부부라는 우스갯소리로 놀리기도 한다.

남편 상훈 씨는 여린 사람이다. 텔레비전에서 조금만 슬픈 장면이 나와도 눈물을 흘리고, 병원에서 아내가 채혈을 하는 모습을 보고 마치 자신이 그러는 것처럼 어쩔 줄 몰라하기도 한다. 또 사람들이 자신을 두고 하는 말에 너무 쉽게 상처를 받는다.

상훈 씨는 그런 마음을 숨기지 않고 아내에게 자주 하는 편이다. 그런 이야기를 듣는 윤희 씨는 이 남자가 별 일도 아닌 일에 속상해 하고 남의 이목에 지나치게 신경을 쓴다는 생각이 든다. 이야기를 하다 아내가 조금이라도 시큰둥하게 반응하면 상훈 씨는 또 토라지고 만다.

남편과 다르게 윤희 씨는 냉정한 편이다. 남들의 이목을 신경 쓰지 않고 할 말만 한다. 집에 돌아오면 이상하게 기운이 쫙 빠져서 남편에게 이야기할 힘도 없고 남편의 이야기를 건성으로 들을 때가 많다. 그러니 남편은 우리 집은 남자와 여자가 바뀌었다며 하소연 아닌 하소연을 하곤 한다.

게다가 윤희 씨에겐 남편이 이해 못 할 이상한 구석이 있다. 남편이 다정하게 해주는 팔베개가 왠지 싫고, 한 이불을 덮고 자는 게 어색해 이불을 따로 덮고 잔다. 남편이 싫어서 그런 게 아닌데도 말이다. 거기다 신혼 때부터 남편의 반대에도 불구하고 윤희 씨는 자신만의 방을 따로 갖고 있다.

다정다감한 상훈 씨와 애교라고는 조금도 없는 윤희 씨, 과도한 애정을 쏟는 상훈 씨와 이성적인 윤희 씨. 전혀 반대의 두 사람이 소리를 높여 싸우는 경우는 드물다. 마음이 상하면 남편은 토라지고 아내를 시큰둥해서 방으로 들어가버리기 때문에.

미국에서 날아온 상훈 씨의 메일이 오늘은 먹히는 것일까. 메일에서 남편의 외로움과 서러움을 읽어낸 윤희 씨의 마음이 무거워졌다. 미국에서 혼자 있는 남편이 안쓰럽다. 답장을 쓰며 윤희 씨는 생각한다. 어떻게 하면 남자 같은 여자와 여자 같은 남자가 잘살 수 있을까.

●→ 이종의 소장의 부부 상담실

이 댁은 남편과 아내가 서로 바뀌었으면 좋겠지요?

하지만 역할이 바뀌어도 똑같은 하소연이 나올 것입니다. 여자냐 남자냐의 문제가 아니라 성향 대 성향의 인생 파노라마이니까요.

이들은 정말 아주 많이 다른 특성들을 지닙니다. 가장 크게 드러나는 대비가 관계능력입니다. 사교 대 비사교, 접촉 대 비접촉, 온정 대 냉정, 상냥 대 침착, 수다 대 침묵, 아첨 대 인색 등.

2유형 아빠와 5유형 딸이 있습니다. 부녀의 사이는 아주 좋습니다. 헌데 아빠가 딸에게 정이 떨어질 정도로 몹시 서운한 적이 있다고 토로를 합니다. 얘기인즉슨 어느 날 딸이 차분한 목소리로 "난 아빠가 화가 나셨을 때가 제일 좋아요." 하더라는 겁니다. 기가 막혀 이유를 물어보니 "아빠가 화나셨을 때는 나를 가만 내버려두잖아요. 말도 안 걸고 옆에 와서 참견도 않고 예쁘다 끌어안고 부비지도 않고." 이 말을 들은 아빠는 딸에게 내쳐진 것 같아 너무너무 서운했지요. 하지만 에니어그램을 공부해보니 딸이 5유형인 걸 알게 되었고 그래서 딸애가 내 애정공세에 얼마나 힘들고 불편했을까를 이해하게 되었답니다. 그 이후 아빠는 딸에게 서운하기는커녕 오히려 딸에게 사과했다며 웃었습니다.

상훈 씨와 윤희 씨!

연애할 때는 나와 다른 성향을 가진 상대가 무척 매력적이셨죠? 나에게 없는, 아니 부족한 부분을 지닌 대상에게는 끌리게 되어 있습니다. 다른 반쪽을 채워서 온전히 하나가 되고 싶은 것이 인간의 생리니까요. 이것은 자연의 이치에서도 드러납니다. 다른 극끼리는 끌어당기잖아요.

상극은 끌어당기는 효력도 있지만 말 그대로 상극이기도 합니다. 해서 연애할 때는 다시 말해서 사랑의 감정이 존재할 때는 더할 수 없이 좋지만 그 에너지를 잃어버리면 정말 힘들어집니다.

윤희 씨.

2유형인 남편 상훈 씨는 애정을 많이 표현하고 확인받고 싶어하는 사람이에요. "꼭 사랑을 이야기해야 사랑인가? 헤어지자 하지 않고 부부로 살고 있으면 사랑인 것이지." 이것은 이성이고 논리입니다. 사랑은 논리가 아니고 정서고 감정이지요. 그것은 표현되어 움직이는 파동으로 전달되어야 합니다. 2유형에게는 표현된 사랑만이 그들에게 에너지 공급원이 됩니다. 충분히 채워져야 존재감이 유지됩니다.

헌데 5유형인 윤희 씨는 특성상 표현보다는 간직하는 사람이잖아요. 사랑의 저장고가 아주 깊어서 끌어올리려면 무진 애를 쓰셔야 하지요? 사랑이 없어서가 아닌데 굳이 드러내지 않아도 알아주면 좋으련만! "연애할 때는 잘도 알아주더니만! 지금은 무슨 애기처럼 젖 달라 안아달라 보채고, 정말 귀찮아! 내가 자기 엄마야, 아내지!"라고 말하고 싶으시죠?

윤희 씨.

아직 관계에 더욱 먹구름이 끼기 전에 타협을 하시지요. 이런 식으로 남편에게 편지를 써보세요.

"당신은 내게 계속 편지를 보내세요. 당신의 애정에 감사하고 나도 함께 있는 듯해서 좋아요. 헌데 나는 별로 변화도 없는 삶에 매일매일 일기 쓰듯 편지를 쓰는 것은 어려워요. 또 당신의 감정적 호소에 맞장구를 쳐주기는 더욱 머쓱하구요.

하지만 이곳의 안부도 궁금할 터이니 일주일에 두 번은 답장을 보낼게요. 내 사랑이 소홀해서가 아니라 감정적 표현이 서툰 나를 이해해주고 당신이 서운해 하지 않으면 좋겠어요. 물론 특별한 사안이 있을 때는 서너 번도 가능하지요."

누가 또 알아요.

깊은 곳에서 잔잔히 흐르던 사랑의 강줄기가 용트림하듯 솟구쳐 회수분을 이루고 하루에 두 통의 답장을 쓰게 될런지?

하일! 히틀러

6유형 아내-1유형 남편

철저한 준비만 있다면 아무것도 필요치 않다.
– 햄릿

"천박하게시리. 옷이 그게 뭐야!"

외출을 하려는 희정 씨가 오늘도 남편 연호 씨에게 한 소리를 듣고 말았다. 하얀색 블라우스에 깔끔한 청바지를 차려입고 막 나가려는 희정 씨를 붙잡은 남편이 불같이 역정을 냈다.

"블라우스 단추는 잠그고, 여자는 여자답게 치마를 입어야지. 긴 걸로."

샐쭉해진 희정 씨는 내색도 못하고 방으로 돌아갔다.

옷을 가지고 이러는 남편의 잔소리가 하루이틀이 아니다. 결혼 20년 동안 목선이 조금만 드러나도, 치마가 조금만 짧아도 남편은 마치 사감선생님처럼 도덕 운운하며 아내가 술집여자라도 되는 양 잔소리를 하며 혼을 냈다.

남편의 잔소리는 옷만이 아니다. 운동은 왜 안 하냐, 왜 나보다 늦게 일어나느냐, 시간 약속은 왜 늦느냐, 청소 상태가 불량하네 등 희정 씨는 남편의 한결같은 잔소리를 나이 오십이 되도록 듣고 살아왔다.

오죽하면 시동생들이 지어준 남편의 별명이 잔소리 대장일까. 남편은 어렸을 때부터 잔소리 대장, 애어른, 도덕 선생님, 사감선생님, 훈장님 등등으로 불렸다. 남편의 잔소리 실력은 시어머니까지 인정할 정도다.

그런 남편의 생활은 언제나 철두철미했다. 새벽 다섯 시면 어김없이 일어나 운동을 하고, 제 시간보다 한 시간 빨리 회사에 출근하고, 맡은 일은 한 번도 늦게 처리해본 적이 없었다.

하지만 희정 씨에게 남편의 철저함은 마치 결벽증처럼 보였다. 희정 씨가 집안 청소를 하면 연호 씨는 먼지가 있는 곳을 귀신같이 찾아낸다. 손가락에 묻은 먼지를 아내에게 보여주고는 자신이 직접 나서서 집안 구석구석을 몇 번씩 쓸고 닦는 것이었다.

남편은 음식에 대해서는 최고의 결벽증을 보여주었다. 남편은 식당의 청결이 의심된다며 웬만해서는 음식을 배달시켜 먹지 않는다. 어쩔 수 없이 먹어야 하는 경우에는 연호 씨는 음식과 함께 온 숟가락 젓가락을 그대로 쓰지 않고 자신이 직접 깨끗하게 씻은 후에야 밥을 먹었다. 희정 씨가 깎아온 과일조차 그대로 먹지 않았다. 과일을 깎을 때 칼에 있던 티가 과일에 묻었다며 흐르는 물에 과일을 씻어 먹는 사람이 바로 남편 연호 씨다.

거기다 집안의 모든 결정은 남편이 혼자 내렸다. 희정 씨가 무슨 말이라고 할라치면 네가 뭘 아느냐 듯한 어조로 희정 씨의 의견을 묵살해버렸다.

이런 남편과 살자니 희정 씨와 아이들은 숨이 막혀 답답할 지경이다.

연호 씨가 보기에는 덤벙거리는 것 같아도 희정 씨는 책임감이 강하고 성실한 사람이다. 어릴 적부터 부모님과 선생님 말씀에 잘 따랐고 시집 와서는 남편의 말에 잘 따랐다. 단점이라면 결정을 잘 못 내리고 겁이 좀 많다는 것. 어찌나 겁이 많은지 신혼 초에는 집에 혼자 있지를 못해 연호 씨가 항상 일찍 들어가야 했다.

연호 씨가 보기에 희정 씨는 겁도 많은데다 의심과 걱정도 무지 많았다.

아내에게는 강박증 같은 게 있어 보였다. 희정 씨는 외출을 하면 반드시 되돌아왔다. 가스밸브를 제대로 잠갔는지 너무 걱정이 되어서 말이다. 한 번은 여름휴가를 떠났다가 가스밸브가 걱정된다면 고속도로에서 차를 돌린 적도 있었다. 제대로 점검하라고 주의를 주고, 괜한 걱정과 의심이라고 말해도 아내는 전혀 안심을 하지 못했다.

게다가 아내는 혼자 결정을 내리지 못한다. 그런 아내 때문에 집안의 대소사에 대한 판단과 결정은 언제나 연호 씨의 몫이다. 그래서 연호 씨는 내심 이런 생각이다. 내가 없으면 이 집안은 한시도 돌아가지 않을 거야. 의심 많고 우유부단하고 말도 못하는 저 불쌍한 여자를 내가 아니면 누가 데리고 살겠어.

한편 희정 씨는 자신이 대견스럽다. 보수적이고 결벽적인 잔소리꾼과 20년을 살아왔다니. 다른 여자라면 이런 남자와 단 하루도 살지 못할 거야.

오늘도 옷 트집을 잡는 남편을 보며 희정 씨는 남편의 새로운 별명 하나가 떠올랐다. 옷을 갈아입고 나온 희정 씨를 연호 씨가 쭉 훑어보더니 만족스러운 모양이다. "음, 좋아. 여자라면 옷은 조신하게 입어야지. 잘 다녀와." 남편의 검사를 받은 희정 씨가 현관문을 열다 말고 획 돌아섰다. 그리고 남편을 이렇게 부르고는 쪼르르 도망쳤다.

"하일, 히틀러!"

●➔ 이종의 소장의 부부 상담실

하하~ 쪼르르 도망치는 희정 씨의 모습이 눈에 보이는 듯합니다.

희정 씨의 이러한 유머가 군기 빡센 내무반에서 숨통이 막히지 않는 비결인가 봅니다. "하일, 히틀러!"로 취급된 남편의 그 후 표정과 마음은 어땠을까요? 아마도 짐작컨대 흐뭇한 미소와 득의만만한 표정에 자부심이 올라왔을 걸요? 그리고 희정 씨에게 호의적인 점수를 주었을 겁니다.

물론 연호 씨가 인간 히틀러를 찬양하고 훌륭히 여긴다는 것은 아닙니다. 그에게 호감을 주는 것은 히틀러의 기질입니다. 이 기질이 좋게 쓰이면 간디 수상과 같은 기개가 되니까요. 내게 그러한 차돌 같은 강건함이 있다는 것에 만족해 하는 것입니다.

희정 씨! 우선은 남편 연호 씨에게 연민을 가지세요.

1유형은 정말 완벽해지고 싶어하는 사람들입니다. 자신이나 자신이 속해 있는 가정, 직장, 사회, 국가 등의 모든 곳에서. 매사가 완벽해야지 실제로 돌아갈 수 있다고 믿는 이들의 강박이 누구보다도 자기 자신을 지치고 힘들게 합니다. 완벽하지 못한 자신에게 화나고, 완벽하게 바꾸어놓을 수 없는 부인·자녀·이웃에게 화나고, 이렇게 용쓰고 있는 나를 알아주지 않는 세상에 화나고.

잔소리조차 안 하면 이들이 존재할 근거가 없어집니다. 히틀러처럼 혼자 힘으로 세상을 바꿀 만큼의 힘이 딸리니, 잔소리라도 해서 "내가 옳은 것을 알려줄 테니, 내 말대로 좀 바꿔!" 하고 외치는 겁니다. 그들은 진짜로 자신은 바르게 살려고 많이 애쓰고 실행을 하잖아요. 이들의 강박과 긴장을 풀어줄 수 있는 유일한 방법은 그들의 수고를 인정해주어야 한다는 겁니다.

일단은, "당신 수고했어요. 당신만큼 잘살려고 열심인 사람은 없을 거예요. 당신의 수고 덕에 당신이 마련한 보금자리에서 나는 아무 걱정 없이 살고 있잖아요. 난 당신이 너무 든든해요." 같은 말로 이들의 수고를 알아주세요.

그러고 나서, "당신도 가끔은 수고하는 자기 자신에게 휴가와 재미를 마련해주면 좋겠어요, 권위와 사명감을 내려놓고 몸이 시키는 대로 한 번 따라해 봐요. 당신이 무엇을 한다 해도 난 걱정 안 해요. 당신은 양심에 어긋난 일은 하지 않잖아요."라고 말해보세요.

그런 다음에는 남편만이 쉴 수 있는 공간을 마련해주세요. 작은 오피스텔, 다락방, 아니면 집안의 한 공간을 정리하여 남편 방으로 만들어주세요. 단 이 공간은 아무도 궁금해 하지도 침해하지도 않는다는 전제가 있어야 해요. 1유형에게는 도덕군자로 살고픈 마음이 강력하지만, 강력한 만큼 이성을 내려놓고 본능대로 살고픈 마음 또한 강력하다는 것을 이해해야 합니다. 원색적인 욕설, 음담패설 등으로의 분출도 이들이 숨통을 열어줄 수 있습니다.

6유형인 희정 씨의 순종도 남편의 긴장을 풀어줄 수 있어요. 6유형도 꼼꼼하지만 한 술 더 뜨는 1유형의 철저함에 의심 없이 기댈 때 1유형 남편의 몸과 마음과 정신이 풀리게 됩니다. 그 후의 남편은 그저 존경스러울 수밖에요. 그는 우리 모두의 사표가 될 테니까요.

토끼와 거북이

7유형 아내-9유형 남편

문제는 언제나 상상력이다. 상상은 영혼의 방부제이며 청량제이다.
- 작자 미상

—거북이 남편

"엉엉엉엉"

아내가 울음을 터뜨렸다. 아내가 울면 나는 어쩔 줄 모른다. 우선 아내가 우는 이유를 모르겠다. 그리고 달래주어야 할지, 화를 내어야 할지, 아니면 함께 울어야 할지 도통 감을 잡을 수가 없다. 그래서 아내가 울면 나는 구경만 한다.

하지만 이번에는 아내가 왜 우는지 알고 있다. 우리 집은 내가 재정을 맡고 있다. 아내는 돈 관리도 잘 못하고 스트레스를 받으면 쇼핑을 하는 버릇이 있어 내가 맡게 된 것이다. 아내는 한동안 잘 참는다 싶더니 지난 명절을 지나고 나서 다시 쇼핑바람이 불었다. 새로 나온 핸드백이 눈에 들어온단다. 그걸 내가 못 사게 하니 울고 있는 거다.

아내는 내게 애교도 부리고 화도 낸다. 내가 꿈쩍도 안 하자 드디어 여자들의 마지막 무기인 눈물 공세를 펼친다. 그러는 여자들이 나는 도저히 이해할 수 없다. 핸드백이 그렇게 많으면서 또 핸드백이라니?

그러나 제일 이해가 안 되는 것은 따로 있다. 펑펑 울던 아내가 다음날이면 낄낄거리며 웃고 다니는 게 아닌가! 일부러 저러는 건지, 기억상실인지, 혹시 미친 건 아닌지, 별별 생각이 다 들 정도로 아내는 순식간에 돌변한다. 변덕이 죽 끓는 듯하는 거다.

아내는 변덕스러운데다 일도 제대로 끝마치지 못한다. 계획이란 계획은 잔뜩 세워놓고 당장이라도 실천할 듯 굴지만 며칠이면 시들해진다. 흥미가 사라졌단다. 게다가 인내심이라곤 눈곱만치도 없어 조금만 힘들면 바로 포기해버린다.

그런 아내가 내 눈에는 토끼처럼 보인다. 한 곳에 있지 못 하고 이러 저리 팔짝팔짝 뛰는 토끼. 토끼 같은 자식, 여우 같은 마누라라고 하는데, 내 아내는 아무래도 토끼 같다. 예전에는 이런 아내가 하자는 대로 다 했다. 이젠 그러지 않는다. 왜냐면 내가 피곤하니까. 나는 지금 그야말로 철없는 토끼 아내와 살고 있다.

그런데 핸드백을 사줘야 하나? 말아야 하나?

—토끼 아내

아~ 저 둔함을 어떡해~

내 남편은 꼭 내가 눈물을 흘려야 움직이려고 들어. 그것도 엉덩이만 살짝. 내가 핸드백이 좋아서 사려고 그러나. 아니야. 스트레스 때문에 그러는 거야. 나도 내가 스트레스받으면 쇼핑한다는 사실은 잘 알고 있어. 내가 원하는 건 핸드백이 아니고 남편의 관심이란 말이야, 관심. 덤으로 핸드백이 생기면 더 좋고.

내 말에 공감해주고 내 편 들어주는 게 내 남편이고 가족 아니야. 그런데

이 남자는 귀가 먹었나, 내가 무슨 말을 해도 묵묵부답이야. 뭐라고 말 좀 해봐 재촉하면 허허 웃기만 하고.

한 번은 굉장히 우울한 적이 있었어. 그래서 내 기분 좀 눈치 채라고 "이대로 영원히 자고 싶어."라고 그랬거든. 그랬더니 뭐래는 줄 알아. "나도." 그러더니 쿨쿨 잠들어버리더라. 기가 차더라, 기가 차.

또 남자가 왜 그리 숙맥인지 모임에 혼자 가려고 하지 않아. 혼자 가면 남들이 말을 안 걸어준대나. 꼭 내가 가서 남들에게 내 남편에게도 말 걸어주세요, 라는 식으로 분위기를 띄우고 해야 입을 연다니까.

말은 없는 건 그렇다고 쳐. 행동은 왜 그렇게 굼뜬데. 또 결정을 왜 못해.

연애할 때 이 남자가 어땠는 줄 알아. 다른 남자들은 여자보다 먼저 약속 장소에 와서 기다리는데, 참 나, 이 남자는 나를 기다리게 만들어. 화가 나서 전화를 하면 '곧 간다.'란 말만 해대는 거야. 그러고는 두 시간이 지나서야 나타나는 거 있지. 아마 내가 전화했을 때 일어난 게 분명해.

잘못한 건 아는지 미안하다며 맛있는 걸 사주겠대. 일단 하자는 대로 쫓아갔지. 그랬더니 이번엔 어쩌는 줄 알아. 시내를 한 시간 동안 뱅글뱅글 돌고 있는 거야. 이 집도 좋아 보이고 저 집도 좋아 보이고 정하질 못하겠대. 어떻게 하나 내버려뒀더니 두 시간 만에 결국 데려간 데가 글쎄 동네 중국집이야. 기가 막히지.

그날부터 결정은 모두 내가 내려. 그러지 않으면 우리는 아직도 시내에서 맛집 찾으러 돌아다니고 있을 거야.

눈치 챘겠지만 내 남편 한 마디로 거북이야, 거북이. 무디고 느리고 말 없는 거북이. 이런 남편과 사는 나, 누가 상 줘야 하는 거 아냐.

↠ 이종의 소장의 부부 상담실

연애 시절을 떠올려볼까요?

거북이 남편이 토끼 아내를 좋아했을 이유를 한 번 살펴봅니다.

내 여자 친구는 아주 긍정적이고 재미가 있어. 느린 나에게 재미를 제공하여 열정적이 되도록 해주기에 함께 있으면 전혀 지루하지 않아. 어쩌면 그렇게 끊임없는 아이디어와 재치가 반짝이는지. 하지만 좀 버겁기는 해. 새롭고 재미있는 경험을 놓치려 하지 않아서 그 템포를 따라가기가 힘들어. 조금만 쳐지면 어찌 그리 성질은 내는지. 그래도 난 유쾌, 상쾌, 발랄한 내 여자 친구가 참 좋아. 새로운 세상이야.

토끼 아내는 거북이 남편이 어땠을까요?

이이는 참으로 여유가 있고 너그럽구나. 내가 무엇을 먹자 하든, 어디를 가자 하든, 어떻게 하자 하든 모든 것을 다 들어주네. 내 변덕과 투정에도 화를 내지 않고, 내가 아무리 쫑알거려도 수용해주고. 헌데 결정을 잘 내리지 못해서 여자인 내가 리드를 해야 하는 것이 불만이야. 또 가끔 싫다 안 한다 말도 없이 요지부동 고집을 부리기도 하고. 난 새로운 일과 변화를 좋아하는데 이이는 별로라네. 하지만 그래도 부처님 같은 이 남자 친구가 나처럼 번잡한 사람에게는 딱이야!

7유형인 토끼 아내와 9유형인 거북이 남편과 유사한 성향은 둘 다 긍정적인 것에 초점을 맞추고 대개 허용적이란 겁니다. 갈등이나 고통스런 감정을 일으킬 수 있는 상황을 피하려고 하고 자신의 생각에 고집스럽습니다. 다른 사람에 의해서 자신이 흔들리는 것을 싫어합니다. 또 유유자적하고 싶습니다.

아마도 토끼 아내가 지금처럼 과소비를 하지 않았다면 남편이 집안 재정을 빼앗지 않았을 겁니다. 아내도 남편이 좀 더 민감하게 아내에게 애정과 관심을 표명했더라면 이들은 편안하게 살 수 있었을 겁니다. 이들은 다른 사람이 자신에게 뭔가를 요구하는 것을 아주 싫어하기에 둘 다 자신들의 고집대로 행동합니다. 남편은 무반응으로, 아내는 떼쓰는 것으로.

이처럼 연애시절에 상대에게 매력으로 보였던 것이 결혼 후에 장애가 되는 것은 그 사람 자체가 변했다기보다 상대를 바라보는 내 의식의 수준이 하향되었기 때문입니다. 곧 콩깍지가 벗겨지는 시점이지요. 결혼생활은 이제부터가 진짜랍니다.

⟶ 상담 후기

저에겐 그동안 세상살이가 깜깜한 동굴을 등불도 없이 헤매는 것과 같은 느낌이었습니다. 움직일수록 돌부리에 걸리고 돌기둥에 부딪히며 낙상할 것 같아 가능한 한 움직이지 않고, 되어지는 대로 가만히 있을 수 밖에 없었습니다. 나의 그러한 태도는 결혼 전이나 결혼 후나 별반 다를 것이 없습니다. 헌데 연애할 때는 아내가 문제를 삼지 않고 잘 넘어가더니 결혼 후 사사건건 트집과 시비를 합니다. 처음에는 경제권도 모두 맡겼으나 워낙 무계획하게 돈을 써버리기에 우리 가족 경제가 위기감이 느껴져서 반강제적으로 경제권을 뺏고 통제를 했습니다. 사실 이러한 돈 관리는 제가 제일 싫어하는 것인데도 말이죠. 그 후 아내의 히스테리는 더욱 심해졌어요.

헌데 지난 5회기로 소장님에게 상담을 하고 나서 나 자신이 왜 경제력에 민감한지, 또 상담 중에 아내와의 대화에서 아내가 왜 충동구매에 빠지게 되는지 알게 되었습니다.

서로 넉넉지 못한 가정에서 각자 자신의 타고난 기운이 꺾인 채 어린 시절을 보내고, 성인이 되어서 그것이 분출되는 것이라는 것을 알게 되었어요. 그간 삶 속에서 경험한 많은 좌절과 상처가 자신의 성격의 기질에 맞춰 건강히 살지 못한 것에서 비롯되었다는 것을 알게 되면서 과거의 일들이 하나씩 풀려나가는 것을 느낍니다.

그러다보니 내 자신도 측은하구요, 내 아내도 많이 불쌍해졌어요.

어린 시절 천진하고 왕성한 호기심과 자유분방한 성격이 부모님에게 늘 야단거리가 되었고, 그 부족함을 내게 기대려고 했는데 나 역시 버거워하면서 무관심으로 일관했으니……. 이번 상담을 통하여 내 부인이 원하는 것은 핸드백과 비싼 옷이 아니라 '에구 잘했어' 하고 궁둥이를 두들겨주기를 바라는 것임을 알게 되었습니다. 아내 안에 어린아이의 마음, 어른에게 보호받고 응석부리고 싶은 마음이 들어 있다는 것을요. 연애할 때는 푸근해 보이는 내가 말을 않고 있어도 그냥 안겨 부빌 수 있을 줄 알았을텐데, 결혼 후 그 모습이 그저 뚱한 모습이라는 것을 알게 되었을 때 얼마나 답답하고 막막했을지 아내의 심정이 이해가 갑니다.

저도 저의 이런 성격이 참으로 힘듭니다. 감각 있게 사람들을 대하고 세련된 태도를 취하고 싶은데 어떻게 해야 하는지 기술이 없어요. 이제까지 저는 이러한 자신을 모자라도 한참 모자라는 사람으로 스스로 치부하며 살았습니다. 괜히 의견과 주장을 하다 보면 더욱 복잡해지니까 그저 가만히 있는 것으로 소란을 최소화하고 싶은 것이 늘 저의 선택이었지요. 이번 상담을 통해 제가 왜 그런지를 알게 되었고 또 소장님의 말씀을 통해 에니어그램으로 저를 이해하고 성장시키는 방법도 알게 되었어요. 무엇보다 제가 가장 기뻤던 것은 조물주는 저와 같은 부류의 인간을 이 세상에 1/9이나 창조하셨다는 것이지요. 꼭 필요하기 때문에……

저에 대한 프라이드가 생기고 나니 세상 보는 눈이 달라지구요. 자신감이 충만하여 에너지가 솟구칩니다.

이젠 가정 경제권을 아내에게 넘겼어요. 연애할 때 아내에게 매료된 재치와 기지를 이제는 위험하게 여기지 않습니다. 아내의 재기발랄함을 인정해 주니 우리 아내는 정말 집안의 해(「아내는 집안의 해다」-박노해)가 되었습니다. 그 환한 빛을 구름으로 가리지 않으려 조심하고 있답니다. 지금 우리 부부는 연애할 때의 애인 사이가 되었답니다. 감사합니다.

내 남편을 찾아주세요

2유형 남편

사랑의 신 에로스는 대지를 창조하기 위해 태어났다. 그 이전에 만물은 침묵했고, 황량했으며, 움직임도 없었다. 이제 만물은 생기에 넘치고, 환희에 치고, 움직임을 갖게 되었다.

－그리스 신화

안녕하세요. 이 선생님.

예전에 선생님 강의를 들은 적 있는 일산에 사는 주부입니다. 선생님 강의를 듣고 많은 도움이 되어 이렇게 연락드립니다.

선생님께 저희 남편 일로 상담을 드리고 싶습니다. 남편이 요즘 이상하게 변해서 걱정이거든요. 남편은 착하고 다정했던 예전 모습은 사라지고 지금은 걸핏하면 소리를 지르고 매일 술을 마시는 주정뱅이로 변했답니다.

남편에게는 그럴만한 이유가 있어요. 지난 봄 남편은 15년을 넘게 다니던 직장에서 잘리고 말았습니다. 이제 나이 사십대인데 벌써 집에 있는 실직자 신세가 되었답니다. 실직한 후 남편은 매일 집에 앉아 소주 한 병씩을 마셔요.

술에 취해서, 퇴근해 돌아오는 저에게 시비를 겁니다. 퇴근이 늦는 날에는 더 심합니다. 그런 날은 술도 더 마시고 제가 오면 어떤 놈이랑 놀다 왔냐며 입에 담지도 못할 소리를 퍼부어댑니다. 이웃들 보기에도 민망하고 아이에게도 미안해 죽겠습니다.

남편은 밖에서도 마찬가지입니다. 얼마 전에는 남편의 기분을 풀어주려고 제 친구 부부와 함께 여행을 간 적이 있었어요. 하지만 기분만 더 망치고 돌아왔습니다. 여행 내내 뭐가 마음에 안 드는지 제게 불쾌한 감정을 마구 드러내는 거예요. 친구 부부가 있는데도. 그러니 2박 3일이었던 여행을 1박만 하고 서둘러 올라올 수밖에 없었어요.

친정오빠 집들이에 갔을 때도 그랬어요. 글쎄 자기가 좋아하는 음식은 하나도 없다면서 화를 내고 나가지 않겠어요. 모두들 당황해 하고 떠들던 조카들까지 조용해지더군요. 그나마 친정어머니 아버지가 김 서방이 실직해서 그렇다며 이해주시니 아무 일 없이 넘어갔지요.

하지만 문제는 저희 친정이 아니라 시댁이에요. 홀로 계신 시어머니가 남편을 아주 득달같이 대하거든요. 아들이 실직했으면 위로를 하시지 않고 빌린 돈을 빨리 갚으라며 만날 때마다 독촉을 하세요. 남편은 남편대로 그런 어머니를 볼 때마다 화가 나서 두 사람은 만나기만 하면 싸워요. 진짜 모자 지간인지 의심이 들 정도로요.

시어머니가 성격이 약간 이상한 구석이 있기는 해요. 하지만 일찍 남편을 잃고 아들인 제 남편을 홀로 키우시느라 평생 고생을 하신 불쌍하신 분이세요.

남편은 가정형편만 좋았다면 의대를 나와 의사가 됐을 텐데 어쩔 수없이 상경대를 나왔어요. 일찍 취직해서 돈을 벌어야 했겠지요. 그런 남편이 요즘에 대학 이야기를 자꾸 꺼내요. 처음 만나는 사람이 유명하지 않은 대학을 나오면 그것도 대학이냐며 민망한 말을 서슴지 않아요. 남편이 명문대를 나오기는 했거든요. 그래도 그러면 안 되잖아요. 처음 보는 사람이 얼마나 불쾌하겠어요.

처음 남편을 만났을 때 그이가 저에게 한 말이 있어요. 사랑하는 사람과 행복한 가정을 이루고 사는 게 유일한 꿈이라고. 저도 그러고 싶었고 그래서 결혼을 한 거예요. 신혼 때 남편은 우리 가족이 행복하고 자신도 남과 잘 어울리는 가장이 되고 싶다고 했어요. 그래서 가훈도 '남을 돕고 살자'로 정했고요. 그땐 정말 다정하고 따뜻한 남편이었는데…….

남편은 정말로 사람 만나길 좋아하는 사람이에요. 직장에 다닐 때도 일주일의 반은 사람 만나는 자리에 가고 친구들과 동료들 애경사에도 빠짐없이 참석하거든요. 또 처음 만나는 사람이라도 그 사람의 외모와 말을 다 기억해요. 다시 그 사람을 만나서 관심을 보여주면 남편과 둘도 없는 친구가 되어요. 남편 말로는 잘 보이려고 일부러 그러는 게 아니라 정말 사람 만나는 게 너무 좋아서 그렇게 한대요.

사실, 남편이 변한 건 이번이 처음은 아니에요. 아들이 태어나자 남편이 갑자기 변했어요. 정 많던 사람이 갑자기 자기 아이에게 무뚝뚝하고 무심한 아빠가 되는 거예요. 저에게 그렇게 잘해주던 사람이…… 남편이 왜 그런지 정말 미스터리예요. 그러다 작년에 그 일이 있고 나선 완전히 변하거구요.

선생님. 지금 제 곁에는 능력 있고 다정하던 그 사람은 사라지고 없어요. 대신 막말하는 주정뱅이만 남아 있답니다. 그 옛날 사랑하는 나와 함께 행복한 가정을 이루고 싶다던 그 남자는 어디로 갔을까요.

선생님, 제발, 내 남편을 찾아주세요.

먼저 남편의 실직에 위로를 드립니다. 남편이 느꼈을 배신감에도 함께. 편지를 보내주신 아내분께 말씀드리겠습니다.

남편과 예전처럼 행복한 가정을 이루고 싶다면 우선 생각하는 방식을 바꾸시기 바랍니다. 어떤 문제에 대해 해결책을 구할 때 "이 남자를 어떻게 해야 할까요?"가 아니라 "내가 어떻게 하면 될까요?"라는 태도에서 시작하여야 합니다.

"남편은 가장으로 가정의 경제를 책임지어야 하는 사람이야."가 아니라 "아내도 공동책임자다."라는 것입니다.

우선 남편과 진지하게 이야기를 나누시기 바랍니다.

남편이 피하려고 하면 다음 사항을 약속하세요. 절대 당신을 비난(실직, 음주에 대해)하지 않을 것이다, 일방적으로 내 요구만 할 것이 아니고 당신의 요구도 들을 것이다, 이후에 오늘 이야기한 것에 토를 달지 않겠다고 분명하게 제시를 하면 남편도 응할 것입니다.

대화를 할 때는 우선 듣기부터 하세요. 아내인 나에게 그동안 서운했던 것, 결혼생활에 대한 기대, 내게 요구하고 싶은 것 등의 이야기를 듣다 보면 억울하거나 부당하게 느껴지는 대목들이 있을 겁니다. 또 해명하거나 합리화하고 싶은 마음도 들 겁니다. 그렇더라도 우선은 듣기만 하세요.

남편에게 그럴만한 이유가 실직 말고도 있을 수 있답니다. 남편의 입장이 되어 남편의 마음을 이해하고 공감하려 노력해보세요. 남편은 이야기하는 것만으로도 현재에 억눌려 있는 감정에서 풀려날 수가 있겠지요. 참을성 있게 들어주는 태도에서 조금씩 신뢰하고 닫힌 마음을 열게 될 겁니다.

남편의 이야기를 다 듣고 나면 이제 당신의 이야기를 하셔요.

남편의 지금 모습을 비난하거나 "나는 직장 다니랴, 살림하랴, 애 돌보느라 힘들어 죽겠는데, 당신은?"이라고 질책하지 마시기 바랍니다. 남편의 행동을 '옳다, 그르다'로 판단하지 마시고, 일방적으로 요구하거나 충고하지 마시고요. 서운함을 전할 때는 비난, 분노의 감정을 없애고 말씀하세요. 그런 다음 결혼생활에서 아내가 기대하는 것, 남편에게 원하는 것을 솔직하게 털어놓으세요.

2유형인 남편분은 남에게 도움을 주어야 사랑받을 수 있고 존재할 의미가 있다고 믿는 사람입니다. 아마도 남편은 15년 넘는 직장생활에서 누구보다도 애사심으로 회사와 상사 동료들을 섬겼을 겁니다.

"헌데 네가 나를 잘라? 세상 모든 사람이 거부당해도 나만은 받아들여질 거야, 받아들여져야 해. 왜냐하면 세상의 모든 사람들은 나를 좋아하니까, 나만큼 그들을 잘 돌보는 사람은 없거든."이라는 신념을 갖고 사는 남편에게 해고는 세상이 무너지고 내 존재 자체가 부정되는 엄청난 충격이었을 겁니다.

평소 가족에게 자상했던 남편이 왜 가족을 힘들게 하는지가 아직 이해가 안 되시죠? 2유형은 자신과 가족을 잘 분리시키지 않습니다. "아빠가 화가 났거든, 내 가족인 너희도 당연히 나처럼 슬프고 괴로워야지."하는 겁니다. 이들이 자신에게 부여하는 특권이 "나는 어떻게 해도 괜찮아. 나는 늘 너희를 위해서 사랑의 마음을 갖고 있고 베풀고 희생을 하잖아!"입니다. 그러다 보니 아내에게나 다른 사람에게 평소와 다른 불쾌한 감정을 노골적으로 드러내서 분위기를 망쳐놓는 겁니다.

부부 관계에서 유념해야 할 것은 남편이 강자의 위치에 있어야 한다는 것입니다.

이것은 성차별을 조장하자는 것이 아니라 인간관계의 질서를 이야기하자는 것입니다. 물리적인 완력, 나이, 사회적 권력 어느 면으로 보나 남편이 강자가 되어야 자연스럽습니다. 헌데 현실이 그렇지 못하기에 불화가 조장되는 것이지요.

현재 실제적인 강자는 아내입니다. 문제가 초래되었을 때 강자의 관용과 배려가 해결의 토대가 된다는 점을 잊지 마십시오. 더군다나 위치가 뒤바뀐 상태에서라면 아내의 관용과 배려는 더욱 더 크게 요구됩니다.

애초에 언급했다시피 가정경제의 책임은 부부 공동입니다. 이제 남편에게 진심으로 이야기하세요.

"당신이 15년 넘게 나와 우리 가족을 위해 수고하셨잖아요. 이제 앞으로 내가 15년간 당신을 먹여 살릴 게요. 그동안 수고하였으니 푹 쉬어요. 푹 쉬면서 계획을 세워봐요. 꼭 돈벌이는 아니어도 당신이 무엇을 하면서 살면 보람과 기쁨이 있을지 찾아봐요. 아직은 활발히 활동할 수 있는 나이이니 건전한 일을 찾아보세요."

아마도 남편은 아내에게서 어머니의 사랑을 기대할지도 모릅니다. 현재 어머니와는 불화 중에 있다 하시는데 그러기에 아내의 푸근한 품이 더욱 그리울 수 있어요.

2유형은 사랑으로 품을 때 이들의 소명인 사랑이 제대로 발휘될 수 있습니다. 그렇다면 행복한 가정을 이루겠다던 내 남편이 돌아오겠지요? 힘내세요!

착한 사람, 나쁜 사람

8유형 아내-6유형 남편

"됐어, 그만해."

한참 동안 말이 없던 남편이 입을 열었다. 계속 쏘아붙이던 경희 씨는 허
탈해졌다. 두 사람의 부부싸움은 언제나 이런 식이었다. 경희 씨는 조잘대고
현석 씨는 한 마디만 툭 던지고.

"도대체 뭐가 됐는데?" 경희 씨가 다시 쏘아붙이자 현석 씨는 다시 입을
꾹 다물고 말을 않는다.

그러고는 하는 말. "됐다니까, 당신 뜻대로 할 거잖아!"

이쯤 되면 경희 씨는 할 말을 잃는다. 남편과 싸우다 보면 경희 씨는 자신
만 나쁜 사람이 되는 기분이다, 남편은 착한 사람이 되고. 그래서 경희 씨는
오늘도 속이 상했다.

그렇다. 현석 씨는 착한 사람이다. 직장에서도 가정에서도 남편은 언제나
착한 사람이다. 반면 경희 씨는 나쁜 사람이다.

현석 씨, 경희 씨는 여러 모로 서로 다른 면을 가진 부부이다.

현석 씨는 논리적으로 따지길 싫어하고, 마음에 안 들면 입을 꾹 닫고 방어적으로 맞서는 사람이다. 반면 경희 씨는 합리적이고 어려움을 헤쳐 나가면서도 일을 추진하려는 사람이다. 그래서 경희 씨가 제일 좋아하는 말은 "일단 해보자."이다.

경희 씨는 차라리 못된 사람은 용서가 될지언정 일을 해보지도 않고 쭈뼛거리거나 초를 치는 사람은 용서할 수가 없다. 반면 현석 씨는 일은 좀 못하고 발전은 더디어도 괜찮으니 지금 상태를 유지하면서 위험부담 없이 주변의 사람들, 특히 가족(시댁)과 잘 지내는 게 편하다.

그래서 현석 씨는 시댁에서도 장남도 아니면서 장남 몫을 하고, 직장에서도 신입사원, 회사 청소부 아줌마, 동료 여직원들과 잘 어울린다. 직장 상사보다 그들과 대화하는 게 훨씬 편하다고 한다. 반면 경희 씨는 힘 있는 사람, 권위 있는 사람, 자신에게 도움을 줄 수 있는 사람과 매우 친하게 지내고 있다.

경희 씨는 자기 의견을 똑 부러지게 말할 줄 안다. 생글생글 웃으면서 직장 상사나 시부모님 앞에서 자기 할 말을 다 하고 자기가 원하는 걸 얻어낼 줄 안다. 그런 경희 씨는 일이 자기 식대로 풀리지 않을 때면 곧바로 화부터 내버린다. 반면 현석 씨는 자기 의견도 잘 내비치지 못하고 다른 사람의 부탁을 거절하지도 못한다.

일을 할 때도 이 부부는 다르다. 경희 씨는 밀어붙여서라도 일을 처리하지만 현석 씨는 처음부터 끝까지 정공법으로 일을 꼼꼼하게 처리한다.

현석 씨는 야망이 없다. 직장에서의 고속승진보다 지금 이 상태로 길게 갔으면 좋겠다고 생각한다. 왜냐하면 윗자리에 오르면 조기 퇴직을 요구받을까봐 두려워서이다. 반대로 경희 씨는 지금 다니는 회사에서 누구보다도 고속승진과 윗자리를 원한다. 부하 직원으로 상사의 명령대로 움직이느니 내가 상사가 되어 내 배포대로 업무를 수행하고 싶어서이다. 누구보다도 특히 남자 직원보다도 훨씬 더 잘해낼 자신이 있다. 설령 고속승진으로 조기에 퇴직이 되는 한이 있더라도 짧고 굵게 직장 생활을 하고 싶은 것이 경희 씨의 마음이다. 그래서 그녀는 스펙을 쌓기 위해 퇴근 후 영어학원에 다니느라 10시가 넘어야 집에 들어온다.

다혈질의 경희 씨는 야망도 크고 화도 잘 내지만 순한 현석 씨는 화도 잘 내지 않는다. 현석 씨는 살면서 크게 화를 내본 게 다섯 번도 안 된다고 한다. 그런 현석 씨가 격분하는 순간이 있다. 누군가 자신의 가족에 대해 안 좋은 말을 하거나 해코지를 하려는 낌새가 있으면 이 남자는 순간 사자처럼 변신한다.

그렇다. 현석 씨는 착한 사람이고, 경희 씨는 나쁜 사람이다.

그만해, 라는 현석 씨의 말 한 마디. 오늘 부부싸움도 사실은 현석 씨의 승리다.

➜ 이종의 소장의 부부 상담실

착한 사람과 악한 사람? 좋은 사람과 나쁜 사람? 그렇담 착한 사람은 모두 좋은 사람인가요?

현석 씨는 누구에게 착한 사람이고 좋은 사람이죠? 그 모습이 현석 씨의 참모습이라면 아내 경희 씨는 왜 화가 날까요?

사정 모르는 남들의 눈에는, 순하고 말이 적은 6유형 현석 씨는 착한 사람으로, 행동적이고 다혈질인 8유형 경희 씨는 나쁜 사람으로 보여지는 것뿐이죠. 이러한 이분법적인 사고가 한쪽에는 엄청난 상실감을 안겨줍니다. 경희 씨는 억울할 거예요. "보여지는 것이 다가 아니에요! 같이 한 번 살아봐요!"라고 외치고 싶으시죠?

6유형의 사람들은 대체로 겸손하고 나서기보다는 남의 말을 잘 들어주고 폐를 끼치지 않는 점잖은 사람들입니다. 하지만 이들의 불안과 부풀린 공포는 나와 아주 가까운 또 내가 책임지어야 할 조직에서나 특히 가정에서는 상당히 까다롭고 경계적인 자세가 됩니다. 과도한 책임감과 조심성이 '잘못되면 어떡하지?' 라는 생각에 사로잡혀 곧잘 방어적이 되는 것이지요. 이러한 태도가 이들의 발전을 저해할 뿐 아니라 곁에 있는 사람들을 숨 막히게 합니다.

자기의 생각이나 기준에 조금이라고 어긋나면 그때부터는 눈도 마주치지를 않고 입을 딱 다물어버리지요. 불안이 감지되면 "그만해. 꼭 그 말을 해야 해. 됐어. 들을 필요 없어" 등으로 상대의 말문을 확 틀어막습니다. 그러고는 또 침묵. 특히 아내가 시댁일(자기 친족)에 불만을 토로할 때는 더더욱 그렇습니다.

그러면서 네 탓이야라는 태도를 견지합니다. 이것이 바로 투사입니다. 자기 내면에 들어 있는 불안을 남이 제공한 것인 양 남의 탓으로 돌리는 것으로 "내 안의 나를 타인으로 착각하는 것"이지요. 이들의 투사는 가까운 사람에게 발휘되는 경우가 일반적이어서 떨어져서 보는 사람들에게는 잘 드러나지 않습니다. 그러한 차원에서 경희 씨가 억울하겠다는 거지요.

이러한 현석 씨의 태도는 내 아내이기에 내 가족이기에 또 시댁 모든 식구들과는 확대된 가족이기에 조심성이 앞서서 표출되는 방어적인 모습입니다. 가족 공동체의 사랑을 지키려는 데에서 비롯되었다는 것을 경희 씨는 이해해야 합니다. 하지만 그로 인해 왜곡된 표출로 인해 진정으로 이루고 싶어하는 부부의 관계가 멀어지는 아이러니에 빠질 수도 있습니다.

대개의 6유형의 사람들은 본인들은 별로 개선할 것이 없다고 생각합니다.

상식을 아주 잘 지키며 남에게 무례하지 않으니까요. 해서 '세상 사람들이 나와 같다면'이라고 생각합니다. 헌데 문제는 바로 이러한 자기 판단에 숨어 있다는 겁니다. 이들이 말하는 기준과 상식이 상당히 편협할 수 있는 데 스스로 자각하려고 하지 않는다는 데에 문제가 있습니다.

에니어그램의 교육 현장에 6유형의 주부들이 많이 오십니다. 아홉 가지 유형 중 가장 역할에 충실하고픈 이들이기에 내가 엄마로서 잘살고 있는가, 어떻게 하면 내 자녀를 잘 기를 수 있을까 등에 대한 해답을 찾으려고요. 헌데 6유형의 남자분들은 잘 오지 않습니다. 바로 위에 열거한 대로 자신은 고칠게 없다고 생각해서죠.

저는 개인적으로 6유형의 남자들이 이 공부를 진지하게 해야 한다고 생각합니다. 스스로의 편협한 사고에서 깨어나기 위해서, 진정 이들이 원하는 가족 공동체의 완성을 위해서 자신의 틀을 깨고 나오는 용기가 필요합니다. 자신의 좁은 틀 안에서 당장 눈에 보이는 위험만을 피해가려고 방어적 자세를 취했을 때 더 큰 위험이 간과되고 있을 수 있기 때문입니다. 나무를 보느라 숲을 보지 못하면 호미로 막을 수 있는 것을 가래로 막아야 하는 수고와 낭패를 만날 수 있습니다.

모든 6유형의 분들에게 호소합니다. 자신의 틀을 깨세요. "내 배우자와 자녀를 어떻게 바꿔놓으면 좋을까요?"가 아니라 "내가 어떻게 바뀌어야 할까?"로 생각을 바꿔보십시오. 투사는 자신의 생각을 바꿔보는 것만으로 풀려날 수 있습니다. '내 안의 나'니까요.

6유형의 덕목이 용기랍니다. 극복된 이들은 바로 가이아(그리스 신화에 등장하는 대지의 여신)랍니다.

8유형의 경희 씨에게 코멘트는 단 한 마디입니다.

왜 그토록 투쟁적으로 사시지요? 그러다가 가정과 사랑을 잃으면?

템포를 늦추고 심호흡을 하면서 가정과 직장, 남편과 나 사이의 조화와 균형을 이루셔야 합니다.

두 분이 노력하시면 변화는 저절로 찾아오게 되어 있습니다. 변화는 자신의 몸이 먼저 알아챈답니다. 두 분을 바라보는 타인의 시선은 신경 쓰지 않아도 알아서 달라지겠지요. '착한 사람, 나쁜 사람' 하는 타인의 시선에 연연해 마시고, 서로에게 좋은 사람이 되세요.

그럼 두 분의 가정의 자유와 평화가 깃들기를.

제사와 인터넷 쇼핑몰

3유형 아내-6유형 남편

나는 내 인생의 대부분을 타인의 인생을 공부하는 데 보냈다.
－윌리엄 해즐릿

"뭐라그? 인터넷 쇼핑몰?"

동하 씨는 아내 세경 씨의 말에 화들짝 놀랐다.

"네가 무슨 쇼핑몰을 해?"

"여자 옷 쇼핑몰을 할 거야."

"내 말은 쇼핑몰을 왜 하냐고? 내가 벌어다 준 돈이 부족해서 그래? 갑자기 왜 그래?"

동하 씨는 10년차 중학교 교사다. 세경 씨와 함께 아들딸 둘 키우는 일이 조금 버거워도 아내가 돈을 벌어야 할 만큼 어려운 살림은 아니다. 물론 아내가 돈을 벌면 살림살이가 더 나아지겠지만 동하 씨는 그것이 탐탁지가 않다. 동하 씨는 전통적인 가정, 즉 남편은 밖에서 돈을 벌고 여자는 안에서 살림을 하는 가정이 가장 올바른 가정이라고 믿는 사람이다. 그래서 아내를 끈질기게 설득해 아내가 다니던 회사까지 그만두게까지 만들었다. 그런데 지금 와서 아내가 밖에 나가 사업을 하겠다니, 동하 씨는 놀랄 수밖에 없었다.

"내가 왜 당신에게 일 그만 두라고 한지 잘 알지? 난 남편, 당신은 아내 역할만 잘 하면 아무 문제가 없어. 당신도 동의했잖아. 아이들 잘 키우며 살겠다고. 그리고 당신 맏며느리인 거 잊었어? 우리가 큰집이라 일 년 내내 제사 있는 거 당신도 잘 알면서 왜 그래?"

"도저히 못 견디겠어. 애들만 보고 있으니까 답답하고 내가 한심해 보여. 당신도 나 알잖아. 내가 하고 싶어하는 일이 얼마나 많은지."

그랬다. 세경 씨는 팔방미인이었다. 학창시절부터 공부면 공부, 운동이면 운동 못 하는 것 없는 재원에 성격 좋고 얼굴까지 예뻐서 남학생들의 인기를 한 몸에 받아왔다. 그런 사람을 집안에만 들여 앉혀놓았으니, 그녀에겐 집안이 감옥이나 다름없었을 것이다. 동하 씨는 그런 아내에게 조금은 미안한 마음이 들었지만 세경 씨의 선택이 전혀 마음에 들지는 않았다.

"네가 한다고 해도, 쇼핑몰이 성공하겠니? 돈 많고 인기 좋은 연예인들도 차렸다가 망하는 게 의류 쇼핑몰인데, 평범한 주부인 네가 되겠어?"

"왜 안 된다고 생각해? 해봤어? 해보지도 않았잖아?"

"네 바람은 알겠지만 현실을 봐. 쇼핑몰이 어디 한두 개니? 경쟁이 얼마나 심해? 넌 그쪽으로 경험도 없어 망하기 십상이야. 회사 좀 다녔다고 사업 잘하는 거 아니야. 사업 잘하는 사람은 따로 있어. 넌 그쪽이 아니야."

"누군 처음부터 알고 시작하나? 누구나 처음엔 시행착오를 겪어. 나도 그럴 거구. 난 그런 거 하나도 겁 안 나. 한 번 시작하면 끝을 내는 내 성미, 자기도 잘 알잖아? 나 그동안 오래 쉬었어. 좀이 쑤셔 죽겠다고. 제발 동의 해줘."

동하 씨는 난감했다. 아내가 한 번 한다면 꼭 하고야 마는 성격인 걸 그도 잘 알고 있다. 자신이 말려도 세경 씨는 어떻게든 하고 말 것이다.

"돈은 어떻게 할 건데?"

“내가 모은 돈에 당신이 조금 도와주면 문제없어. 쇼핑몰이란 게 진짜 가게들처럼 임대료가 있는 것도 아니라 생각보다 투자비용이 적어.”

“그렇다고 적은 돈은 아닐걸? 그러다 또 돈이라도 날리게 되면? 우리 그동안 모은 돈 다 날아가는 거야.”

“내가 가만히 앉아서 손해만 보고 있을 것 같아? 무슨 수를 써서라도 성공하고 말거야.”

동하 씨는 아내의 자신감이 도대체 어디서 오는지 알 수가 없었다. 자기가 보기엔 실패가 확실해 보이는데 아내는 성공을 확신하고 있다. 동하 씨의 의심 섞인 질문이 계속되었다.

“거래처는? 아는 곳은 있어?”

“내 성격 몰라? 모르는 사람하고도 금방 친해지는 놀라운 친화력? 그걸로 뚫어가던 돼.”

“세상 물정을 몰라도 정말 모르는구나? 그 사람들이 너를 언제 봤다고 물건을 줘? 그것도 아는 사람이 있어야 가능하지.”

동하 씨가 계속 말을 이어갔다.

“그리고 아이들은 어쩔 건데? 학교 다녀오면 아이들끼리만 집에 있으라고? 지들끼리 밥이나 챙겨 먹겠어? 나도 늦게 오는데 숙제도 안 하고 지들끼리 있다가 뭔 일이라도 생기면 어떡할 건데? 당신이 책임질 거야?”

“여보! 나도 그런 거 다 생각해놨어. 당장은 집에서 시작할거야. 궤도에 오르면 집 근처에 사무실 하나 얻을 거고, 그때는 일하는 아줌마 한 명 쓰면 돼. 도대체 뭐가 걱정이야?”

“제사는 어쩔 건데? 경조사는 어쩔 거고? 그런 일 하면 밤샘이 다반사고 주말도 없잖아? 어른들이 맏며느리는 왜 안 왔냐고 물어보시면 택배 싸고 있어서 못 왔어요, 라고 말해?”

세경 씨가 울먹이기 시작했다.

"여보, 내가 일하는 게 그렇게 마음에 안 들어? 격려는 못해줄망정 자꾸 초를 치고 그래?"

아내의 눈물을 보자 마음이 아파진 동하 씨가 부드럽게 말을 했다.

"난 당신이 평범한 아내였으면 좋겠어. 또 맏며느리 역할에 충실했으면 좋겠고. 그리고 난 장남으로, 남편으로 충실할게. 그러면 우리 식구 언제나 행복할 수 있어, 여보."

세경 씨는 고개를 저으며 동하 씨를 똑바로 바라보았다.

"아니야, 여보. 내겐 꿈이 있어, 나만의 꿈이. 내가 인터넷 쇼핑몰에서 끝낼 줄 알아? 천만의 말씀. 내 최종 꿈은 내 이름을 건 의류 회사를 차리는 거야. 그 꿈을 이제 시작하는 거야. 그러니 제발 내 꿈을 밟지 말아줘, 여보."

세경 씨의 눈에서 눈물이 주르르 흘렀다. 그리고 동하 씨의 마음이 착잡해졌다.

⟶ 이종의 소장의 부부 상담실

세경 씨의 눈물의 호소와 너무나 근심스럽게 쳐다보고 있는 동하 씨의 모습이 머릿속에 그려집니다.

세경 씨의 과도한 자신감, 동하 씨의 부풀린 의심은 둘 다 근거 없기는 마찬가지입니다.

다만 근거를 찾는다면 에니어그램이 말하는 성격의 특성입니다. 세경 씨는 앞에서 살펴본 대로 긍정과 낙관이 뛰어나고 목표가 분명하고 추진력이 좋은 행동 중심의 사람입니다. 그에 비해 동하 씨는 조심성이 많고 잘못될 경우를 먼저 생각하는 사람이기에 분명하지 않은 일에 모험하듯 뛰어들기에는 매우 어려운 성격입니다.

세경 씨처럼 대개의 3유형은 사회적 지향을 많이 갖고 있습니다. 아마도 연애할 떠 동하 씨는 사회성이 좋은 활발하고 진취적인 세경 씨가 아주 매력적으로 보였을 겁니다. 자신에게 부족한 부분이어서. 세경 씨도 점잖고 말수도 적은 꼼꼼하고 겸손한 동하 씨가 자신의 덜렁거림을 채워주리라 기대했을 거구요.

자석의 서로 다른 극이 끌리는 것과 같이 삶의 지향과 태도가 다른 두 사람은 보는 순간, 서로에게 끌렸을 것입니다.

헌데 결혼해 살아보니, 연애시절 상대에게 향하던 마음일 때는 매력적으로 보이던 것이 지금은 내 마음을 벗어나지 못하여 자신의 특성대로 주장을 펴게 되는 것이지요.

그럴 때는 방법이 하나예요.

우선 성격 특성을 이해하고 그 특성이 갖는 강점을 발휘시킬 수 있도록 지지해줍니다. 그다음에 실제적으로 일을 추진하는 데에 필요한 것을 차곡차곡 검토해보는 것이 바람직합니다.

우선 3유형인 세경 씨의 특성을 살펴보면 강점이 적극적이고 책임감이 있으며 목표 성취를 위해 끈질기고 조직적이며 열성적인 사람입니다. 일에 대해 헌신적인 이들은 일을 완수하는 데에 전력을 기울이기에 다른 사람들보다 빠른 시일에 성취할 수가 있습니다.

이렇게 할 수 있는 이유는 6유형처럼 보이지 않는 문제를 가지고 걱정하거나 9유형처럼 고려할 대상이 너무나 많아서 일에 뛰어들기까지 시간을 많이 소모하지 않기 때문입니다. 또 이들은 자신이 하고자 하는 분야에 이미 성공을 거둔 사람들을 모방하거나 오히려 그들의 취약점을 보완하여 한 단계 더 업그레이드시키는 벤치마킹의 대가이기에 실패율을 그만큼 줄일 수도 있습니다.

"나는 전구를 만들 수 없는 수천 가지의 부적절한 방법을 알게 되었다."는 토마스 에디슨의 명언처럼 3유형에게 있어서 실패란 여전히 '진행 중인 성공'과 다를 바 없습니다. 인터넷 쇼핑몰은 반응이나 효과를 즉각적으로 알 수 있기에 결과를 빨리 알고 싶어하는 3유형에게 적합한 직업일 수 있습니다. 이들은 반응에 즉각적으로 대처할 수 있는 능력을 지니고 있기에 발 빠른 대처를 할 수 있겠지요.

헌데 이들의 취약점은 과도한 자신감과 긍정성에서 오는 치밀함의 부족입니다. 목표가 서면 "일단 시도하라(Just do it.)"이기에 차분히 조사하고 검토할 시간이 부족합니다.

이것은 바로 신중하고 충실한 모든 가능성을 검토하고 시도하는 유비무환의 정신의 소유자인 동하 씨가 채워줘야 할 부분입니다.

세경 씨는 속도를 조금만 늦추고 남편 동하 씨의 조언에 맞추어 차근차근 준비를 해야 합니다. 그저 시간이 지연될 뿐이라고 폄하하지 마시고 마음이 앞서서 간과했을 수도 있는 부분을 차분히 실제적으로 검토를 해야 합니다.

또 3유형의 특성상 어느 궤도에 오르기 전까지는 자신의 일에 집중하느라 주변을 돌보려고 시간을 할애하지 않습니다. 그러다 어머니와 맏며느리로서의 역할에 소홀해 남편을 노심초사하게 만들 수 있습니다. 그래서 3유형은 새로운 일을 시작하기 전에 남편과 자녀들과 그리고 어른들과도 적절히 합의를 도출해내는 것이 바람직합니다.

3유형의 목표를 향한 강한 집념의 추진력과 6유형의 유비무환의 성실함이 합해지면 아주 멋진 하모니의 이중주가 될 것입니다.

3유형의 성장 방향이 6유형과의 건강한 통합인 것을 아시지요? 두 분이 서로의 강점을 잘 살려내어 협조한다면 각자의 성향이 충족되면서 삶의 질이 높아질 것입니다.

그동안 저는 집안에서 경제적인 책임을 맡고 있기 때문에 아내가 저의 의견에 반대를 하면 안 된다는 생각을 가지고 살았습니다.

아내는 가장인 저의 말을 존중하고 따라야만 옳다고 믿고 살았습니다. 그런데 아내가 저의 의견을 무시하고 늘 자기가 하고픈 것은 다 해야만 되는것 같아 마음이 불편했습니다. 또한 이러다 우리 가정이 망가지는 건 아닌지 불안하고 걱정스러웠지요.

저는 제가 사는 방식이 절대적으로 옳다고 믿고 살았기 때문에 아내랑 다투면서 누가 옳은가를 따져 아내의 생각을 바꾸려고 집안에서의 역할과 희생만 강조하여 이야기하였습니다. 또한 상담을 받으면 이 옳고 그름을 더 명확히 따져주실 거라 믿고 상담소를 찾았지요.

상담을 시작하다 보니 전혀 생각지도 못하게 (내가 옳다고만 알았는데) '아내가 많이 힘들어 한다' 는 얘기를 들으며, 마치 내가 잘못된 사람이라고 하는 것 같아 답답하고 억울해 초기엔 상당히 괴로웠습니다.

아내는 상담받으면서 자신의 속마음을 다 얘기할 수 있어 편한 것 같았습니다. 저는 상담받으면서도 제 생각이 옳다는 고집스러운 주관이 있어서 '내 생각이 옳으니 아내가 따라야 한다' 는 식의 내용을 기대했습니다. 그러다가 아내와 나는 서로 다른 사람이고 생각, 성격, 취향 등 모든 것이 다 다르다는 것을 알게 되었습니다.

우선, 성격의 특성을 이해하고 인정하는 일이 쉽지는 않았지만 그 특성이 갖는 장점을 발휘시킬 수 있도록 지지해주고 응원해주기로 마음먹고 실행해

보기로 하였습니다.

아내를 인정하고, 아내를 사랑한다는 것을 알고 나니 제가 해야 할 일은 아내가 좋아하는 것을 아내가 즐겁게 할 수 있도록 해주는 것이었습니다.

생각 하나를 바꾸고 나니 세상이 바뀌었습니다. 다툼과 원망으로 절망적이던 상담 전의 상황을 생각하니 너무 마음이 아프네요.

이제는 더 성숙한 어른이 된 것 같습니다. 전에 마음 고생한 것을 보상받기 위해서라도 열심히 아내를 사랑하고 살겠습니다.

욕쟁이 남편과 도덕 선생님

1유형 아내-8유형 남편

합리적인 사람은 세상에 자기를 적응시킨다. 합리적인 사람은 세상을 자신에 맞게 바꾸려고 한다. 그러므로 모든 진보는 비합리적인 사람에 의해 일어난다.
－버너드 쇼

장면 1

저녁, 남편이 퇴근해 들어온다.

남편: (씩씩대며) 어휴, 속 터져!

아내: (놀란 듯) 왜 그래, 여보?

화가 난 남편이 구두를 팽개치고 거실로 쿵쿵 걸어가서 소파에 털썩 앉는다. 그리고 넥타이를 거칠게 풀어헤치며 소리친다.

남편: 등신 같은 사장 때문에 백 억짜리 사업을 눈앞에서 놓쳤잖아!

아내가 남편 곁으로 다가와 팔짱을 끼고 남편의 말을 듣는다.

남편: 내 말만 들었어도 대박 나는 거였다고! 이번 건은 과감하게 밀어붙여야 된다고 그렇게 말했건만, 좁쌀 영감탱이가 내 말을 안 듣고 빌빌대다가 경쟁회사 놈들 좋은 일만 시켜줬잖아. 어휴, 속 터져! 냉수 한 잔 줘봐!

남편은 아내가 떠온 냉수를 벌컥벌컥 마신다. 듣고만 있던 아내가 말을 꺼낸다.

아내: (침착한 목소리로) 당신, 화난 건 알겠어. 그래도 집에 오자마자 그래서는 안 돼지. 옆집 들리게 소리소리 지르고, 상스럽게 욕설을 하고.

남편: 나 참, 화내는 것도 남 허락받고 하나? 그리고 병신보고 병신이라 그러지, 그럼 버러지라 그럴까?

아내가 남편을 쏘아본다.

남편: 사장이 그 모양이니 회사가 크겠어! 빌어먹을 영감탱이 같으니라고.

아내: 여보, 말 좀 가려해. 애들 교육상 좋지 않아.

남편: (아내의 말은 듣는 둥 마는 둥) 내가 사장이라면 그렇게 안 해. 차라리 내가 회사를 차리지! 일 년 안에 그 영감탱이 내 앞에서 무릎 꿇게 해주지.

아내: (팔짱을 낀 채 획 돌아서며) 그만하고 밥이나 먹어.

장면 2

잠시 후, 가족의 저녁식사 시간. 텔레비전에서 비리 정치인에 대한 뉴스가 나온다.

남편: (우적우적 밥을 씹으며) 저런 새끼들은 다 잡아 죽여야 돼!

아내: (참다가 목소리를 높이며) 여보! 내가 말조심하라고 벌써 두 번 말했지! 식사하면서까지 욕을 왜 해? 당신, 이렇게 교양 없는 사람이었어?

남편: 야, 내가 교양 없냐? 저놈들이 교양 없냐? 저놈들은 겉으론 교양 있는 척하며, 숨어서는 온갖 더러운 일은 다하고 있잖아. 차라리 내가 저놈들보다 백배는 낫다. 저런 놈들이 나라를 다스려? 지나가는 개가 웃겠다! (입에서 밥풀이 튀어나와 식탁 여기저기에 떨어진다)

아내: (인상을 쓰며) 여보! 당신 지금 모습이 어떤 줄 알아? 식사자리에서 욕을 하지 않나, 소리를 지르지 않나, 교양 없게 밥풀을 튀기질 않나, 가장으로 당신 모습은 지금 빵점이야, 빵점. 정치인 보고 욕할 필요 없어, 가장인 당신

부터 잘해. 가장으로서 모범과 품위도 못 지키면서 누굴 욕해.

남편: (아내를 바라보며) 나 참, 우리 집에 선생님 나셨네 그려.

장면 3

다음날. 퇴근한 남편. 현관에서 구두를 아무렇게나 벗어놓는다. 양말을 둘
둘 말아 화장실 문 앞으로 휙 던진다. 거실 한가운데 서서 양복 윗도리, 넥타
이, 와이셔츠, 바지를 차례차례 벗고는 그대로 놔둔다. 그런 다음 소파에 벌
러덩 드러눕는다.

남편: 휴~ 역시 내 집이 최고다.

그때 아내가 대걸레를 들고 나타나 남편이 지나간 자리를 따라가며 박박
닦는다. 그리고 소파에 누운 남편 앞에 선다.

아내: 여보, 이게 다 뭐지?

남편: (아내를 올려다보며) 뭐가?

아내: 내가 말하지 않았어? 집에 오면 곧장 화장실부터 가라고. 거기서 양
말 벗고 손발 깨끗이 씻고 옷 정리하고 그다음에 쉬라고. 내가 결혼하고부터
지금껏 수천 번은 말했거든. 근데 당신은 여전히 안 지키고 있어.

(그러면서 손가락으로 여기저기를 가리킨다) 양복은 옷걸이에 걸어서 옷장에 넣
고, 와이셔츠와 양말은 빨래통에, 양말은 둘둘 말지 말고. 그리고 현관의 구
두는 똑바로 맞춰 놓고.

남편: 야야, 피곤해 죽겠는데 그만 해라.

아내: 피곤해도 할 일은 하는 게 어른 아닌가? 아이들 보기 전에 빨리 처
리하도록 해요.

남편: 좀, 냅둬라, 냅둬.

아내: 어서 가서 손부터 씻지. 온 집안에 세균을 퍼뜨릴 셈이야? 그러고

나서, 저 옷들 깨끗이 정리하고, 알았지?

남편: (아내를 빤히 올려다보며) 어이, 아내.

아내: 왜?

남편: 내가 니 아들이냐?

아내: 아들이나 다름없지. 뭘 할 줄 아는 게 있어야지. 하나에서 열까지 내 손 타게 하잖아. 민석(아들)이랑 똑같다니까.

남편: (콧방귀를 끼며) 흥, 어이가 없고만. 그건 그렇고. 너, 이렇게 사는 거 피곤하지 않냐? 너, 청소하는 거 보면 완전히 결벽증이야, 결벽증. 거기다 말하는 건 완전 도덕 선생님, 사감선생님이고. 옛날 소설에 나오는 그 뭐냐…… 맞다, 『B사감과 러브레터』! 거기 나오는 B사감, 넌 완전히 그 사감선생이라니까. 깐깐하고 꼬치꼬치 따지면서 학생들 괴롭히는 사감선생 말야. 크하하하.

아내: 인정해, 어릴 때 내 별명이 도덕 선생님이었으니까. 근데 내가 왜 그러는 줄 알아. 당신이나 사람들을 보면 조금만 더 잘하면 완벽할 수 있는데 그러질 못하거든. 내 눈에 그게 다 보인단 말이야. 그러니 내가 한 마디 안 할 수 있겠어? 근데 그걸 말해주면 사람들은 꼬치꼬치 따진다고 그러더라. 그리고 집안 청결은 가족 건강을 위해서 무엇보다도 중요한 거라고!

장면 4

밤 11시. 아내에게서 걸려온 전화. 남편은 회식 중이다.

아내: 안 들어와? 지금이 몇 시야?

남편: 11시밖에 안 됐구만.

아내: 당신, 오늘은 일찍 들어오기로 한 약속 잊었어?

남편: 어이, 약속은 깨라고 있는 거잖아? 언제 들어갈지 모르니까 기다리

지 말고 먼저 자.

아내: 호오 그래? 지금 당장 들어오지 않으면 문 잠그고 비밀번호 바꿀거니까 그렇게 알아.

남편: 그래라. 온 천지가 내 집인데 뭐가 걱정이냐.

아내는 기가 막혀 얼굴이 파래지고 말을 잃는다.

아내: 아무 소리 말고 빨리 들어와. 끊어!

아내는 일방적으로 통화를 끊고 남편은 전화기를 본다.

남편: 어쭈, 이 여편네가 남편을 호구로 아는구만. 오늘 내가 들어가나 봐라. (회사 동료들을 향해 큰소리로) 오늘은 끝장 보는거다. 모두 원샷!

장면 5

며칠 후, 밤 11시. 이번엔 아내가 회식중이다. 남편이 전화를 건다.

남편: 어이, 빨리 안 들어와. 지금 제정신이야.

아내: 11시밖에 안 됐네. 기다리지 말고 그냥 자.

남편: 이 여편네가 미쳤나? 당장 들어오지 못해!

아내: 오늘 늦게 들어갈 거야.

남편: 일찍 귀가하자고 말한 거 너 아니야? 니가 먼저 한 약속을 안 지키겠다, 이거지?

아내: 그동안 난 항상 약속을 잘 지켰잖아. 그러니까 이번엔 늦어도 돼.

남편: 이 여자가 완전히 풀어졌구만.

아내: 당신은 항상 약속 안 지키니까 일찍 들어와야 하지만, 난 그동안 지켰으니까 오늘은 늦게 들어갈 거야. 그럼 잘 자.

뚜뚜뚜, 통화가 끊긴다. 남편은 한참 동안 전화기를 바라본다.

남편: 나 참, 이 여편네가 가지가지 하네……. 그래그래, 너도 이럴 때가

있어야지. 언제까지 도덕 선생으로 피곤하게 살라는 법 있어? 약속은 깨라고 있는 거니. 오늘 실컷 놀고 들어오라구. 우리 도덕 선생님이 이제야 인간같 이 보이는구만. 하하하.

●→ 이종의 소장의 부부 상담실

하하~ 이 댁은 팽팽하게 조여진 바이올린줄과 같은 긴장감이 있네요. 연 주를 하려고 현에다 손가락을 대는 순간 땅~ 하고 끊어질 것 같은.

'동물적인 매력'을 지닌 8유형의 야생성이 로드맵을 확실히 갖고 있는 도 덕 선생님의 기준에 들기는 참으로 어려울 것입니다.

헌데 이 두 타입은 모두 주도성과 의지력이 있는 공격적인 사람들이어서 "내 로드맵은 내 거니까 내 맘대로 만들면 돼."라고 주장하는 8유형 남편과 "인간은 격이 있어야 해. 그러므로 인간이 지켜야 할 객관적이고도 도덕적인 로드맵이 필요한거야."라고 외치는 1유형의 아내와의 상충은 곧잘 힘겨루기 로 드러나는 것입니다.

뱃심의 크기가 비슷하고 주장이 강하기에 한쪽의 양보가 없이는 부딪힐 수밖에 없습니다. 아내가 보는 남편은 질서도 없고 예의도 없고 막무가내이 기에 손댈 곳이 많습니다. 1유형에게는 한 사람 한 사람에 관한 파일이 들어 있습니다. 그 파일에 그 사람에 대한 장단점, 일거수일투족이 빼곡이 기록되 어 있습니다. 그리고 가끔씩 파일을 들추어내서 체크하기 시작합니다. 이일 은 옳게 했고, 이 일은 잘못했고, 이 일은 시정을 해야겠고 등으로. 잘못한 목 록에 대해서는 야단을 쳐야 하고 시정할 부분은 개선을 위해 지적을 해야 하 고, 그러다 보니 자연 잔소리가 많아질 수밖에 없습니다. 잘한 것은 당연한 것이기에 칭찬에는 인색합니다.

이처럼 '옳다, 그르다'의 시비로 사람과 상황을 판단하기에 상당히 경직

되어 있습니다. 그리고 뜯어 고쳐야겠다는 강한 신념에서 잔소리와 독선이 드러나게 됩니다. 하지만 1유형이 집착하는 완벽함이란 인간에게는 불가능한 신적인 경지의 가치이므로 1유형은 자신이 완벽할 수 없음에 본인에게도 늘 화가 나고 낭패감을 느낍니다. 실상 이들은 남보다 자신에게 더욱 비판적이고 자신을 못마땅하게 여깁니다. 그러기에 분노를 늘 내재하고 있으면서 교육자적 태도를 갖추어야 한다는 표면의식의 괴리가 이중적 태도인 반동형성으로 드러나게 됩니다.

1유형인 아내분에게 말씀드리겠습니다.

당신의 지적과 요구는 당신 생각처럼 인간이 지켜야 할 행동 중에 기본입니다. 하지만 어느 날은 풀어주는 날도 있어야 합니다. 인간은 기계가 아니기에 평소에 잘하던 일도 여러 이유에서, 컨디션의 저하나 피곤함 등에서 절도가 없어질 때가 있습니다. 당장의 하나하나를 지적하고 고치려고 하다가 더 큰 것을 잃어버릴 수도 있어요.

특히 8유형 남편분은 자잘한 일은 그냥 묵살이 되는 사람이잖아요. 너무 자잘한 잔소리는 이들의 무절제한 공격성을 부추기든지 아니면 좁쌀영감으로 퇴행시킬 수도 있어요. 또 거시적 안목과 큰 덩치로 사물을 관망하는 이들에게 너무 자잘한 요구는 이들의 마음을 움직이기 어렵습니다.

8유형 남편분은 아내의 요구나 지침이 잘못된 것이 아닌 것을 아시지요? 그러니 상대를 존중하는 마음으로 아내의 요구에 관심을 가져주시길 바랍니다. 쩨쩨하다, 낯간지럽다로 묵살하지 마세요. 기초공사가 튼튼해야 큰 건물을 세울 수 있듯이, 기본이 되어 있어야 그 위에 큰 가치를 세울 수가 있는 것입니다. 그러니 기본에 충실하고 그 기반에서 도덕적 가치를 이루려 수고하는 아내를 충분히 감싸주셔야 합니다.

"우리 도덕 선생님이 이제야 인간같이 보이는구만. 하하하." 하시는 당신의 큰마음이 바로 태평양 바다 같나이다.

● → 상담 후기

이종의 소장님.

지난번 상담을 받고 에니어그램 정규과정에서 공부를 한 후 지금은 정말 많이 달라졌어요.

같은 장(腸)의 힘을 쓰는 저희 두 사람의 트러블은 결국 상대를 통제하고 내 뜻대로 하고자 하는 지배욕에서 비롯되었다는 것을 알게 되었습니다.

상대가 내 뜻대로 통제되지 않았을 때 올라오는 화를 남편은 즉시즉시 폭발을 하고, 저는 터트리는 것은 미숙한 태도라 여겨 논리적으로 조근조근 지적하며 못마땅해 하는 것으로 나타냈다는 것을요.

그러한 싫은 마음이 몸에 독소를 만들어내고 그 독소가 다 처리되지 않고 몸에 쌓여 말투가 바뀌고 인상이 사납게 변하게 된다는 것을요. 그래서 험한 소리 하지 않고 이치에 맞는 바른 말과 행동을 하는데도 상대를 불쾌하게 짜증나게 만든다는 것을 알게 되었어요.

일상에서 내 안에 늘 잠재되어 있는 분노가 어떤 것인지 왜 그러한지를 공부를 통하여 알게 되니 그 분노에 끌려다니지 않고 바라볼 수 있게 되었답니다.

거친 말과 욕설을 통해 확~ 내지르는 남편은 자기 말대로 뒤끝이 없는데, 오히려 교양 있다고 생각한 내가 사람들을 더욱 불편하게 한다는 것을 알게 되었답니다.

이제 우리 부부는 언성이 높아지려하면 서로 사인을 합니다. 남편은 제게 선생님 하고 저는 대장님 합니다. 그리고 하하~ 웃지요. 정말 서로를 알고 나니까 싸울 일이 많이 줄어드네요. 물론 성격을 알았다고 싸울 일이 전혀 없는 것은 아니지요. 하지만 상대의 주장과 판단이 왜 저런지 이해할 수 있어서 예전보다 불필요한 에너지를 덜 쓰게 된답니다.

소장님이 말씀하신 것처럼 늘 남편 성격의 강점을 이야기하고 인정해주니까 정말 남편의 너그러운 큰 마음이 자꾸 드러나네요.

요즘 다시 신혼의 기분으로 돌아가 행복한 나날을 보내고 있답니다.

감사드립니다.

아이가 언제까지 기다려줄 거 같아요?

9유형 아내-3유형 남편

참을성 많은 사람의 분노를 조심해라.

－마오쩌둥

"조금만 기다려 봐요…… 현수 아빠……."

화를 내는 남편을 현수 엄마가 찬찬히 달래고 있다. 요즘 큰아들 현수의 성적이 눈에 띄게 떨어져 남편이 화를 내고 있는 것이다. 평생 '전진 앞으로' 달려왔던 성격 급하고 화끈한 남편에게 지금 현수의 일은 이해가 안 되는 일이다. 목표도 없고 노력도 않고 불만 가득한 얼굴로 다니며 옷에만 신경 쓰는 장남을 남편은 도저히 이해할 수 없다.

"내가 너만 한 때는 펄펄 날아다녔다, 이 녀석아. 도대체 사내 녀석이 꼴이 뭐냐!"

현수 아빠는 입에서 나오는 대로 현수에게 퍼부었고 참지 못한 현수가 벌떡 일어나 자기 방으로 들어가버렸다.

"아니 저 녀석이, 아비가 말하고 있는데 자릴 차고 나가?"

남편이 당장이라도 문을 부술 듯이 현수 방으로 달려가자 현수 엄마가 겨우 말렸다. 남편은 씩씩거리며 화를 냈다.

"기다리긴 뭘 기다려. 이 성적으로 대학은커녕 고등학교도 못 가. 지금이 얼마나 중요한 때인지 당신은 몰라?"

"에그, 사춘기잖아요, 사춘기. 다 때가 되면 애들이 저 알아서 해요. 그러니 기다려봐요."

현수에 대한 현수 엄마의 생각은 남편과 완전히 달랐다. 지금 현수의 일은 급한 일도 심각한 일도 아니다. 사춘기면 누구나 저러는 거고, 시간이 지나면 저절로 해결되는 것들인데 부모가 화를 낸다고 될 일이 아니다. 어디 사춘기만 그런가. 모든 인생이 그저 순리대로 자연스럽게 흘러가는 것이다. 그러다 보면 저절로 될 일은 되고 안 될 일은 안 되는 것이다. 그게 바로 자연의 섭리에 따르는 인생살이가 아닌가. 현수 엄마의 생각은 그랬다. 그런데 남편이 자기 성격대로 제 분에 못 이겨 아들을 쪼아대더니 일이 터지고 만 것이다. 자기도 겪어봤으면 잘 알 텐데, 도대체 왜 저러는지, 쯧쯧. 현수 엄마의 눈에 그런 남편이 조급증 내는 아이처럼 보였다.

이젠 현수 아빠의 성화가 현수 엄마에게 옮겨졌다.

"당신은 도대체 뭘 한 거야. 집에서 애들 교육을 어떻게 시킨 거야. 당신이 안 쪼고 느긋하게 애들을 내버려두니까 저 모양이 아니야. 될 대로 되라는 식으로 애들을 놔두면 애들이 뭐가 되겠어!"

"왜 나한테 그래요. 애들은 저절로 잘 자라게 되어 있어요."

"부모가 이끌어주지 않는데 어떻게 저절로 잘해!"

"내버려두세요. 저 먹고 살건 다 갖고 태어나니."

"이렇게 느려터지니 발전이 없지. 그 밑에서 애가 뭘 배우겠어."

"현수 아빠. 열심히 일해서 돈 벌어다 주는 건 고마워요. 하지만 당신이 아빠 노릇 제대로 한 적 있어요?"

“내가 뭘 한 게 없는데? 내가 돈을 안 갔다 줬어? 학원을 안 보냈어? 과외 선생을 안 붙여줬어? 방학마다 어학캠프를 안 보냈어? 나 때는 그런 거 하나 없이 공부만 잘했다고!”

“여보, 그거 말고요. 현수가 지금 몇 학년 몇 반인 줄 아세요? 담임선생님 성함은? 남자인지 여자인지는 알아요? 그리고 현수가 친한 친구가 누군지 알아요? 또 저 애가 뭐가 고민인지 알기나 해요? 관심사가 뭔지는 알고요? 그런 얘기를 애하고 한 번이라도 해본 적이나 있어요?”

현수 아빠는 속으로 뜨끔했다. 하지만 아내에게 속내를 들키지 않으려고 표정을 일부러 험악하게 지었다. 현수 엄마가 계속 말을 이어나갔다.

“현수 아빠, 애들 크는 거 금방이에요. 다 큰 애들한테 풍선 사주고, 사탕 사줄 거예요? 때 놓치면 다시는 못해요, 아빠 노릇.”

“누가 안하고 싶어서 안 해! 바쁜데 어떡하냐. 한푼이라도 더 벌어야 우리네 식구 먹고 살 거 아냐.”

“지금 우리 집이 남에게 손 내밀만큼 힘들지 않잖아요. 집도 이만하면 괜찮고요. 그건 다 당신 공이예요. 하지만 지금 청소년기인 아이에게 필요한 건 돈이 아니라 당신의 관심이에요.”

“어떻게 여기에 만족하고 살아? 돈을 벌어야, 집도 늘려 나가고 애들 교육도 시키고 가족끼리 해외여행도 마음 놓고 다닐 거 아냐.”

“나나 아이들이 바라는 건 정말로 그런 게 아니에요. 해외여행이 아니라 당신하고 동네 한 바퀴 산책하는 거에요.”

“그건 언제든지 할 수 있잖아. 돈은 벌수 있을 때 벌어야지. 요즘은 마흔만 넘어도 정년인 거 몰라? 세상에 널리고 널린 게 조기퇴직자들이라고. 내가 그거 안 당하고 살아남으려고 노력하는 거 당신 눈엔 안보여? 나, 새벽 5시에 일어나 학원 다니고 있잖아. 내가 이러는 게 누구 때문인데? 당신하고 애들 때문에 그러는 거잖아!"

현수 아빠는 현수 엄마의 한 마디 한 마디에 조금도 물러서지 않고 맞섰다. 그런 남편을 달래던 아내는 고개를 돌려 아파트 창문 너머의 하늘을 보고 있다. 그러고는 혼자서 중얼거린다.

"아이가 언제까지 기다려줄 거 같아요? 당신은 정말 중요한 걸 놓치고 살고 있어요. 그런 당신이 정말 불쌍하네요."

●→ 이종의 소장의 부부 상담실

이 사례를 접하니 몇 년 전 SBS TV 창사특집극 〈홍소장의 가을〉이란 드라마가 생각나네요.

드라마 이야기를 잠깐 하자면,

홍소장(최불암 역)은 시골의 가난한 집의 장남입니다. 대대로 가난하게 살고 있는 이 집에서 아버지는 큰아들에게 이야기합니다. "우리집이 이 가난에서 벗어나기 위해서 어느 한 놈이라도 출세를 해야 하지 않겠냐? 그렇담 가장 될 성부른 둘째를 우리 모두 합심하여 공부를 시키자." 아버지의 뜻에 따라 맏형인 홍소장은 고등학교를 졸업한 후 경찰이 되어 동생을 공부시키고 시골의 파출소장으로 자리를 지키고 있습니다.

기대대로 둘째아들(임채무 역)은 일류대학에 입학을 하고 졸업 후 대기업에 취직을 하여 누구보다도 탁월한 유능함으로 승승장구하여 사장까지 고속승진을 합니다. 헌데 그의 능력을 인정하고 전 직원의 안녕을 위하여 친자식을 뒤로 하고 유능한 인재인 그를 사장으로 앉힌 회장님이 돌아가시자 그 자리를 물려받은 회장의 친아들은 첫 업무로 홍소장의 동생을 해직시킵니다.

졸지에 실업자가 된 둘째는 가정으로 돌아왔지만 이미 온 가족들은 자신에게서 등을 돌린 상태입니다. 일찍이 유학을 보낸 자녀들은 아버지와 전화

통화도 한 통 없고 부인(김정수 역)은 남편과 눈도 마주치지 않은 채 친구들을 만나러 밖으로 나갑니다. 허망한 눈빛으로 둘러보는 거실의 가구는 고급스럽게 번쩍번쩍합니다. 망연히 서서 눈이 풀린 채 스스로에게 던지는 독백.

"나는 내가 괜찮은 사람이라서 모든 사람이 나를 따르고 받들어주고 좋아하는 줄 알았어. 그런데 이제 와 돌아보니 그건 내가 아니라 내 의자였었구나!"

생각이 여기에 미치자 그는 삶의 끈을 놓은 채 한강으로 가서 투신자살을 합니다. 그간의 보답으로 동생이 마련한 여행길에 올랐던 홍소장은 비보를 듣고 황급히 한강으로 달려옵니다. 거적을 들춰 동생임을 확인한 홍소장은 온몸으로 오열을 합니다. "내 눈에 넣어도 아프지 않을 내 동생이 이렇게 괴로워하고 있었는데 나는 그것도 모르고 아내와 여행을 떠났다니……"

3유형이 일중독에 걸려 일로 매진할 때 남들보다 빠르고 확실한 성과를 위하여 자신과 가족을 희생시키는 좋은 사례라 할 수 있습니다. 많은 3유형이 홍소장의 동생처럼 "나는 가족을 위해서 이렇게 애쓰는 거잖아. 어떻게 놀 것 다 놀고 가족의 요구 다 들어주고 언제 출세를 해. 출세는 나만 위해 하는 거야? 다 가족, 가문을 위하는 일이잖아!"라고 생각합니다.

하지만 이러한 강박은 자신과 주변의 삶을 파괴하고 모든 관계를 망쳐놓을 수 있습니다. 3유형은 관계 중심의 사람들이어서 이러면서도 속으로는 끊임없이 관계를 염려합니다. 그래서 자신에게 속삭입니다. '이건 다 너희를 위하는 일이야. 이 목표가 달성되면 그때 원하는 것 다 들어줄게.'

그리고 3유형은 모든 사람들이 눈에 보이는 결과, 성과에만 가치를 두고 있지 않다는 것을 알아야 합니다. 자신의 인생이나 행복에는 관심이 없고 오로지 최고가에 팔릴 만한 상품적 가치로 지향을 하다보면 삶의 진정한 가치를 외면하게 됩니다. 자신이나 주변 사람들의 삶을 황폐하게 만들 수 있습니다. 목표를 향해 치닫는 속도를 늦추고 주변을 둘러보면서 그때 그때 필요한 몫을 적절히 실천해야 합니다. 비록 성과가 금방 드러나지 않더라도 무형의 가치의 중요성과 목표 달성이 지연되더라도 더 큰 것을 놓치지 않기 위해서는 3유형들이 시각을 넓혀 균형을 잡아야 할 부분입니다.

사후약방문의 우를 범하지 않아야 하기 때문입니다.

무엇을 위해 출세해야 하고 성공해야 합니까?

그리고 3유형을 포함해 일중독에 빠진 모든 부모들에게 이 시를 선물합니다.

엄마, 아빠가 같이 읽는 시

지난날 우리에게 아이가 탄생했어요.

평범한 출생이었죠.

이 일 저 일 바빴고, 치러야 할 고지서도 많았기에

내 아이는 내가 없는 사이에 걸음마를 배웠고,

나도 모르는 사이 말을 배워

　　나는 아버지같이 되겠어요, 아버지

　　꼭 아버지를 닮을 거예요.

　　언제 오세요, 아버지

　　글쎄다. 하지만 함께 보게 될 때는 즐거운 시간을 갖게 되겠지.

내 아들이 지난달 10살이 되었군요.

공 사주셔서 참 고마워요. 아버지 함께 놀아요.

공 던지기 좀 가르쳐 주세요.

오늘은 안 되겠다. 할 일이 많다.

아들이 괜찮아요 하며 밝은 웃음을 머금은 채 나갔다.

나는 아버지같이 될 거예요. 아시죠.

나는 아버지같이 될 거예요.

언제 오세요, 아버지

글쎄다. 하지만 그때는 즐거운 시간을 갖자꾸나.

내 아들이 며칠 전 대학에서 돌아왔더군요.

사내답게 컸길래 나는 말했지요.

내 아들아 네가 정말 자랑스럽구나. 잠시 함께 앉아 있으려무나.

아들은 고개를 저으며 미소로 말하길

차 열쇠 좀 빌릴 수 있을까요. 이따 봬요.

언제 돌아오니, 아들아

글쎄요. 하지만 그때 함께 좋은 시간을 갖도록 하죠.

나는 은퇴한 지 오래이고, 아들은 이사를 나갔죠.

지난달 아들에게 전화를 해서

괜찮다면 한 번 볼 수 있겠니.

그러고 싶어요 아버지, 시간만 낼 수 있다면

새 직장 때문에 바쁘고 애들은 감기에 걸렸어요.

얘기하게 되어 반가워요, 아버지

전화를 끊고 나자 선뜻 깨닫게 된 것은,

　　내 아들이 나랑 똑같이 컸다는 것.

　　내 아들이 꼭 나와 같다는 것.

　　언제 집에 오니, 아들아

　　글쎄요. 하지만 그때는 즐거운 시간을 갖도록 하죠. 아버지

- 작자 미상

벼랑 끝에 선 사람들

−이종의 소장의 부부 상담실 2 (위기의 부부 이야기)

작은 방

나는 오직 내 자신을 연구하고 고찰할 수 있을 뿐이며, 설령 내가 내 밖의 어떤 것을 연구한다 하더라도 그것은 단지 그것을 내게 적용시키기 위한 것에 지나지 않는다.
- 몽테뉴

현관 문 앞에 빈 짜장면 그릇이 있다.

퇴근하는 종원은 빈 그릇을 보고 짧게 한숨을 쉬었다. 오늘도 배달시켜 먹은 모양이구나. 종원은 초인종을 누르지 않고 현관문 잠금장치에 비밀번호를 입력했다. 초인종을 눌러봐야 그를 반갑게 맞을 사람이 없었다. 삑삑. 비밀번호는 결혼기념일 숫자다. 집안에 들어서자 퀴퀴한 냄새가 코를 찔렀다. 청소도 안 했구나. 종원은 아무 말 없이 작은방을 지나 안방으로 들어갔다. 안방에서 나온 종원은 다시 작은방을 지나 화장실로 갔다. 씻고 나온 종원은 거실에 앉아 텔레비전을 켰다. 혼자서 웃고 떠드는 텔레비전을 무심히 보다가 작은방을 바라보았다. 굳게 잠긴 문. 희미한 소리가 들려왔다. 거기에는 종원의 아내가 있었다.

선미는 작은방에서 혼자 먹고 잔다.

그 안에서 그녀는 하루 종일 온라인 게임만 한다. 일 년 전 알게 된 게임에 푹 빠져 선미는 시간이 어떻게 가는 줄 모른다. 아침인지 밤인지도 구분이 안 되고 하루가 어떻게 가는지 계절이 어떻게 지나는 줄도 모른다. 밥 해먹는 게 귀찮아서 음식을 배달시켜먹는다. 전화는 함께 게임을 하는 사람들과 통화하는 데만 쓴다. 남편이 연락하면 간단하게 문자만 보내고, 친정 식구들이나 친구의 전화에도 잘 있다는 간단한 문자만 보낸다. 텔레비전을 본 지도 신문을 본 지도 사람을 만난 지도 얼마나 지났는지 모른다. 하지만 걱정이 안 된다. 컴퓨터 한 대면 뭐든 해결되기에 그녀는 걱정이 없다. 선미는 작은방에서 나오지 않고 있다.

종원은 싱크대를 보고 화들짝 놀랐다. 싱크대에는 말라비틀어진 음식찌꺼기가 덕지덕지 붙은 설거지 더미가 산처럼 수북하게 쌓여 있었다. 그릇 안에는 곰팡이가 피어 있었고 바퀴벌레가 우글거렸다. 저절로 인상이 찌푸려진다. 가슴속 깊은 곳에서 불덩이가 치밀어 오른다. 작은방의 저 문을 당장을 부서뜨리고 싶다. 종원은 불덩이를 지그시 누르고 작은방을 노크했다. 대답이 없었다. 다시 노크를 하자, 선미가 작은 소리로 대답을 했다.

얘기 좀 하자, 선미야. 문 좀 열어봐.

나 바빠.

게임하는 거 다 알고 있어.

잠깐 얘기 좀 해.

바쁘다니까 왜 그래.

잠깐이면 돼. 문 좀 열어 봐.

선미가 문을 열었다. 수척해진 얼굴에 부스스한 머리, 언제 갈아입은 지 알 수 없는 트레이닝복을 걸친 선미. 얼마 만에 보는 아내의 얼굴인가. 종원은 기쁨과 분노를 동시에 느꼈다. 그때 역한 냄새가 종원의 코를 훅 찔렀다.

어디선가 맡아 온 냄새인데⋯⋯ 바로 서울역에서 본 노숙자의 냄새였다. 그 냄새가 우리집의 작은방에서 난다. 선미의 몸에서 노숙자의 냄새가 나고 있다.

아내가 왜 이렇게 변했을까. 3년 전만 해도 선미는 이십대의 건강한 여자였다. 친구의 소개로 만난 두 사람은 곧바로 연애를 시작했다. 둘은 처음 맛보는 행복한 시간을 보냈다. 종원은 간혹 선미의 얼굴에서 떠오르는 어두움을 보았다. 장사를 했던 아버지가 아들을 사랑하고 자신을 심하게 홀대했다는, 선미의 어린 시절 이야기를 듣고 나서 그 이유를 알게 된 종원은 마음이 아팠다. 종원 역시 엄하고 다혈질인 군인 아버지 아래서 힘든 유년시절을 보냈었다. 종원은 선미가 상처받은 자신처럼 느껴졌고 자신의 아픔과 함께 그녀의 아픔도 따뜻하게 안아주고 싶어졌다. 종원은 아픈 두 마음을 보듬고 선미와 결혼생활을 시작했다.

신혼살림은 서울에 차렸다.
두 사람은 지방에서 나고 자랐지만 종원이 서울에서 대학을 나와 직장을 다녔기에 신혼살림을 서울에 차렸다. 종원은 서울에 친척도 있고 대학 친구들도 있었다. 하지만 선미는 친척도 친구도 한 명도 없었다. 그게 마음에 걸린 종원은 선미가 외로움을 느끼지 않게 여러 가지로 신경을 써주었다. 본집보다 처갓집에 더 자주 내려갔고, 대학 친구 부부를 집으로 자주 초대를 했다. 친구의 아내와 선미가 친해지기를 바라며 친구 부부와 여행도 자주 다녔다. 자상한 남편이 세심하게 신경을 썼지만 선미는 문득문득 드는 외로움을 어쩔 수 없었다. 남편이 출근한 사이 홀로 남은 집에서 울기도 하고 퇴근한 남편 앞에서도 울기도 했다.

종원은 그런 아내가 걱정되었다. 무슨 수가 없을까, 한참 고민하다 떠오른 것이 아이였다. 두 사람은 아이가 생기면 외로움이 덜 해지지 않을까 싶어 아이를 가져보기로 했다.

얼마 후 선미는 임신을 했다. 두 사람은 뛸듯이 기뻤다. 친지들과 친구들이 축하를 전했다. 하지만 기쁨은 잠시였다. 아내의 몸이 좋지 않아 그만 유산을 하고 말았다. 유산 이후 아내의 외로움은 점점 더 심해졌다.

그때 알게 된 것이 바로 온라인 게임이었다. 우울해 있던 아내가 게임으로 생기를 되찾자 종원도 힘이 났다. 함께 게임을 하겠다며 컴퓨터도 한 대 더 샀다. 하지만 그게 화근이었을까. 한동안 두 사람은 잘 지냈지만 선미는 점점 변해갔다. 집안일에 도통 신경을 쓰지 않았다. 종원에게 말도 잘 하지 않았다. 위기감이 든 종원은 선미를 달래보았지만 듣지 않았고 생전 하지 않던 부부싸움까지 하게 되었다. 얼마 전, 두 사람은 결혼 이후 가장 크게 싸웠다. 고성이 오가고 물건들이 날아다녔다. 그 이후, 선미는 작은방에 들어가 문을 잠갔다. 그리고 남편과 아내는 별거를 시작했다.

종원은 본집과 처갓집에는 선미의 상황을 알리지 않았다. 자신과 선미를 힘들게 했던 어른들에게 도움을 청하고 싶지는 않았다. 대신 종원은 자신이 해볼 수 있는 일은 다 해보았다. 상황은 조금도 나아지지 않았다. 요즘 종원은 힘의 한계를 느꼈다. 이혼도 생각해봤지만 선미를 내칠 수는 없었다. 한때 내 몸같이 사랑한 여자였으니까. 다른 방법이 없을까.

작은방의 문 앞에서 종원이 아내를 바라보며 아무 말도 못하고 멍하니 서 있다. 선미는 기다리지 않고 문을 닫고 다시 방으로 들어갔다. 종원은 주저앉아 울고 싶어졌다.

사람을 만난다는 것, 특히 배우자를 만난다는 것은 아주 신중하고 조심스런 일입니다. 잠깐의 만남이 아니라 만난 후 죽을 때까지 함께 할 동반자이기 때문이지요. 더군다나 새 생명의 잉태를 전제한 것이기에 더욱 더 신중하고 책임 있는 판단이어야 하는 것입니다. 물건을 하나 살 때도 이리 저리 돌려보고 집었다 놓았다를 반복해가며 고르는데 평생을 함께 할 반려자를 선택하는 데에 이런저런 모든 것을 참고하고 검토하는 것은 매우 당연한 처사입니다.

종원 씨와 선미 씨는 얼마나 서로를 제대로 알아본 후 선택을 했을까요?

친구의 소개로 만났고, 얼굴의 수심이 가득하고, 아버지에게 홀대당했다는 그녀의 고백이 나의 처지와 비슷해서 따뜻하게 안아주고 싶었다는 종원 씨의 사유는 다분히 감정적입니다.

사람은 자신의 욕구대로 사람을 찾기에 배우자는 자기의 수준만큼 만납니다. 나에게 부족한 부분을 채워줄 사람에게 관심을 두기에 자신의 콤플렉스를 벗어나지 못한 채 판단을 하게 되는 것이지요. 그래서 결혼과 같은 중차대한 일을 결정하기 전에 자신의 콤플렉스가 어떤 것인지, 상대의 콤플렉스는 어떤 것이며 어디에서 비롯되었는지, 콤플렉스를 제공한 환경과 대상은 무엇인지 등을 꼼꼼히 점검을 해봐야 하는 것입니다. 그렇다고 해서 콤플렉스가 있는 사람은 사랑하지 말고, 결혼을 해서는 안 된다는 이야기는 아닙니다. 최소한 문제를 바로 보고 둘이 만나 하나가 되기 위한 준비를 철저히 하자는 말입니다.

결혼을 감행하기 전에 극복해야 할 콤플렉스가 있는 경우, 상담 등을 통해 자기 문제를 어느 정도 극복하고 새 출발을 하는 것도 좋은 방법입니다. 자칫하다가는 겪지 않아도 될 엄청난 고통을 겪을 수 있으니까요. 서로 다른 환경에서 20~30년을 살아온 사람들이 어느 날 가정을 이루어 함께 살다 보면 소소한 마찰은 당연히 일어날 텐데 최소한 기본 골격은 제대로 갖추고 시작을 해야 덜 시달리지 않겠습니까.

우리 사회는 여전히 가부장적이고 남아선호사상이 깊이 뿌리를 내리고 있어서 아직도 많은 여성들은 아버지에 대한 원망이 큽니다.

선미 씨는 딸이라고 홀대받고 함부로 취급을 당한 경우가 많기에 아버지에게서 얻지 못한 사랑을 얻고자 나를 측은히 여겨주는 상대, 즉 종원 씨에게 홀딱 반해 그를 이상화시켜가며 좋아했을 수 있습니다. 하지만 살아보면 종원 씨는 남편이지 절대로 아버지가 아닙니다. 내가 4~5살 때 받고 싶었던 아버지의 사랑을 남편인 종원 씨가 채워주기에는 애초에 불가능한 일입니다. 그러다 보니 환상이 깨지고 실망하게 되면서 '유아기 발달 시기별 애착 이론'에 나오는 중간대상*을 찾게 되었을 것입니다. 그것이 바로 컴퓨터 온라인 게임입니다.

선미 씨는 자아가 독립되지 못한 상태입니다. 그래서 아직 어린 아이처럼 어떤 것에 그저 기대어 묻혀가려고 하는 의존성에서 아직도 벗어나지 못한 상태입니다. 선미 씨의 마음은 이럴 것입니다.

'남편이 해주는 것이 아무것도 없어.' '나를 기쁘게 해주질 않아' '나는 내 의지로 아무것도 할 수가 없어'

이제 선미 씨는 온라인 게임에 완전히 의존하면서 현실을 도피하고 있습니다. 최소한 결혼을 한다는 것은 머리를 올리는 일로, 어른이 되었음을 공

---

* 유아기 무렵, 애착대상인 어머니 등을 대신할 수 있는 대상물. 예를 들면 인형, 장난감, 천 조각, 담요 등이다.

식적으로 선포하는 일입니다. 헌데 선미 씨는 아직도 아이의 상태로 마음속 안의 어린아이(내면의 아이)로부터 독립하지 못하고 잡혀 있는 것입니다. 어른이 되어 주도성을 갖고 세상을 살기에 불안하고, 고통도 받아들이기 겁나기에 여전히 아이로 남아 있으려는 미숙아의 상태인 것이지요.

그렇다면 종원 씨가 어떻게 해야 할까요?

그저 밖으로 드러나서 부인이 망신당할까봐 시댁이나 친정 식구들, 친구들로부터 숨기는 것만이 능사일까요? 언제까지 숨기는 게 가능할까요? 세월이 간다고 저절로 나아질까요? 그렇진 않을 것입니다. 선미 씨의 상태는 더욱 깊어져 작금의 젊은이들 사이에서 많이 드러나는 '은둔형 외톨이'가 될 것입니다. 자기 안에 꽁꽁 숨어 외부의 누구하고도 소통하지 않고 방문을 걸어 잠그고 식구들이 모두 나가고 집에 아무도 없을 때 가만히 기어 나와 곡기를 채우고 다시 숨어들어가는 은둔형 외톨이. 그리고 그 방안에 반드시 있는 물건이 바로 컴퓨터이겠지요.

세상을 산다는 것은 크고 작은 수고를 감내하는 일입니다. 사람을 만나 인사를 챙기고 관계를 맺고 유지하는 것도 수고요, 활동을 하면서 남들과 조율을 하는 것도 수고요, 생계를 유지하기 위해 돈을 버는 것도 대단한 수고입니다.

이러한 수고를 피하려는 은둔형 외톨이는 지독히 이기적이고 못된 사람들입니다. 이들이 더욱 치사한 것은 자기들은 수고는커녕 주변 사람들을 숨 막히게 하면서, 가족들이 수고하여 번 돈으로 마련한 터전과 음식으로 자신의 생활을 영위한다는 사실입니다.

이제, 종원 씨의 용단이 필요합니다.

이런 경우는 어르고 달래는 것으로는 변화가 일어나지 않습니다. 적극적으로 친정아버지, 오빠들을 설득하여 그들의 협조를 구하든지, 아니면 단호하게 선미 씨에게 선언을 하고 집 밖으로 내쳐야 합니다.

"나는 당신 아버지가 아니야. 당신은 5살 소녀가 아니야. 더 이상 당신의 응석을 받아줄 수가 없어. 당장 나가! 내가 힘들게 번 돈으로 마련한 집과 컴퓨터와 음식 이젠 더 제공할 수 없어. 서른 살 어른이 되든지 아니면 길에 나가 노숙자가 되든지. 더 이상 이렇게는 안 돼! 우리 같이 죽을 수는 없잖아. 내가 살아야 당신이 제자리로 돌아왔을 때 맞아줄 수가 있지!"

심각할 경우에는 재활센터로 보내야 하지만, 지금 선미 씨의 경우는 남편이 충분히 도와줄 수 있을 것 같습니다.

우선 밖으로 끌고 나와서 태양을 쬐면서 함께 걸으세요. 땀을 뺀 다음, 달고 맛있는 것을 먹이고, 재밌고 유쾌한 곳을 함께 다니고, 명랑한 친구와 만나게 하세요. 이러한 처신 상담은 에너지가 퇴행될 때 빠른 시간에 에너지를 거꾸로 돌게 해주는 즉각적인 방법입니다. 이렇게 정신을 못 차리고 만성적으로 의지를 놓고 있을 때는 원색적인 방법으로 접근을 해야 합니다. 정서적으로 위로해주고 감싸주고 하다가는 오히려 그 상황을 즐기며 더욱 상태를 지연시킬 수도 있어요. 물론 애정을 바탕으로 상대를 구제하려는 연민의 마음이 최고의 무기입니다.

종원 씨! 더 늦기 전에 아내가 빠져 나올 수 없는 늪으로 빨려들기 전에 어서 행동을 감행하세요. 어서요!

빈 집

가난의 고통을 없애는 방법은 두 가지이다. 하나는 자기의 재산을 늘리는 것이고,
또 하나는 자신의 욕망을 줄이는 것이다. 전자는 우리의 힘으로 해결하기엔 한계
가 있지만, 후자는 언제나 우리의 마음가짐만으로도 가능하다.
－톨스토이

태준과 경미의 집은 비어 있었다.

얼마 전 경미가 남편 태준과 싸우고 집을 나가버린 것이다. 늦은 밤 경미
에게 걸려온 전화를 태준이 받은 게 화근이었다. 경미의 전화기 너머 들려오
는 낯선 남자의 목소리. "경미 핸드폰 아닌가요?"

태준은 외간 남자의 목소리를 듣는 순간, 피가 거꾸로 솟구쳤다. "너! 뭐
하는 놈인데 남의 마누라한테 전화질이야!" 목소리가 어찌나 컸던지 화장실
에 있던 경미가 놀라서 달려 나올 정도였다. 전화기를 낚아 챈 경미가 발신
자를 확인해 보니 보험 일을 하는 초등학교 남자 동창이었다. 보험 일 때문
이라고 남편에게 자초지종을 설명했지만 태준의 귀에는 들리지 않았다.

"우리 엄마 말이 맞았어. 어디서 굴러먹었는지 모르는 여자를 집에 들이
는 게 아니었어."

붉으락푸르락한 얼굴로 태준이 어디론가 전화를 걸었다.

"엄마. 나야. 글쎄 이 여자가 말이야……"

경미는 순간 어이가 없어졌다. 나이 서른여덟, 내일모레면 마흔이 되는 남자가 엄마에게 부부간의 일을 고자질하고 있는 것이다. 잠시 후, 집 근처에 사는 태준의 모친이 한 걸음에 달려왔다. "네가 감히 바람을 피워. 우리 집 귀한 아들한테 뭐 하는 짓이야!"

시어머니는 경미의 따귀라도 날릴 기세로 경미를 닦달해댔다. 그 사이 남편은 소파에 가서 벌러덩 누워버렸다. 엄마에게 아내를 맡기고는 텔레비전을 보며 웃기 시작했다.

남편의 저 지각없는 행동. 엄마 없이는 하루도 못 사는 마마보이. 아들을 그렇게 만들고 그걸 받아주는 시어머니. 그런 두 사람의 틈에서 경미는 아내로 며느리로 살았다.

경미의 눈에서 한 서린 눈물이 흘러내렸다.

"어머니, 저도 이렇게는 못 살겠네요."

"뭐라는 거니, 얘가?"

"잘난 아들과 둘이서 사시지, 저랑 왜 결혼시키셨어요?"

"얘가 못 하는 말이 없네." 시어머니와 남편의 눈에서 동시에 불이 켜졌다.

경미는 그 길로 집을 나가버렸다.

얼마 후 태준도 집을 나갔다.

밥해줄 사람도 없는 빈 집에서 혼자 있기가 뭣해서 그 역시 나온 것이다. 이럴 때는 엄마가 해준 밥 먹고 엄마랑 자는 게 최고지, 라며 태준은 본집으로 들어갔다. 이런 태준을 남들은 마마보이라고 부른다. 하지만 태준은 개의치 않았다. 마마보이가 뭐 어때서? 이 세상에서 엄마만큼 내 맘 잘 알아주그, 나한테 잘해주는 사람이 어디 있나? 그리고 자고로 어른들 말씀 잘 들으견 자다가도 떡이 나온다고 그랬어. 뭐니뭐니 해도 우리 엄마가 최고지. 마누라는 귀찮단 말이야.

태준은 경미를 떠올리자 괘씸한 마음이 들었다. 이 여자가 정말 바람을 피나?

평소 경미의 행동을 보면 의심이 되기는 했다. 경미는 애교를 잘 부리고 사람 만나기를 좋아해서 누구와도 금방 친해지는 면이 있다. 태준의 친구들에게도 경미는 잘했다. 그 모습이 태준의 눈에는 좋아 보이지 않았다. 살살 녹는 눈웃음과 애교로 나를 녹였듯이 다른 남자들에게 꼬리를 치는 거 아니야. 혹시 내 친구들에게도?

아내가 웃음을 파는 것 같아 태준은 속이 부글부글 끓었다. 그런 마음을 아내에게 슬쩍 내비쳐 본 적도 있었다.

"옷이 좀 야하네. 수수하게 입을 수 없을까?" 하지만 미용실에 다니는 아내는 "요즘 누가 수수하게 입고 손님 머리를 만져? 옷도 밝고 개성 있게 입어야 손님들이 좋아한다고."라며 대수롭지 않게 대답했다. 태준은 목구멍까지 치밀어 오르는 말을 간신히 참았다. '난 당신의 그 옷보다 당신의 웃음이 마음에 걸려. 어떤 놈하고 바람이라도 피는 거 아냐.'

태준의 말 못할 고민은 오랫동안 계속되었다. 얼마 전부터 태준은 회사 부하 직원들에게 사사건건 트집을 잡았다. 오랜만에 만난 친구들에게 뜬금없이 화를 내기도 했다. 사람들은 태준이 이상해졌다고 수군거렸다. 그런 태준이 그날 밤, 경미의 전화를 대신 받은 것이다. 참고 있던 속이 화산처럼 폭발해버렸다. 그리고 엄마에게 구원요청을 했다.

그날 이후, 두 사람은 집을 떠나 각자의 본집으로 들어갔다. 그래서 그 집에는 아무도 살지 않는다.

●→ 이종의 소장의 부부 상담실

　인간은 성장과정에서 엄마와 친밀한 일대일 관계, 아버지와의 오이디푸스적 삼각관계, 형제자매와 경쟁하는 시기 등을 경험합니다. 이 모든 과정이 일어나는 장소가 가정이기에 가정은 사랑과 증오를 배우고 세상을 배우는 곳이기도 하지요. 심리적으로 탄생하고 정체성이 확립되는 곳도 가정이고요.

　부모는 자식을 낳았다고 해서 그저 부모라 할 수 있는 것은 아닙니다. 자식이 잘못을 저지를 때 옳고 그름을 분명하게 일깨워주는 것이 부모의 역할입니다.

　많은 부모들이 그저 자녀를 존중해준다는 착각으로 자녀가 어떠한 언행을 하든지 들어주는 것이 민주적이고 교양 있는 부모의 태도인 양 오해하고 있습니다. 부모가 부모로서의 권위를 너무나 쉽게 저버리고 자식이 그릇된 짓을 해도 바르게 잡아주기는커녕 비위를 맞추면서 쩔쩔매고 있는 것이지요. 참된 부모의 책임은 자식을 반듯하게 키워 어엿한 사회인으로 발돋움하게 해야 하는데, 대등한 입장의 관계가 최상인 줄 알고 부모와 자식 간의 분명한 관계정립을 안 하고 있는 것입니다.

　자식이 결혼을 하여 살림을 내면 몸만 독립시키는 것이 아니라 마음도 독립을 시켜야 하는 게 부모의 역할입니다. 그런데 태준 씨의 모친은 아직도 아들에 대한 마음을 며느리에게 넘겨주지 않고 자신의 손아귀에 움켜쥐고 있습니다. 그것은 아들을 덩치만 커다란 아기로 남게 하는 것입니다.

　부모 중에는 간혹 태준 씨의 모친처럼 유난스런 부모가 있습니다. 이들의 유난스러움은 가정에 역기능을 초래합니다. 자식들은 무엇보다 이러한 역기능 가정으로부터 빨리 정신적 독립을 하는 일이 필요합니다.

헌데 태준 씨는 서른여덟 살이 되도록 엄마의 그늘에서 벗어나기는커녕 오히려 즐기는 모습입니다. 태준 씨는 아마도 어려서부터 순한 아이로 엄마와 마찰을 일으키지 않으려고, 어머니가 하라는 대로 잘 따르는 그런 아들이었을 것입니다. 엄마의 그늘에서 엄마의 말을 잘 들으면 사는 것이 편안하기에 굳이 거역하여 평지풍파를 일으킬 필요가 없었을 것입니다.

이러한 수동적 태도는 유아기 때의 분리불안에서 나옵니다. 버림받지 않으려 거대한 힘으로부터 거세당할까봐 순종적으로 그 권위에 복종했을 수 있습니다. 이들에게 정신적으로 독립하라는 것은 아직도 그들의 사랑을 받으려는 기대로부터 자유로워지라는 뜻입니다.

게다가 태준 씨는 수동적인 태도에다 의처증까지 있습니다. 이 또한 열등감에서 비롯된 일로 자신감이 부족하고 부인에게 남편으로서의 권위가 약한 데서 오는 피해망상적인 편집증적 태도입니다.

이 가정의 회복을 위해 우선되어야 할 것은 태준 씨의 엄마와의 관계에 객관적이고 이성적인 판단 분별이 필요합니다. 부모의 가학적, 냉소적 태도만이 폭력이 아닙니다. 자식을 정신적으로 독립시키지 않고 애욕으로 꽁꽁 묶어서 정신적 난장이로 만들어놓는 것도 엄청난 폭력이라는 것을 바로 인식해야 합니다.

그러한 후에 가장 좋은 치료방법은 어머니 앞에서 당당히 독립을 선언하는 것입니다.

"나는 엄마의 아기가 아니에요. 지금과 같은 엄마의 사랑은 6~7세까지로 충분했어요. 이제는 나에게 연결된 낚시줄을 끊어주세요. 나는 더 이상 엄마의 사랑이라는 미끼로 조종당할 수는 없어요."

하지만 아직 그렇게 할 만큼 자아가 강하지 못하거나 마음의 준비가 안 되어 있는 경우에는 편지 쓰기를 권해봅니다. 가해자인 엄마에게, 그 그늘에서 벗어나도록 도와주지 않은 아버지에게, 상처 입은 어린 시절의 자신에게, 배우자에게, 자식들에게 편지를 써보고 얼마 후에 다시 똑같은 순서로 편지를 써봅니다.

아무리 험하고 지저분한 말이라도 도덕심에 걸린다 해도 무시하고 그냥 써내려 갑니다. 절대 지우지 말고. 물론 그들에게 편지를 보낼 필요는 없습니다. 이렇게 여러 차례 되풀이하다 보면 어느새 마음속의 쓰레기들이 사라지면서 동시에 자기 열등에서 벗어날 수 있을 것입니다. 편지를 쓸 때는 감정을 절제하거나 미화시킬 필요가 없습니다. 도덕, 윤리의식으로 망설이지 말고 정직하고 용기 있게 쏟아내야 합니다. 이는 치유하고자 하는 행위이므로 꺼릴 필요가 전혀 없습니다. 그리고 기회가 된다면 정식으로 정신과나 상담치료를 받는 것도 권장합니다.

태준 씨는 자신 속에 있는 내면의 아이에게 사랑한다고 속삭여주세요. 그리고 경미 씨에게 사랑의 약속을 함으로써 사랑의 능력을 회복할 수 있습니다.

마마보이(또는 파파걸)적 의존성과 의처증(또는 의부증)은 떨어져서 보기에는 대수롭지 않게 보입니다. 그래서 잘 드러나지 않고 가정에서는 더욱 곪을 수 있습니다. 본인도 정신적 질환으로 여기지 않기에 적극적으로 대처하지 않는다는 데에 심각함이 있습니다. 스스로가 분명히 자각을 하여 적극적으로 벗어나려는 의지가 있을 때라야 가정의 화목을 회복할 수 있습니다. 만약 그렇지 않을 때는 갈라서는 것이 바람직한 선택입니다. 계속 깊어지면 오로지 한쪽만 크게 상처를 입을 수 있기 때문입니다.

짜장면과 미니스커트

인간을 고독으로부터 구출해주는 유일한 것은 신뢰할 수 있는 우정이다. 운명이 위대한 사람들을 고독으로 쫓아버릴 때에도 그의 곁에 한 사람만은 남아 있도록 해준다.

－피에르 보나르

택시 운전사 승제는 기사식당에서 점심으로 삼천 원짜리 짜장면을 먹었다. 단돈 삼천 원으로 점심을 해결할 수 있는 곳은 시내 어딜 뒤져봐도 이곳밖에는 없어서 승제는 이곳을 단골로 삼았다. 가격은 싼 대신에 메뉴는 자장과 우동 두 가지밖에 없어 승제는 어제는 자장, 오늘은 우동 이런 식으로 하루씩 메뉴를 바꿔가며 버티고 있었다. 이제 면이라면 신물이 난다, 한국 사람은 밥을 먹어줘야 하는데. 똑같은 면으로 만든 우동과 자장을 씹을 때마다 승제는 밥 생각이 간절했다. 하지만 어쩌랴. 기름값은 비싸고 손님들까지 뜸해 사납금을 맞추기가 여간 힘든 게 아니다. 그렇다고 차를 굶길 수는 없고 그러면 사람이 덜 먹는 수밖에 없지. 그는 담뱃값이고 밥값이고 자신과 집안의 지출은 모두 줄여 나갔다. 그런데도 줄여지지 않는 게 하나 있다. 바로 아내의 무절제다.

남편은 뼈 빠지게 고생하는데 마누라라고 있는 여자는 백만 원짜리 옷을 사?

얼마 전 일이 떠오르자 짜장면을 먹던 승제가 빠득 이빨을 갈았다. 며칠 전 아내 보영은 승제 몰래 명품 블라우스와 스커트를 사들였다. 결제액 백만 원을 12개월 할부로 끊고 카드명세서를 숨겼지만 눈치 빠른 승제에게 들키고 말았다.

승제는 그런 보영을 때렸다. 주먹으로 얼굴과 눈가를 몇 차례 가격하고 옷을 끌어안고 쓰러진 보영을 발로 차기도 했다. 그래도 승제는 분을 참지 못하고 씩씩댔다.

"내 나이 오십이다. 십 년 있으면 육십인데 언제까지 우리가 이러고 살래? 방 두 칸에 네 식구가 꾸역꾸역 살면서 희망도 없이 살래? 남편이 험한 일 해서 벌어다 주면, 아끼고 아껴서 집 늘릴 생각해야지, 어디다 헛돈을 쓰냐? 네 몸 치장하는 게 애들 교육보다 중하냐? 없이 살아도 애들은 가르쳐야지. 애들한테까지 우리처럼 살라고 할래?"

맞고만 있던 보영도 웅크린 채 입을 열었다.

"돈이나 많이 벌어다 주고 그런 소리 해라. 누군 안 모으고 싶어 안 모으냐. 돈이 돈 같아야 모을 거 아냐. 고작 몇 십만 원으로 무슨 집을 사고 애들 교육을 시키니."

아내의 말에 승제는 더욱 화가 났다.

"남편은 삼천 원짜리 밥 먹고 다니는데, 넌 그 옷 쪼가리에 백만 원을 써? 너 미친 거 아니냐. 도대체 왜 샀냐, 응?"

"갖고 싶으니까 샀지, 왜 샀겠어?"

"네가 그러니 애까지 이 모양이 아니냐?"

"선화는 왜? 당신이 때려서 그런 거 아니야!"

승제는 가출해버린 딸 선화를 생각하자 울화통이 터졌다.

"이놈의 집구석은 어미나 딸이나 어찌 그렇게 똑같냐! 화장을 덕지덕지 해

가지고, 니 나이도 이젠 오십인데 그렇게 미니스커트가 입고 싶냐? 머리는
왜 또 생머리로 길러? 네가 스무 살 애들이야? 네가 그러니까 이제 열여섯
짜리 선화까지 그 모양이지.”

　자기 말에 더욱 화가 난 승제는 보영을 또다시 발로 걷어찼다. 보영은 소
리를 지르며 지지 않고 대들었다. 그러자 승제는 다시 보영을 걷어찼다. 다
시 보영이 대들고, 다시 승제는 차고, 대들고 차고, 대들고 차고…… 스트레
스를 받은 보영은 남편 몰래 다시 물건을 산다. 그걸 안 승제는 다시 보영을
때린다. 사고 때리고, 사고 때리고…… 무절제와 폭행으로 점철된 승제 보영
부부의 일상, 그것은 무한히 반복되고 있었다. 마치 승제가 단골 식당에서
매일 먹는 자장과 우동처럼.

　사고 때리고, 사고 때리고…… 두 부부의 구타와 충동구매는 이제 패턴이
되어버렸군요. 그렇다면 일단은 이 패턴에서 벗어나야 합니다. 지금과 같은
방법(구타, 충동구매)으로는 생활이 안 되잖아요?

　인간은 심리적, 생물학적, 사회적으로 나약한 존재이기에 의존할 대상을
필요로 합니다. 어려서는 부모에게, 자라면서는 친구에게, 성인이 되어서는
배우자에게, 늙어서는 자식에게. 또 관념, 종교, 사상, 놀이, 물건, 취미 등에
의존을 하게 되지요.

　연인이나 부부는 가장 긴밀하게 서로 의존하는 대상이며 결혼은 인간의
의존성이 만들어낸 가장 대표적인 생존 시스템입니다. 이 의존성에도 건강
한 의존성과 병리적 의존성이 있습니다. 병리적 의존성을 갖는 이들은 결혼
을 마치 새로운 부모를 갖는 일로 여깁니다. 남편을 나를 돌봐주는 존재, 그

러므로 나에게 얼마나 잘해주는가로 판단의 기준을 삼고 투정을 부립니다. 남편도 아내의 의존성을 당연히 여겨 으레 부인을 양육하려 들면서 자신이 부모인 양 수직적 구조를 당연시합니다.

의존성이 강한 사람은 자아가 약하기 때문에 자신이 약자라는 태도를 지니게 됩니다. 그래서 작은 일에도 무시당한다고 느끼면서 쉽게 상처를 입습니다.

프로이트의 정신분석에 따르면 인간의 정신 속에는 본능(id), 자아(ego), 초자아(super ego)의 세 영역이 있다고 합니다.

본능은 생존적이고 쾌락원칙을 추구하고 현실적 상황을 고려하지 않고 욕망 충족을 채우고자 합니다. 자아는 이성적이고 현실원칙을 갖고 본능을 조절하면서 사회화시킵니다. 초자아는 도덕적이며 자아가 하는 일을 감독, 통제하는 일을 합니다. 이 세 영역이 적절히 제 기능을 하여 조화와 균형을 이룰 때 바람직한 인간 모습으로 살게 됩니다.

보영 씨는 본능이 좀 더 확장되어 있고, 의존성이 강한 사람입니다.

충동구매는 현실을 고려하지 않고 욕망을 채우기 위한 쾌락원칙에 의한 것이고, 물건을 구매하여 취했을 때의 순간의 행복감에 끌려 다니는 경우입니다.

승제 씨는 초자아가 발달된 사람으로 과도한 책임감과 역할, 의무, 원칙을 내세워 자신과 주변을 숨 막히게 하는 경우입니다. 초자아라고 해서 우월한 것은 아니고 관여하는 역할이 다른 것뿐입니다.

이들의 공통점은 자아가 약하다는 점입니다. 승제 씨의 경우는 초자아가 너무나 무섭게 노려보고 있어서 죄의식이나 불안감에 시달립니다. 보영 씨는 본능의 충동에 밀려 공격성이나 성적 욕망을 제대로 조절하지 못하고 있습니다. 이들에게 우선되어야 할 것은 자아를 강화시켜주는 일입니다. 건강한 자아를 가진 사람들은 자신의 상태를 정직하게 볼 수 있을 뿐 아니라 다른 사람의 비판이나 충고도 마음을 열고 받아들여 자신의 삶의 자양분으로 삼습니다. 그러나 자아가 약한 사람들은 자신을 돌볼 수도 없고 다른 사람의 말에 방어적이 되기에 갈등을 초래하게 되고 싸움으로 발전하게 됩니다.

우선 두 분은 서로 어린 시절의 애착의 감정을 살펴보시기 바랍니다. 사는 일에 바쁘시겠지만 짬짬이 시간을 내서 자신을 돌아보시며 그 감정을 살펴보세요.

애착은 특별하고 유일한 사람과 친밀하고 지속적인 관계를 맺고자 하는 욕구로 유아기 때 양육자의 태도에 따라 엄청난 영향을 받습니다. 애착이 충족되지 않은 아이는 내면에 분노와 공격성을 품게 됩니다. 그 후 분노와 공격성은 여러 가지 형태로 삶에 영향을 미치는 데, 부정적이고 건강하지 못한 정서이기에 대개는 안 좋게 드러나게 됩니다. 이 굴레에서 벗어나려면 우선적으로 애착을 채워줘야 합니다.

누군가가 하는 말과 행동에는 다 그럴만한 이유가 있습니다. 보영 씨의 구매에는 애착을 박탈당한 아이가 아직도 자라지 않은 채 존재합니다. 아무리 이성적으로 호소하고 물리적으로 힘을 가해도 이 애착 본능이 채워지지 않으면 회복되기 어렵습니다. 어린 아이들은 매를 맞으면서도 떼를 써서 자신이 갖고 싶은 것을 취하는 것과 같은 이치입니다. 지금 보영 씨의 헛헛한 마음을 채워주는 방법은 구매가 아니라 자아를 강하게 하여 자아가 본능 욕망을 통제할 수 있도록 돕는 것입니다. 자아를 강화시키기에 가장 좋은 방법은 인정과 지지입니다.

보영 씨가 즐겁게 할 수 있는 일을 찾는 것도 아주 좋은 방법입니다. 단순히 취미 생활이 아니라 적은 돈이라도 벌 수 있는 일을 찾는 것입니다. '나도 유익하고 필요한 사람이구나.' 하는 생각이 들 때 인간은 존재감을 느낄 수 있고 자아가 강화됩니다. 보영 씨는 얼마든지 사회생활을 잘할 수 있을 것입니다. 그러면서 구매충동이 올라올 때 인내하는 힘을 통해서도 자아는 강화됩니다.

승제 씨의 구타는 아주 열등하고 비겁한 행동입니다. 물리적 힘으로 대상을 통제하려는 행위는 동물들의 세계입니다. 아무리 타당한 이유를 들먹여도 구타는 정당화될 수 없습니다.

한 마디 잔소리보다는 한 번의 눈맞춤을, 한 번의 손찌검보다는 한 번의 포옹을, 통제하고 지배하는 말투보다는 칭찬과 사랑의 말을 아내에게 먼저 건네보세요. 물론 처음부터 될 리는 없습니다. 계속 노력하셔야 합니다.

이따금 자진하여 함께 쇼핑하며 부인의 옷을 사주는 것도 필요합니다. 남편이 진심으로 자신을 사랑한다고 느끼면 아내의 행동은 단박에 달라지게 됩니다. 칭찬은 고래도 춤추게 한다는데, 하물며 사랑해서 만난 부부관계에서야 춤뿐이겠습니까!

타인에게 유익한 것은 궁극적으로 자신에게 유익한 행위입니다.

승제 씨. 왜 그리 열심히 일하십니까?

행복한 가정을 이루기 위해서잖아요. 아내의 자아를 강화시켜주기 위해 애착 욕당을 채워주기 위해 노력하시는 동안 본인의 자아도 강해지고 어느새 행복해져 있는 자신을 발견하실 겁니다. 그러면서 두 분의 잘못된 패턴은 어느 순간, 고리가 뚝하고 끊어지게 될 것입니다. 그리고 어느 날, 가출한 딸 선화도 옆에 와 있겠지요?

힘내세요. 자녀는 부모의 뒷모습을 보고 자란답니다.

군인의 아내

한 개인의 결점은 인간성의 결점에 기인한 것이며 사회는 아무리 훌륭하고 논리적인 정치제도가 있다 해도 그 제도에 의해 이루어지는 것이 아니라 각 개인의 윤리적 본성에 의존하는 것이다.

－골딩

예쁘고 생기 넘치는 정아 씨.

어린 딸아이와 앞날이 창창한 군인장교인 남편 용균과 살고 있다. 남편의 직업 때문에 정아네는 한 곳에 정착하지 못하고 자주 이사를 가야 한다. 정들만 하면 떠나야 하니 싫을 만도 하지만 정아는 믿음직한 남편의 뒷모습을 보며 불평 한 마디 없이 그를 따라나섰다.

새로운 부대에 갈 때마다 정아는 싹싹하게 다른 장교부인들과 잘 어울렸다. 군인의 아내 역시 남편의 계급에 따라 서열이 정해져서 아직 초급장교인 용균에 맞춰 정아는 부인들 중에 막내였다. 정아는 그런 것에 전혀 개의치 않았다. 오히려 계급 높은 부인들과 함께 김장도 담구고, 아이도 대신 봐주며 언제나 처신에 신경을 썼다. 이렇게 살다 보면 언젠가 용균도 별을 달 날이 올 거고, 그땐 자신도 장군의 부인이 될 것이다. 그런 상상만 해도 정아는 힘이 났고 부잣집 사모님이 하나도 부럽지 않았다.

주둔지를 전전하던 생활은 딸아이가 태어나면서 변화가 생겼다. 정아 혼자서 아이를 키우기엔 벅찼고, 마침 용균도 정아와 딸을 데려갈 수 없는 오지로 발령이 났던 것이다. 그래서 정아와 딸은 정아의 친정 근처로 이사를 했다. 용균은 주말마다 가족을 만나러 왔다. 그렇게 몇 년 동안 용균은 주둔지를 옮겨 다녔고 정아는 정착한 그곳에 살며 자신처럼 예쁘게 딸을 키워 갔다.

남편이 이상해진 것은 딸이 네 살이 될 무렵이었다. 자주 집에 오던 남편이 훈련이며 출장으로 바쁘다며 한 달 넘게 집에 들어오지 않은 적이 몇 번 생겼다. 처음엔 군인이니까 당연하다고 여겼는데 그 횟수가 점점 늘어갔다. 또 남편은 여러 핑계를 대며 정아에게 주던 생활비를 줄여나갔다. 적은 군인 월급으로 또박또박 살림을 꾸려가던 정아도 생활비가 줄자 적잖이 걱정이 되었다.

정아는 남편의 외도를 직감적으로 알아차렸다. 설마, 내 남편이? 다른 사람도 아니고 반듯한 군인인 내 남편이? 그럴 리가 없다. 정아는 자신의 직감을 의심했다. 하지만 남편의 카드 명세서와 핸드폰을 몰래 봤을 때 정아는 한 대 맞은 듯 충격을 받았다.

카드명세서에는 텔레비전이며 냉장고며 우리 집에는 필요도 없는 물건들이 기록되어 있었다. 남편의 핸드폰에는 이름 모를 여성과 주고받은 낯 뜨거운 내용의 문자들이 가득 차 있었다.

남편이 딴살림을 차린 것이 분명했다. 아마 그곳 부대에서 여자를 만나 살림을 차렸을 것이다. 정아는 용균을 추궁했다. 의외로 용균은 선선히 사실을 인정했다. 자신이 잘못했다며 얼른 정리하겠다고 약속까지 했다. 정아도 한 번 마음먹으면 반드시 하는 남편의 성격을 알아 그를 용서하기로 했다. 또 남편의 미래를 위해 한번쯤의 과오는 눈감아줄 수 있는 것이었다.

한동안 용균은 약속을 지켰다. 다시 화목한 일상으로 되돌아오는 듯했지만 평화는 곧 깨지고 말았다. 어느 날 정아는 그 여자의 전화를 받았다. 그녀는 자신을 용균의 여자라고 당당하게 밝혔다. 그녀는 용균이 정아를 만나기 전 사귀었던 애인이며 집안의 반대로 두 사람이 헤어졌다고 했다. 얼마 전 두 사람은 다시 만났고 다시 사랑이 싹터 살림까지 차렸다는 것이다. 게다가 여자는 임신까지 한 상태였다. 여자는 용균의 진짜 여자는 자신이라며 정아에게 이혼을 요구했다.

정아는 몸이 부르르 떨리고 눈앞이 캄캄해졌다. 남편에게 전화를 걸었지만 받지 않는다. 부대에 연락해도 남편은 외출 중이라는 말만 돌아왔다. 말리는 친정어머니를 뒤를 한 채 정아는 딸아이를 업고 남편의 부대로 가는 버스를 탔다. 어디를 가야 남편의 살림집을 찾을 수 있을까. 강원도 오지에 내린 정아는 막막하기만 했다.

인간정신을 연금술에 비유해봅시다.

인간이 갖고 태어난 충동은 성적 욕망과 공격성 그리고 분노(불안)인데, 그 자질을 어떻게 보살피고 처리하느냐에 따라 한 인간이 금이 되기도 하고 구리가 되기도 합니다. 요즘은 어느 때보다 성적 욕망의 충동성에 사람들이 많이 흔들리는 듯합니다. 상담을 신청해 오는 사람들 중에 배우자의 외도를 호소하는 사람이 부쩍 늘었기에 해보는 추정입니다. 남녀의 성적 관계는 낭만이고 에너지의 원천인 것은 맞습니다. 동시에 혼란과 방황의 한 지표이기도 하고요.

사람들은 삶이 무료하고 허전하며 살맛이 떨어졌을 때 뭔가의 돌파구를 찾게 되는데 제일 쉽게 꿈꾸는 것이 바로 이성과의 교감입니다. 이는 실제로도 가장 빨리 또 확실하게 에너지를 충만케 해줍니다. 위에 언급했듯이 에너지와 동시에 혼란과 방황을 야기시키기에 부적절한 관계가 되지 않도록 이성적 판단이 꼭 필요합니다.

예전에는 하소연하는 아내의 마음에 주력하여 공감과 위로, 때로는 함께 분개하면서 배우자를 응징하였습니다. 하지만 요즈음에는 그러한 이해나 공감이 실제적으로 별로 도움이 되지 않고 아내를 지금의 심정 상태에 더욱 오래 머물러 있게 할 뿐 부부간의 관계를 회복시키기에 건설적인 도움이 되지 않는다는 것을 알게 되었습니다.

해서 요즘은 이러한 상담을 청해오면 라포르 형성(rapport, 신뢰감 형성)을 위한 정도로 아내의 이야기에 이해와 공감을 해주고 바로 핵심으로 들어갑니다.

정아 씨.

손바닥도 부딪혀야 소리가 나듯 어떠한 결과는 분명 어떠한 원인이 있었기 때문에 일어납니다. 남편의 외도와 다른 여자에게 질질 끌려 다니며 이러지도 저러지도 못할 상황을 만든 것은 남편의 처신 문제입니다. 그 사람이야 어찌하든 당신이 덩달아 추해지고 춤을 출 수는 없으니 정신을 차리고 반듯하게 이 난관을 헤쳐 나가야 합니다.

"당신이 어떻게 했기에 남편이 한눈을 팔게 됐나요? 아무리 주말 부부라도 충분히 안에서 충족이 되었다면 첫사랑의 여인을 만났다 하더라도 그렇게 살림을 차릴 정도로 흔들렸을까요?"

"남편에게는 본래 그런 끼가 있어요."

"당신의 남편이 그런 줄을 알았다면 그것을 충족시켜주는 것은 누구 몫입니까?"

"남편은 너무 물러서 여자들이 호감을 보이면 그것을 쳐내지를 못하고 질질 끌려 다녀요."

"그렇게 남편을 속속들이 알고 있으면서 당신이 노력한 것은 무엇인가요?"

"신혼 초에는 옆에서 챙겨주니까 괜찮았는데, 아기가 생기고 남편도 이제는 가정적으로 안정되었을 것이라고 여겨서 너무 안심하고 소홀히 했나 봐요."

정아 씨는 순하고 착한 남편이 이제는 아이도 생기고 군 생활도 기반을 잡았기에 안심을 하고 남편에게 관심을 덜 가졌던 것입니다. 경직된 체제에서 격무에 시달리고 주말에 올라오는 남편을 애 돌보며 살림 사는 것이 힘들다는 핑계로 소홀히 대했고, 간혹 이번 주말에는 못 올라간다 하면 괜히 반가워했고, 주중에 서로 전화 통화도 거의 없었고, 남편의 숙소로 내려가보지도 않았다는 등. 신혼 초에 살갑던 정아 씨의 태도는 온데간데 없어진 지가 꽤 오래되었습니다.

모든 결과에는 크든 작든 이유가 있게 마련입니다.

몸이 멀어지면 마음도 멀어지는 게 당연지사이기에 정아 씨는 함께 살 때보다 더 많이 남편에게 신경을 써야 했습니다. 진즉에 가끔씩 내려가보았든가 퇴근 시간에 맞추어 전화 통화라도 자주 했더라면 저렇게 살림까지 차려놓고 두 집 살림을 하기는 어려웠을 것입니다.

사람들은 안에 뭔가가 채워지지 않으면 그 빈자리를 채우고자 배회하곤 합니다. 순하고 착한 용균 씨의 경우 첫사랑이 빈 가슴을 헤집고 들어오자 그만 그 사랑에 덥석 의존하고 만 것이지요.

용균 씨의 의존성은 아마도 어린 시절 건강하게 독립되지 못한 자아의 영향일 것입니다. 모든 남자가 아내와 떨어져 있는 틈을 타고 첫사랑이 유혹한다 하여 용균 씨처럼 무분별한 행동을 하지는 않습니다. 다시 말해 남편 용균 씨가 이 난제를 해결하기에 적당해 보이지 않습니다.

이제라도 남편을 찾아 강원도 오지에 도착한 정아 씨는 '왜 상대방(남편)이 나로부터, 우리 가족으로부터 만족을 얻지 못하고 외도를 했는지.'를 되짚어보면서 남편과 그녀를 만나야 할 것입니다. 이들의 아름다운 결말을 어떠한 것일까요? 그녀의 뱃속에 있는 아이까지 포함해서 모두가 가장 덜 다칠 지혜가 열리길 바랍니다.

그 핵심에 정아 씨가 있습니다.

●→ 상담 후기

남편의 외도로 오랜 불화를 겪던 중 저는 소장님께 상담을 받게 되었습니다.

별다른 기대를 갖지 않고 마지막 방법으로 상담을 받으면서 지난 결혼생활이 분해서 울고 불며 이혼을 하고 싶다는 제게 소장님은 '지금 성공적인 이혼을 할 수 있겠느냐?'고 물으셨습니다.

성공적인 이혼? 순간 정신이 번쩍 들었습니다.

그리고 성공적인 이혼의 구체적인 모습이 궁금해졌습니다.

사실 그때까지 저는 남편의 외도사실에 흥분되어 죽을 것만 같았고, 매일 밤 남편을 원망하고 보상받을 길 없는 지난 세월을 떠올렸습니다.

이렇게 변해가는 자신이 싫고 분노로 치를 떨며 이혼을 입에 달고 살았지만 실제로 이혼의 준비는 전혀 되어 있지 않았습니다.

이혼은 결혼생활 갈등의 가장 최후의 대처법이지만 준비되지 않은 이혼은 더 큰 고통을 초래한다며 소장님은 제게 이혼의 장단점과 결혼유지의 장단점을 다음주까지 종이에 구체적으로 적어오라는 과제를 내주셨습니다.

쉽지 않은 과제였지만 처음으로 냉철하게 이혼을 생각해보는 시간이었습니다.

당시 내게 있어 이혼이란 삶 속에 득도 실도 없는 5:5 정도의 비중을 차지하고 있음을 깨달았고 이혼보다는 남편에게 밀착되어 있는 자신을 분리하는 것이 우선이라는 것도 알게 되었습니다.

상담을 받으면서 완전치는 않지만 나의 모습을 객관적으로 바라보는 시각을 차츰 갖게되었고, 그동안 아이와 가사에 쫓겨 남편에게 아내로써의 역할에 부족한 것은 없었는지 반성하는 시간도 가질 수 있었습니다.

남편 외도의 근본 원인이 불우했던 남편의 어린 시절에서 유래됨을 상담을 통해 깨달으면서 한편으로 남편이 불쌍해 보이기도 하였습니다.

더욱이 딸아이에게 지금 순간이 얼마나 중요한 때인지를 알게 되면서 나의 마음은 조금씩 정리가 되어갔습니다.

남편의 외도가 내 마음에 깊은 상처를 주었지만 그것을 이겨내기 위해 노력하면서 나 아닌 타인으로부터 자유로워지고 성숙한 시각을 가져다 주었습니다. 무엇보다 힘든 과정이겠지만 앞으로 한 단계씩 지혜로 이 과제를 잘 풀어나갈 수 있다는 자신이 생깁니다.

구세주의 후회

한 걸음 한걸음 그저 걸어가기만 하면 목적지에 다다를 수 있다고 생각해서는 안
된다. 한 걸음 한 걸음 그 자체에 가치가 있어야 한다. 큰 성과는 가치 있는 작은
일들이 모여 이루어지는 것이다.
－단테

상희는 요즘 부모님 말씀을 듣지 않은 게 후회된다.

고시에 붙고 나서 해도 늦지 않다는 부모님의 만류를 뿌리치고 서두른 규식과의 결혼을 오 년이 지난 지금에서야 무르고 싶어졌기 때문이다. 그녀의 남편 규식은 십 년째 고시를 준비하고 있다. 대학시절부터 시작한 남편의 공부는 서른 중반이 된 지금까지 합격의 종을 울리지 못하고 지난하게 계속되어 왔다. 1차에는 몇 번 붙긴 했지만 번번이 2차 시험에서 떨어졌고, 한 번은 면접에서도 떨어진 적도 있었다.

규식이 아직 머리가 잘 돌아가고 패기가 있던 때, 상희는 다섯 살 많은 그에게 미래를 믿고 맡겼다. 그런 상희를 부모님은 물론 친구들까지 말렸다. 옥바라지만큼 힘든 게 고시바라지라는데 결혼까지 해가며 스스로 얽매일 필요가 있느냐, 합격하고 결혼해도 늦지 않다, 아직 젊은데 뭐 그리 조급하냐 하면서 모든 사람이 그녀를 말렸지만 상희의 생각은 단호했다.

난 이 남자의 아내가 돼서 이 남자를 구원해주고 싶어. 상희는 자신을 규

식의 구세주라고 믿었다.

주위의 반대 속에 한 결혼을 지키기 위해 상희는 누구보다도 열심히 살았다. 규식이 공부에 집중할 수 있도록 또 규식이 한눈 팔지 않도록 물심양면으로 그의 공부를 도왔다. 그러면서 자신 역시 틈틈이 규식보다 낮은 급수의 공무원 시험을 준비했다.

아내의 내조에도 불구하고 규식은 운이 없었다. 번번이 낙방의 고배를 마셨다. 실패의 연속에 나이는 점점 들어가고 규식은 자신감이 떨어졌다. 상희는 그런 규식에게 자신이 하고 있는 시험을 슬쩍 권해보기도 했지만 규식은 그동안 한 공부가 아깝다며 버럭 화를 내고 자존심을 내세웠다.

규식은 변해갔다. 젊은 패기도 야망도 사라졌다. 공부에 게을러지고 부모님이 보낸 돈으로 술을 마시고 도박을 했다. 아내의 위로도 아무런 소용이 없었다.

그럴 즈음, 상희가 먼저 공무원 시험에 합격을 하는 일이 벌어졌다. 당연히 축하를 해줄 남편은 그녀에게 싸늘한 말 한 마디를 내뱉었다. "그깟 일 가지고 좋아하기는." 상희는 그날 남편 앞에서 기쁨의 울음이 아닌 설움의 울음을 터뜨렸다. 그리고 둘 사이에 폭풍이 들이닥쳤다.

그 이후 규식은 마음을 바꿨다. 아내가 본 시험에 도전하기로 마음을 먹은 것이다. 상희는 대환영이었다. 자신이 알려줄 일도 많고 같은 분야에서 일을 하게 되면 더욱 행복하리라고 생각했다.

규식은 자신이 있었다. 그쯤이야, 못 붙겠어? 하지만 결과는 참담했다. 얕잡아보던 시험마저 그는 번번이 떨어졌다. 그러는 사이 상희는 직장생활에 자리를 잡아나갔다. 상희는 점점 밝아졌고 규식은 더더욱 어두워졌다.

술에 취한 규식은 아내를 타박했다. 그래 넌 유능하고 잘났구나, 난 무능하고 못났다, 이런 남편하고 계속 살고 싶으냐.

남편의 주정은 날이 갈수록 심해졌다. 한 번은 낮술에 취해 상희가 일하는 곳까지 온 적도 있었다. 네가 얼마나 잘났는지 두 눈으로 보고 싶다며. 쫓아온 친구들이 말려서 다행히 아무 일은 없었지만 규식에 대한 소문이 직장 안에 퍼지는 것은 어쩔 수가 없었다.

그 무렵, 상희의 직장 상사 중에 상희를 눈여겨보는 사람이 있었다. 규식보다 젊고 고시 출신의 엘리트였다. 흠이라면 이혼경력이 있다는 것이랄까. 그런 그가 유부녀인 그녀에게 은근히 접근을 해왔던 것이다. 입방아 찧기 좋아하는 친구들 역시 은근히 그녀를 유혹했다. 가망도 없는 사람과 사느니 능력 있는 사람과 살지. 이혼한 게 무슨 흠이니.

상희는 친구들의 말이 자꾸 떠올랐다. 그리고 자신이 규식의 구세주가 아닐지도 모른다는 생각도 들었다. 상희는 지금 결혼을 무를까 고민에 빠져있다.

●→ 이종의 소장의 부부 상담실

늘 계획대로 되는 것만이 아닌 게 우리네 인생입니다.

한 우물을 판다고 해서 꼭 물이 나오리라는 법도 없기에 공들인 그 많은 세월이 수포가 되었을 때의 허탈감이란 클 수밖에 없습니다. 상희 씨는, 머리로는 이미 어느 쪽이 더 합당한지 가름이 되어 있는 듯하나 그 많은 세월과 관계를 어찌 머리의 판단에만 따를 수가 있겠습니까.

상희 씨에게 묻습니다.

상희 씨가 꿈꾸는 미래는 무엇이었나요? 부모님도 말리고 친구들도 서둘지 말라 했건만 왜 그리 단호하게 혼자의 판단으로 서둘러 결혼을 감행했나요?

법조인의 부인? 100% 그리 될 보장이 없다면 지금과 같은 백수 고시꾼을 예상할 수도 있었을 텐데. 이미 주변에 많이 일어나는 일이기도 하기에 그리 짐작이 어려운 일도 아니었는데. 또 고시에 붙어서 법조인이 되었다고 해도 고시생일 때 뒷바라지를 해주고 고생한 애인이나 와이프에게 매력을 잃어버려 근사한 다른 여자에게 시선을 돌리는 파렴치한 고시 합격생 이야기도 우리는 익히 알고 있습니다. 이런 말을 꺼낸 이유는 당신이 왜 서둘러 결혼을 결심했는지 그 결심에는 꼭 구세주적인 희생과 사랑만이 동기였는지 곱씹어 보자는 것입니다.

다시 말해서 지금 규식 씨의 낙오자의 모습에 상희 씨의 기여는 없었을까요. 10여 년에 걸쳐 나이가 30대 중반이 되도록 늙은 부모님이 부쳐주는 돈으로 남편 고시 공부 뒷바라지 생활을 하면서 스스로 희생자로 자처하는 것이 과연 설득력이 있습니까.

우리는 목표를 향해 정진을 하다가 아니다 싶으면 궤도를 수정할 수도 있어야 합니다. 하지만 당사자는 그간의 수고가 아까워서 미련이 강할 수밖에 없습니다. 그렇다면 배우자의 단호한 결단도 필요합니다. 상희 씨는 규식 씨의 패기와 야망이 사라지기 전에 적극적으로 다른 길을 모색하도록 도왔어야 했어요. 상희 씨에게는 남편을 10년 이상 '고시준비생' 으로 살게 한 책임이 있는 것입니다. 그리고 상희 씨의 처사는 남편을 몰라도 너무도 모른다는 데서 나왔어요. 한 이불을 덮고 5년을 함께 살았으면서도 남편의 입장이나 자존심을 제대로 헤아려주지 못했어요.

남편은 대학 때부터 고시를 준비한 사람입니다. 그렇다면 대학도 일류 대학이었을 것이고 공부도 썩 잘 했을 것입니다. 그런 사람은 자신에 대한 프라이드도 상당히 높을 텐데 설사 계속되는 낙방을 겪었다 해도 그 사람 자체의 실력과 자존심은 살려줘야 했습니다. 고시에 실패를 하였어도 부모나 친구들 사이에서 잘 나고 똑똑한 어쩌면 부러움의 대상이었던 규식 씨에게 낮은 급수의 공무원 시험을 권한 처사는 좀 더 신중했어야 했습니다.

만약 규식 씨가 그 시험에 합격을 했다 해도 스스로 자기비하에 빠져 힘들어했을 수 있고, 만에 하나 실패했을 때의 이러한 결과도 예상을 했어야 했습니다. 상희 씨의 그 행동은 남편의 자존심이야 어떻든 취직해서 식구들이나 먹여 살리라는 요구밖에 안 되는 것입니다.

그리고 규식 씨에게.

당신은 참으로 비겁하고 미성숙한 사람입니다. 아직 어린 아이의 상태에서 벗어나질 못하고 있어요. 아마도 당신은 어려서부터 공부 잘한다고 주위에 기대와 칭찬을 많이 받았을 것입니다. 하지만 사회성은 아주 취약하겠지요.

가만히 자신을 잘 바라보기 바랍니다. 당신은 아마도 사회에 나가서 부딪히고 관계 맺는 것이 어려워서 고시 공부라는 것으로 피했을 가능성이 많습니다. 4~5년까지는 정말 뜻한 바 있어서 내 이상과 신념을 펼치려고 노력했을 겁니다. 하지만 아니다 싶을 때는 계획을 수정하고 다른 길을 모색하는 용기가 있어야 했어요. 그것이 주도성을 지닌 어른의 태도입니다. 옆에서 손발이 되어주는 아내가 있으니 얼마나 쉬웠나요? 지아비의 몫을 안 해도 그저 해바라기를 하며 헌신적으로 도와주는 아내에게는 늘 제왕이었을 터이니.

당신의 의존성을 살펴보십시오.

젊은 날에는 고시에, 지금은 노름과 술에 빠져 있는 모습을.

당신은 분명 사회성이 많이 부족할 겁니다. 사회성이란 무엇인가요? 더불어 살아가는 기술이 아닌가요? 관계를 못 맺는 사람은 아무리 능력이 뛰어나다 해도 불행한 사람이게 마련입니다. 사람은 사회적 존재로 군집성의 특성을 지녔기 때문입니다. 당신은 가장으로서의 사회성을 고시 공부라는 허울 속에서 기피하고 있었던 것입니다. 지금은 스스로를 패배자로 만들어 또 노름과 술로 도망가고 있고요.

아내는 당신의 엄마가 아닙니다. 또 당신은 엄마의 돌봄이 필요한 아이가 아닙니다. 30대 중반의 남자가 지적 능력도 있는 사람이 자기 관리를 이렇게 못해서야 쓰겠습니까. 당신의 친구들도 마찬가지입니다. 당신이 이제껏 어떻게 살아왔는지 알면서 정신을 바로 차리도록 돕지는 못할망정 함께 화투를 치고 술을 먹고 망가지는 모습을 구경만 하고 나 몰라라 하니 친구라 할 수도 없어요!

상희 씨와 규식 씨 두 분은 어엿한 성인입니다.

또 평균 이상의 의식과 역량을 갖고 있는 사람들입니다. 지금, 두 사람은 잠깐 멈추어 깊은 심호흡을 할 때입니다.

상희 씨는 5년 동안 남편을 뒷바라지하면서 다른 사람이라면 벌써 포기했을 여러 어려움을 견뎌냈습니다. 규식 씨는 그 지루한 공부를 10여 년 지속해 온 저력이 있습니다. 이젠 두 사람의 그 강인한 힘을 방향을 바꾸어 쏟아보십시오.

당신들이 이제껏 버티어 온 힘은 굉장한 것입니다. 거듭나기 위해서는 일단 죽어야 하는 것은 아시죠. 애초의 욕망을 완전히 죽이고 새로운 목표로 거듭날 때 지금까지의 노고는 노하우로 훌륭한 밑거름이 될 것입니다.

당신들은 충분히 할 수 있습니다. 직장 상사는 결코 대안이 아닙니다.

●→ 상담 후기

소장님 우선 책 출간을 축하드리구요.

요즘 근황이 어떤지 글을 부탁한다는 연락을 받고 그간의 일이 주마등처럼 스쳤습니다.

저희 부부가 상담실을 찾은 것도 5년여가 된 듯합니다.

싫다 하는 남편을 억지로 어르고 달래면서 일주일에 한 차례씩. 8회기 상담을 하는 동안 저희 부부는 초반의 기싸움으로 팽팽했던 긴장이 중반이 넘어서면서 다음 상담일이 기다려지는 기쁨으로 바뀌게 되었지요.

상담 중에 저의 성격유형도 알게 되고 남편의 성격유형도 알게 되면서 왜 그렇게 판단하고 행동하는지 알게 되었어요.

어려서부터 공부 잘하고 고분고분 어른의 뜻 잘 맞추는 남편에게 부모의 기대가 남달랐고, 자기가 진짜로 좋아하는 일이 무얼까 생각할 겨를도 없이 늘 부모님과 주변 사람들의 요구대로 움직이느라 지쳐 있는 모습도 알게 되었습니다.

상담이 후반기로 들어설 무렵 소장님께서, 부모님의 기대나 사회적 잣대를 내려놓고 우리 두 사람의 가치관에 맞는 미래를 찾아보라 하셨죠? 처음으로 열심히 고민하며 찾아보았습니다. 과제로 내주신 '앞으로 무슨 일을 하고 살면 나답고 행복할까?'를 각자 10가지 찾아와서 이야기 하는 시간에 남편과 유사한 꿈이 세 가지로 압축이 되었고, 그 일에 대해 피상적이 아니고 구체적으로 검토하는 작업을 거쳐 남편과 합일을 이룬 것이 시댁이 있는 이곳 파주에서 화훼를 하는 것이었지요.

소장님께서 저(2유형)와 남편(9유형)의 성향에 잘 맞는 일이다 격려를 해주셨고, 2~3년 우여곡절을 겪었지만 지금은 어느 만큼 노하우도 생기고 잘 유지하고 있답니다. 거래처도 많이 늘었구요.

잘 다니던 제 직장에 사표를 던지고 하향할 때, 두려움이 무척 컸지만 '자신을 믿으라'는 격려 말씀이 큰 힘이 되었고 더 이상 폐인이 되어가는 남편의 모습을 지켜볼 수 없었기에 과감히 용기를 내었습니다.

의외로 남편도 그동안 책 속에서만 파묻혀 자꾸만 조바심치던 인생이 대자연과 어우러져 단순(?)하게 몸을 사용하며 사니 숨통이 열린다 합니다. 장형이 머리의 기운만을 주로 쓰면서 책상에 붙어 있으려니 정말 고역이었던 거지요.

생각의 편협함으로 '사' 자가 들어가는 직업에 맹목적 선망이 있었다는 것, 남들 보기에 그럴듯한 것이 꼭 좋은 것만은 아니라는 것을 뼈져리게 느꼈지요.

물론 익숙지 않은 원예와 약간의 농사 일에 몸은 많이 고단하지만 마음이 풍요로운 요즈음 저희 부부는 서로의 눈을 마주칠 때마다 '다행이야~' 하는 눈빛을 주고받는답니다.

자칫 파경으로 치달을 수 있었던 저희 부부에게 새로운 인생을 열 수 있도록 큰 도움을 주셔서 감사합니다. 녹록지 않은 삶이지만 큰 욕심 내려놓으니 행복이 가까이 있네요. 놀러오셔요. 멋진 꽃다발 만들어 한 아름 안겨드리고 싶습니다.

– 파주 헤이리에서 한○ ○ 올림.

제7장
에니어그램이 본 영화

황금 연못(On Golden Pond, 1981)

자기가 나기 전에 어떤 모양으로 있었을까를 생각해보고, 죽은 뒤에는 어떤 모양이 될까를 생각해본다면, 온갖 생각이 재처럼 식고 한 조각 본성만이 떠올라 저절로 사물에 초연해져 상선에 노닐게 될 것이다.
－채근담

뉴아일랜드의 한 호숫가. 이곳은 황혼 무렵이면, 떨어지는 태양이 보내온 무량무수의 황금빛이 물결에 반사되어 찬란하게 빛나는 아름다운 곳이다. 그래서 사람들은 이곳을 황금 연못이라 부른다.

연못만큼이나 아름다운 중년 여성 첼시가 이 연못가에서 소리치고 있다.

"이곳에만 오면 나는 어린 아이가 돼요. 조그만 뚱보 여자 아이. 다른 곳에선 어른이고 유능한 직장 상사인데…… 이게 모두 아빠 때문이에요…… 아빠는 정말 나쁜 놈이에요."

천사 같은 그녀의 입에서 저주의 말이 쏟아지고, 그녀의 상처 입은 어깨는 눈물을 흘리며 들썩인다.

노먼 테이어는 은퇴한 대학 교수다. 다이빙 선수로서의 멋진 몸과 대학교수로서의 지성을 겸비한 그는 80살 생일을 며칠 앞둔 노인이다. 이제 그의 젊고 멋진 몸은 늙고 추해졌다. 근육은 힘을 잃고 피부엔 검은 반점이 생기고 심장은 언제 멈출지 모른다. 그 좋던 지성과 기억도 점점 흐려져 길을 잃어버리기도 할 정도다. 훤칠한 키에 선한 눈빛, 언뜻 보기엔 멋진 신사인 것 같지만 그는 괴팍하고 비딱하며 엄격한 사람이다. 그에겐 비사교적이고 무뚝뚝한 자신을 깊은 이해심과 사랑으로 돌보는 아내 에델 테이어가 있다. 그리고 외동딸도 하나 있다. 그녀의 이름이 첼시다.

　노먼(헨리 폰다)과 에델(캐서린 헵번)은 해마다 이곳 황금 연못의 별장에서 여름 휴가를 보낸다. 이번 휴가에는 한동안 만나지 못했던 외동딸 첼시(제인 폰다)가 아버지의 80세 생일을 맞아 별장을 찾아왔다. 새로 사귄 남자 친구와 그의 아들과 함께. 사이가 좋지 않은 아버지와 딸은 오랜만에 만나지만 여전히 서먹하고 서로를 꺼려한다. 첼시는 사려 깊은 어머니에게 의지해 아버지의 생일을 함께 보낸다. 며칠 후 첼시와 남자 친구는 아들 빌리를 두 노인에게 맡기고 둘만의 유럽 여행을 떠난다.

　도전적이고 즉흥적인 13살의 빌리는 첼시와 아버지가 떠나자마자 "날 간섭할 생각 마세요. 제기랄, 버림받았어."라며 거칠게 돌아선다. 두 노인은 사춘기의 아이를 달래기 위해 모터보트를 타고 소년을 황금 연못으로 데려간다. 연못에서 노먼은 빌리에게 낚시하는 법과 뒤로 다이빙하는 법을 가르친다. 80살의 노인과 13살의 소년은 죽이 잘 맞는 예비 할아버지와 손자가 되어간다.

　얼마 후 유럽에서 돌아온 첼시는 이제 여생이 얼마 안 남은 아버지와 화해하라는 어머니의 충고를 받아들인다. 그녀는 아버지가 여전히 비딱하고 엄격하지만 어딘가 변했다는 사실을 느끼고 먼저 손을 내민다. 특히 빌리가 어릴 적 자신이 하지 못했던 뒤로 다이빙하기를 성공했다는 말에 용기를 얻어 중년의 몸으로 다시 시도한다. 서툴지만 그녀는 다이빙에 성공하고 곁에 있던 가족 모두가 환호하고 축하해준다. 무뚝뚝했던 아버지도 벌떡 일어나 박수를 치며 딸의 성공을 진심으로 축하한다. 그리고 두 부녀는 포용하며 화해

한다.

영화 〈황금 연못〉은 엄격하고 괴팍한 1유형의 아버지와 그에게 억압받고 복종만 했던 6유형 딸의 해묵은 불화와 화해를 그린 작품이다. 첼시의 어린 시절, 1유형의 아버지는 뚱뚱하고 어린 딸이 해내기엔 힘들었을 뒤로 다이빙하기를 자신의 기준에 맞춰 가르치고(1유형의 높은 이상), 번번이 실패하는 딸에게 위로나 격려가 아닌 가시 돋힌 말로 그녀의 가슴에 상처를 준다. (1유형이 건강하지 못할 때 드러나는 괴팍함과 비아냥거림)

부녀지간의 모든 일은 뒤로 다이빙하기처럼 아버지가 높은 기준을 제시하고 억압하고 비아냥거리고 상처주고, 딸은 애쓰다 해내지 못하고 상처받는 것과 동일한 방식으로 일어난다. 그로 인하여 어린 첼시는 아버지를 미워하면서도 아버지의 기준에 맞춰 살기 위해 날씬해지고 유능한 사회인이 되기 위해 노력한다. 하지만 처음 그녀의 고백처럼 그녀는 이곳에만 오면 다시 상처 입은 뚱보 소녀가 되어버린다. 중년이 된 나이에도 해결되지 않은 상처는 여전히 그녀를 미치게 만들고 있다.

"난 평생 아빠한테 복종만 하며 살았어요. 나를 항상 미치게 해요. 아빠와 3천 마일이나 떨어져 있는데도, 보고 있지 않는데도요. 지금도 여전하고요. 아빠 여전히 나쁜 놈이에요."

화해할 수 없을 것만 같은 두 부녀를 변화시키고 손을 맞잡도록 해준 데는 어머니 에델과 소년 빌리의 역할이 크다. 2유형의 에델은 괴팍한 남편을 가슴 깊이 이해하면서 평생 동안 옆에 있어 주었고, 비사교적인 그를 대신해 주위 사람들을 이해시키고 위로한다.

노먼이 집배원에 까다롭게 굴고 주유소 젊은이들에게 시비를 걸면, 남편을 막아내고 환한 미소와 친절로 그들을 대하는 게 에델이다. 노먼이 어린 빌리에게조차 상처를 주자, 그녀는 "할아버지는 늙은 사자란다." 하고 어린 빌리의 마음을 어루만져준다. 그리고 가장 상처받고 가장 가까운 사람인 딸 첼시가 쏟아내는 아버지에 대한 저주의 말을 다 받아주고, 그런 딸의 상처를 위로하면서 여생이 얼마 남지 않은 아버지와 화해하라고 진심어린 충고를 한다.

에델이 첼시를 변화시켰다면 노먼을 변화시킨 것은 8유형의 어린 빌리다. 거칠고 도전적이며 욕을 입에 달고 사는 어린 사내아이에게 관심이 간 노먼은 빌리에게 낚시와 뒤로 다이빙하기를 가르친다. 딸이 못했던 것을 빌리가 대신하면서 그의 마음은 빌리에게 조금씩 열리고 자신만의 비밀 낚시장소를 알려줄 만큼 두 사람은 진짜 할아버지와 손자처럼 친밀해진다.

6유형의 덕목은 용기다. 평생 아버지에게 복종만 하고, 멀리 떨어져 있어도 아버지라는 슈퍼에고에 시달리며 살아온 첼시는 6유형이 용기를 실천할 때 어떻게 변화할 수 있는지 영화의 마지막에서 보여주고 있다. 어머니의 충고를 받아들인 그녀는 용기를 내어 아버지에게 먼저 화해를 청한다. 화해의 분위기가 무르익을 무렵, 이제 그녀는 평생 하지 못한 일에 도전하기 위해 가장 큰 용기를 낸다. 그것도 단번에. 한 번도 성공하지 못했던 뒤로 다이빙하기를 위해 그녀는 다이빙대에 서고, 아버지는 옛날처럼 그녀를 지켜보고 있다.

그때 들려오는 아버지의 말. "무서울 거 하나 없단다. 가장 쉬워, 첼시." 그리고 그녀는 힘차게 뛰어올라 40년 만에 다이빙에 성공한다.

평범하기만 했던 연못이 황금으로 변하는 황혼 무렵, 인생의 황혼에 접어든 두 부부가 연못가에서 함께 서 있다. 그들에게 이번 여름은 평생의 어느 날보다 황금처럼 찬란하게 빛나는 나날들이다.

사랑 후에 남겨진 것들
(Cherry Blossoms – Hanami, 2008)

세상에서 가장 중요한 것은 어찌하면 내가 가장 나다워질 수 있는가를 아는 일이다.

−몽테뉴

노부부 루디와 트루디. 남편 루디(엘마 웨퍼 분)가 얼마 못 살거라는 사실을 알게 된 아내 트루디(한넬로르 엘스너 분)는 남편에게 사실을 숨긴 채 마지막이 될지 모를 둘만의 여행을 떠난다. 부부는 먼저 자식들이 있는 베를린으로 가지만 도시 생활에 바쁜 자식들과의 시간이 어색해 다시 둘만의 여행을 떠난다.

가족의 추억이 살아 있는 어느 바닷가에 도착한 두 사람. 지난 시간을 되새기며 트루디는 루디에게 의미심장한 질문을 던진다. "앞으로 얼마 못 산다면, 당신은 뭘 하고 싶으세요?" "아무것도 안 해. 그냥 아침에 출근하고, 저녁이 되면 당신이 있는 집으로 돌아올거야." 그런 대답을 하는 남편에게 아내는 그가 곧 죽게 되리라는 사실을 차마 알릴 수가 없었고 곧 떠나보낼 그의 뒷모습을 보며 혼자 눈물을 짓는다.

하지만 정작 죽음을 먼저 맞이한 것은 아내 트루디였다. 갑작스런 트루디의 죽음에 혼자 남은 루디의 쓸쓸함과 고통은 극에 달했다. 그리움으로 하루

하루를 보내던 루디는 살아생전 아내가 그토록 가고 싶어하던 일본 여행을 가기로 결심한다.

일본에 온 루디는 막내아들의 집에서 함께 지내며 여기저기 낯선 곳을 혼자 다닌다. 길을 잃을지도 모른다며 아들은 만류하지만 루디는 아내가 보고 싶어하던 것들(부토춤, 벚꽃, 후지산)을 찾고 있었다. 그가 첫 번째로 본 것은 벚꽃나무. 벚꽃나무 아래서 어떤 남자가 그에게 이렇게 말한다. "벚꽃이야말로 덧없음의 가장 아름다운 상징이지요."

그는 환한 빛을 내며 꽃잎을 떨구는 벚꽃나무 앞에서 코트를 활짝 펼치며 이렇게 말한다. "여보, 이게 바로 벚꽃이야." 그는 코트 안에 아내의 스웨터와 치마를 입고 있었다.

루디는 공원에서 아내가 좋아하는 부토춤을 추는 한 소녀(이리즈키 아야 분)를 만난다. 소녀 역시 루디처럼 얼마 전 사랑하는 사람(엄마)을 잃었다. 동변상린의 감정을 느낀 루디는 매일 그곳에서 소녀에게 아내가 배우고 싶었던 부토춤을 배운다. 그러는 가운데 이 둘 사이에는 우정이 쌓여간다.

하지만 우연히 막내아들이 자신을 부담스러워하는 사실을 알게 된 루디는 그곳을 떠나기로 마음먹는다. 그는 아내의 마지막 소원인 후지산 여행을 막내아들이 아닌 일본 소녀와 함께 떠난다.

갑작스런 죽음을 맞이한 아내 트루디는 4유형의 여성이다. 그녀는 젊은 시절 연극을 했던 것 같고(베를린에 온 엄마에게 자식들이 연극대사를 읊어달라고 조르는 장면을 보면), 베를린에서 자신이 좋아하는 부토춤 공연을 보고(이때 남편 루디는 혼자 밖에 나와 있다.), 늙어서도 춤을 배우며 진한 화장을 하고 현대 무용을 하는 모습을 찍은 사진첩을 유물로 남겼다.

죽은 아내를 추억하며 루디는 자신이 그녀를 집에 가둬놓았다고 고백한다. 그녀에게는 분명 4유형이 지닌 예술적인 감수성이 있었지만 남편의 견제와 자식들 때문에 펼치지는 못했다.(아마도 그녀는 전문배우가 되고 싶어했던 것 같다.) 그래서 그녀는 4유형에 연결된 2유형의 기운으로 남편과 아이들에게 한없이 헌신하는 아내와 어머니가 되었다. 하지만 춤을 배우고, 과격한 모습 (남편의 표현에 의하면)의 사진을 찍으면서 4유형의 감성을 풀어헤쳐놓았기에 그녀는 겉모습인 2유형의 삶과 진짜 모습인 4유형의 삶을 동시에 살아갈 수 있었다. 그래서 할머니 트루디의 표정은 인자하며 넉넉하고 생기가 있다.

한편 루디는 1유형으로 보여진다. 그는 모험과 변화를 싫어하고 정시에 출근해서 퇴근하는 규칙적인 사람이며 20년 동안 한 직장을 다니면서 아픈 적이 거의 없다. 보수적이며 규칙적이고 성실하며 속마음을 잘 내색하지 않는 사람이다.

그런 1유형 남편의 눈에 4유형 아내의 예술적인 끼는 당연히 과격해 보일 수밖에 없다. 루디가 고백하듯 그는 아내의 그런 끼를 못마땅하게 여겼다. 하지만 아내가 죽은 후, 루디는 변화를 겪는다. 정해진 규칙 속에서만 살던 그가 지구 반 바퀴를 돌아 혼자 일본 여행을 가고, 공연장에서 함께 관람하는 것을 거부하고 밖에 나가 기다리던 그가 아내가 추던 춤을 배우고(처음에 당연히 꺼려하고), 아내의 옷을 입어보고, 화장도 해보고, 마침내는 동네 뒷산이나 다름없다고 말한 후지산까지 제 발로 찾아간다. 1유형의 루디는 아내의 죽음으로 의식의 흐름이 순방향으로 움직이면서 4유형의 변화를 겪고 있는 것이다. 죽은 아내와 하나가 되기를 바라면서.

그가 겪는 변화의 최절정은 환상 속에서 죽은 아내와 함께 춤을 추는 장면이다. 루디와 트루디가 흰색 분칠을 하고 형형색색의 옷을 입고 함께 춤을 추는 모습은 영화 〈희랍인 조르바〉의 조르바 댄스와 비견될 명장면이자, 4유형의 감성으로 변모한 1유형과 고유의 4유형이 만나 삶과 죽음을 예술로 승화시킨 감동적인 장면이기도 하다. 일명 '루디 트루디 댄스'라 칭해도 손색이 없을 만큼.

"그 몸은 어디 갔을까. 아내는 이렇게 내 마음속에 있는데." 불러도 대답 없는 이름, 부르다 내가 죽을 그 이름. 루디는 애타게 아내를 불러도 떠나간 이는 대답이 없다.

영화는 덧없는 인생을 화려하게 피었다가 순식간에 사라지는 벚꽃에 비유하며 아내를 먼저 보내고 겪는 남편의 쓸쓸함과 그리움을 애잔하게 묘사하고 있다.

러브 액추얼리(Love Actually, 2003)

자기를 잘 파악한 사람이 진정한 자신을 발견한 사람이다.
- 알랭

영화 〈러브 액추얼리〉는 이 세상이 증오와 탐욕으로 가득 차 있는 것이 사실이지만 그럼에도 사랑은 지금 어디에나 현존한다는 메시지를 전해주는 따뜻한 작품이다.

영화는 공항에서 사랑하는 사람들이 다시 만나 포옹하고 키스하고 행복해하는 모습을 응시하면서, 어디에나 현존하는 사랑을 잔잔하고 확신에 찬 목소리로 이야기하며 시작한다.

"주위를 둘러보면, '사랑은 실제로 어디에나 있다는 사실'을 알 수 있을 것이다. (If you look fot it, I've got a sneaky feeling you'll find the 'love actually is all around')"

그러면서 남자들과 여자들, 아이들이 각자의 삶과 욕망 속에서 필연과 우연 사이에서 자신의 운명의 실을 따라가다 운명의 상대를 만나 달콤한 사랑의 열매를 맺는 과정을 마치 하늘에서 사람들을 내려다보듯이 보여준다.

데이비드와 나탈리의 사랑

수상에 막 취임한 데이비드(휴 그랜트 분)는 직원들과 첫 대면에서 자신을 데이비드라 부르고 '퍼킹'을 연발하는 발랄하고 생기 있는 직원 나탈리(마틴 맥커친 분)에 호감을 갖는다. 하지만 사적인 감정이 개입되면서 국정운영을 망칠까봐 그녀를 전근 보내지만 그녀의 사랑 고백이 담긴 크리스마스 카드를 읽고는 직접 그녀의 집으로 찾아가 사랑을 고백한다.

수상 데이비드는 3유형의 인물이다. 영화 속에서 7유형과 비슷한 모습으로 비쳐지기도 하는데 그는 사랑을 깨닫자 부하 직원을 시키지 않고 자신이 직접 나탈리가 사는 거리를 찾아가 집집마다 문을 두드리는 적극성을 보이는 3유형이다. 부임할 때 직원들의 역할에 적절한 인정이나 칭찬의 인사 멘트를 보면 매력적인 3유형의 남성상이 보여진다. 또한 미국 대통령이 나탈리에게 추근대는 모습을 보곤 미국에 대해 소극적인 입장에서 벗어나 미국에 적극적인 공세를 해서 국민들의 영웅으로 떠오른다.

나탈리는 2유형의 생기발랄한 여성이다. 대가족 속에서 가족애를 듬뿍 받으며 자란 그녀는 뚱뚱해서 '빅 사이즈'라는 놀림을 받아도 전혀 개의치 않으며 남들에게 사랑을 나눠줄 줄 안다. 사랑이 넘치는 그녀는 잘생기고 미혼인 데이비드에게 호감을 느낀다. 특히 그녀의 역할, 수상에게 차와 과자를 제공하는 일은 2유형의 나눔과 따뜻함을 더욱 부각시킨다.

제이미와 아우렐리아의 사랑

설마 내 여자 친구가 내 동생과 바람을 필 줄이야, 제이미(콜린 퍼스 분)는 꿈에도 몰랐다. 두 사람을 등지고 프랑스의 시골로 떠난 그는 홀로 은거하며 작품 집필에 몰두한다. 그곳에서 포르투갈 출신의 가정부 아우렐리아를 만나 미묘한 감정을 느낀다. 하지만 서로의 말을 몰라 대화가 안 되는 두 사람. 사랑이 싹 틀 무렵, 제이미는 그녀에게 고백하지 않고 영국으로 돌아온다. 그리고 시작한 포르투갈어 공부. 그는 크리스마스를 가족과 함께 보내러 왔다가 갑자기 발길을 돌려 포르투갈로 떠난다. 그리고 아우렐리아 앞에서 가장 아름답고 다정한 청혼을 하며 두 사람은 한 몸으로 이어진다.

제이미는 아우렐리아에 대한 사랑의 감정이 진짜일까 망설이는 6유형의 인물이다. 하지만 사랑을 준비하기 위해 포르투갈어를 공부하는 유비무환의 모습을 보여주고, 오랜 고민 끝에 의심이 걷히자 용감하게 돌진하여 사랑을 쟁취한다.

아우렐리아는 조용함 속에 강한 용기를 지닌 5유형의 여성이다. 서로 말은 통하지 않지만 자신이 아는 말로 수다스럽지 않게 제이미와 대화를 하고 그녀 역시 제이미와의 사랑을 위해 영어를 공부한다. 자신의 실수로 제이미의 원고뭉치가 바람에 날려 연못으로 흩어지자 한 치의 망설임도 없이 그녀는 물속에 뛰어들어 원고종이를 하나씩 건져낸다. 그때 제이미는 망설이다가 "이럴 때 안 들어가면 남자도 아니지!"라며 물속에 뛰어든다.

줄리엣을 향한 마크의 짝사랑

로맨틱한 크리스마스 곡을 틀어놓고 짝사랑하는 그녀 앞에서 스케치북을 한 장 한 장 내리며 자신의 속마음을 다 보여주고는 쓸쓸하게 돌아서는 남자 마크. 영화 〈러브 액추얼리〉에서 가장 유명한 장면을 연기했던 그는 자신의 감정에 빠져 혼자 사랑을 키우는 4유형의 인물이다. 가장 친한 친구 피터의 아내인 줄리엣을 짝사랑해 온 그는 그녀에게 그대가 늙어 미라가 되어도 끝까지 사랑하겠다는 '내 안의 영원한 그대' 라는 4유형 식의 사랑을 고백한다.

언제나 옆에 있으면서 마크의 짝사랑을 조금도 눈치 못 챈 줄리엣은 7유형이다. 그녀는 자신이 관심 있는 사람에게만 시선이 가서 애인의 동성 친구와는 아무런 감정도 스스럼도 없이 지낼 수 있었다. 마크에게 자신의 결혼식을 찍은 영상을 보여 달라고 조르는 모습은 마치 어린아이의 모습과 흡사하다. 마크가 여러 이유를 대며 거절하자 마크에게 파이 만들어 줄게, 뭐 줄게 하면서 과하지 않는 순수한 어린아이의 태도가 드러난다. 또 마크의 고백을 받고 쓸쓸히 돌아서는 그를 쫓아가 볼에 살짝 키스를 해주며 그의 사랑을 쿨하게 대한다.

아마도 줄리엣과 마크와 줄리엣의 남편 피터는 앞으로도 얼마든지 좋은 관계로 지낼 수 있을 것이다.

빌리와 조의 우정

한물간 팝 가수 빌리(빌 나이 분)는 자신의 히트곡을 개사해 이번 크리스마스에 이목을 끌어볼 심산이지만 마음대로 되지 않는다. 우연히 지방 방송에 나가 돌발 발언과 행동을 하자 오히려 그것이 이슈가 되어 그는 주위의 이목을 끌게 된다. 마침내 젊은 가수들을 누르고 자신이 부른 곡이 1위를 하며 그는 제2의 전성기를 맞게 된다. 크리스마스 때 엘튼 존의 초대를 받은 그는 번뜩 마음이 움직여 화려한 파티의 자리를 마다하고 혼자 쓸쓸히 크리스마스를 보낼, 평생 동안 묵묵히 자신의 뒤치다거리를 해온 매니저 조를 찾아간다. 새로운 계기로 이제야 우정을 깨달은 엔터테이너 빌리, 그는 바로 7유형이다.

매니저 조(그레고르 피셔 분)는 앞에 나서지도 않고 뒤에서 퇴물이 된 빌리를 끝까지 지켜왔다. 빌리가 엘튼 존의 파티에서 그를 찾아오자 그는 거의 황송하게 빌리를 대한다. 그동안 자신은 그리 귀한 존재가 아니라 여겼기 때문에. 그리고 넌 내게 소중한 사람이라는 어색한 빌리의 고백에 큰 감동을 받는다. 그런 조는 9유형의 인물이다.

다니엘과 샘의 가족애

다니엘(리암 니슨 분)과 샘은 피 한 방울 안 섞인 부자지간이다. 다니엘이 샘의 엄마와 사랑에 빠져 결혼하지만 얼마 안 가 샘의 엄마가 세상을 떠나게 되면서 두 사람은 부자지간으로 세상에 남겨진다. 다니엘은 5유형의 인물이다. 그는 아내에 대한 사랑을 점잖게 관조한다. 아내의 사진을 사람들에게 보여주면서 가사는 몰라도 음조는 장례식과 어울리지 않는 곡을 선택하여 유난스럽지 않게 자신의 사랑을 표현한다. 그는 사람과 거리를 두는 평균수준의 5유형과 달리 성숙한 5유형으로 자신이 믿고 사랑하는 것에 의심 없이 접촉한다. 아내를 추억하고 샘을 돌보면서. 또한 샘이 첫사랑으로 고민할 때는 가슴속 깊은 곳에 숨겨진 애정을 발휘하여 아들을 지지하고 돕는다.

소년 샘은 7유형의 특성인 소년성이 그대로 나타난다. 자신이 사랑한 미국인 소녀(조안나)의 마음을 얻기 위해 방문을 걸어 잠그고 끼니도 거르면서 드럼 연주에 몰두한다. 조안나와 함께 하는 공연에서 드럼을 치는 샘은 싱어 조안나의 손짓에 따라 갑자기 기분이 좋아졌다 나빠졌다를 반복한다. 아빠 다니엘의 응원에 힘입어 돌발 행동을 감행하고 공항에서 경찰에 끌려오면서도 만족스럽고 장난스런 웃음을 보여주는 샘은 소년 그 자체이다.

오래된 부부, 해리와 카렌

카렌의 남편이자 두 아이의 아버지이며 회사의 사장인 해리(앨런 릭맨 분). 그는 오는 사람 막지 않고 가는 사람 잡지 않는 9유형의 남성이다. 그래서 매력적인 비서 메이가 그에게 애정공세를 펼쳐도 받아들이지도 거부하지도 않는다. 또한 매번 크리스마스마다 아내인 카렌에게 똑 같은 음악 CD를 선물할 만큼 둔감하고, 메이의 크리스마스를 선물을 샀다가 아내에게 들킬 만큼 치밀하지도 못하다. 카렌의 눈물 섞인 훈계를 들을 때도 그는 한 마디 대꾸도 하지 못하고 아내가 그를 용서하자 겨우 안심한다. 하지만 그는 부하 여직원(사라)에게 사랑에 관한 힌트를 줄 만큼 직원들이 소외당하지 않도록 챙기는 자상한 사장님이다.

카렌은 1유형이다. 크리스마스, 가족들이 선물을 주고받는 자리에서 남편의 코트 안에 있던 목걸이가 자신이 것이 아님을 알고, 남편이 메이에게 마음이 흔들리는 것을 알아채고도 함께 있는 아이들을 위해 감정을 드러내지 않고 혼자서 수습한다. 그리고 남편과 둘이 있게 되자 그녀는 일단은 돌려서 말을 꺼낸 후, 젊잖게 남편을 훈계하고 꾸짖는다. 그리고 남편을 용서하는 그녀는 성숙한 1유형의 여성이다.

해리와 메이, 상사와 부하직원의 불륜

메이는 젊고 날씬하고 눈이 큰 섹시한 여성이다. 그녀는 해리의 비서이면서 그에게 성적 암시가 가득 담긴 말과 행동으로 그를 거침없이 유혹한다. 해리의 아내 카렌이 지켜보는 크리스마스 파티 자리에서도. 그가 자신에게 넘어올 거라는 자신감이 있기에 유혹이 가능하다. 그녀는 해리를 졸라 크리스마스 선물을 받고, 그로 인해 해리와 카렌은 갈등에 휩싸이게 된다. 당당하고 매력적이며 자신감에 차 있는 그녀, 붉은색 옷이 잘 어울리는 그녀는 3유형이다.

칼과 사라, 이루어질 없는 사랑

해리의 부하 직원 사라. 그녀는 입사 이후 지금까지 칼을 짝사랑해왔다.

이를 눈치 챈 사장 해리는 그녀에게 칼도 너를 사랑하니 잘해보라며 그녀를 챙겨준다. 용기를 얻은 그녀는 둘 사이의 사랑을 확인한다. 자신의 집에서 칼과 사랑을 나누려 할 때, 정신병원에 있는 오빠에게서 전화가 와 산통을 깨고 만다. 그녀의 오빠는 매일매일 그녀에게 전화를 해왔던 것. 그날만큼은 받지 않아도 될 텐데 사라는 오빠의 전화를 받으며 사랑 대신 가족을 선택하고 만다. 그런 그녀는 2유형의 여성이다.

사라가 전화를 받을 때 칼은 한 발짝 뒤로 물러선다. 그 역시 그녀를 사랑하지만 그런 그녀의 현실을 함께 나누지 않고 뒤로 물러서버린 것이다. 그리고 감정을 분리하여 '메리 크리스마스'로 이별 인사를 대신하고 떠나는 그는 5유형이다.

콜린과 토니의 우정

여자 꼬시기에 환장한 영국 청년 콜린. 눈에 보이는 아무 여자에게 집적거리는 밉지 않은 캐릭터이다. 그는 여성에 대한 부풀린 환상, 자신은 대단하다는 생각, 자주 드는 흥분 상태, 좀 더 자유로워 보이는 미국 여성과 로맨스를 위해 미국으로 여행을 떠나는 7유형의 유쾌함을 유감없이 발휘한다.

토니는 콜린의 동성 친구다. 콜린이 "나는 윌리엄 왕자야!"라고 외치면 "절대 아니야!"라고 맞받아치고 콜린의 여자 꼬시기에 면박을 주고 미국으로 떠나는 콜린에게 넌 거기서 죽을지도 몰라, 라고 걱정하는 6유형이다. 하지만 두 사람은 죽이 척척 맞는 콤비이다.

그리고 영화 〈러브 액추얼리〉는 공항에서 모든 주인공들이 각자의 연인과 가족을 다시 만나면서 끝을 맺는다.

이렇게 짤막한 스토리로 구성된 옴니버스 영화에서 유형을 엿보기란 쉽지 않다. 하지만 에니어그램은 삶이고 고유의 특성이기에 잠깐씩의 삶에서도 충분히 짐작해 낼 수가 있다.

이런 질문이 있다. 우리는 누구이며 어디에서 와서 어디로 가는가?

이 오래된 질문에 심오하게 대답할 마음은 없다. 하지만 공항에서 시작해서 공항에서 끝나는 이 영화를 보고 있자면 우리는 지구별을 여행하는 여행자이며 지구라는 공항에서 누군가를 기다리고 끝없이 서성이는 외로운 사람들이다. 우리가 탈 비행기가 언제 올지, 어디로 가는지도 모르면서.

단 한 가지 확실한 것은 지금 우리는 지구에 있고, 사랑은 현존하고 있다는 사실이다. 어느 유형과의 관계이건 사랑하고자 한다면 어울리지 않는 사람은 없다는 것이다.

그래서 우리는 사랑을 해야 한다.

이 질문에 대한 나의 대답은 이것이다.

이보다 더 좋을 순 없다
(As good as it gets, 1997)

마음이 천국을 만들고 또 지옥을 만든다.
-존 밀턴

병적인 강박증이 사랑으로 나아질 수 있을까.

〈이보다 더 좋을 순 없다〉를 보면 유달이라는 1유형의 괴팍한 남자에게 흥미를 느끼면서도 한편으로는 과연 그의 병적인 강박증이 사랑을 통해 나아질 수 있을까, 라는 의구심이 동시에 드는 것도 사실이다.

로맨스 소설가라고는 하지만 사랑에 대해서는 미숙한 멜빈 유달(잭 니콜슨 분). 그는 다섯 번씩 문을 잠가야 안심을 하고, 비누를 뜨거운 물에 삶아야 하고, 금을 밟지 않고 걸어야 하고, 어떤 물건도 규격에 맞춰놓아야 하는 강박적인 사람이다. 식사도 정해진 식당에서 정해진 자리에서 정해진 메뉴를 자신만의 식기로 해야 한다. 누군가 자신의 자리에 앉기라도 하는 날이면 그는 난리를 치며 손님을 내쫓는다. 또한 언제나 누구에게나 심지어는 자신의 애독자에게까지 독설을 퍼붓고 다닌다. 청결, 강박 같은 유달의 모습은 1유형의 전형적인 모습을 병적으로 연출한 것이며 유달의 독설이나 지배욕(자신의 자리를 차지하려는 모습)은 1유형의 의식이 낮을 때 나타나는 모습이기도 하다.

영화의 첫 장면에서 유달은 옆집 강아지가 오줌을 싸려 하자 험악한 말을 하며 강아지를 쓰레기통에 집어 던진다. 애정이라곤 조금도 없는 사람이 연애 소설을 쓰다니. 어이가 없는 이웃이 그에게 이런 말을 던진다. "사랑이 뭔지나 아세요? 미스터 유달!"

그런 그와 운명적으로 사랑에 빠지게 되는 여인이 바로 캐롤이다. 그녀는 유달의 단골식당에서 일하는 종업원이다. 유달은 오직 그녀의 서빙만 받으려고 하고, 캐롤은 섬세함과 부드러움으로 아무도 상대하지 않는 괴팍한 그에게서 남들이 보지 못한 따뜻한 마음을 읽어낸다. 그녀는 천식을 앓는 아들을 헌신적으로 키우고, 게이 화가 사이먼의 예술성에 감화되어 그를 위해 기꺼이 누드 모델이 되어주기도 한다. 이런 캐롤의 모습은 인간애가 드러나는 건강한 수준의 2유형의 모습이라 할 수 있다.

유달이 괴팍하기는 하지만 1유형 역시 건강한 수준에서는 즐겁게 사랑을 노래할 수 있다. 이웃의 사이먼이 사고를 당하자 유달은 어쩔 수 없이 강아지를 대신 기르게 된다. 낯선 환경에서 끙끙거리며 먹이를 먹지 않는 강아지를 위해 유달은 신기하게도 피아노를 쳐주며 노래를 부른다. "인생을 밝게 바라봐요. 명랑한 눈으로 봐요." 평소 유달의 모습을 생각하면 상상하기가 힘들지만 1유형의 의식이 좋아지면 7유형의 즐거움을 지향하게 된다.

그는 심지어 사이먼의 강아지와 이별의 순간이 찾아오자 울기까지 한다. "개 한 마리 때문에 가슴이 미어지다니." 유달은 평소 느껴보지 못한 감정 때문에 정신과 의사를 찾기도 하고(의사 역시 1유형이다. 예약 없이 불쑥 찾아온 유달을 내쫓는 그를 보면 이 영화는 1유형의 아이러니를 재미있게 그렸다.) 드디어 자신 속에 숨겨진 애정을 감지하고 변화를 느낀다. 그리고 그는 자신이 캐롤을 마음에 두고 있음을 깨닫고 그녀에게 조금씩 다가간다.

캐롤이 아들의 병 때문에 출근을 못하자 출판사 사장의 남편(의사)을 캐롤의 집에 보내 아들을 치료하게 한다. 갑작스런 유달의 호의에 캐롤은 의심과 감사를 동시에 느끼며 미묘한 감정의 변화를 감지한다. 하지만 유달은 자신의 마음을 솔직히 드러내지 못하고 평소처럼 입만 열면 나오는 독설 때문에 그녀를 실망시키고 만다. 유달의 깊은 마음에는 내 사랑이 받아들여지지 않을까봐, 걱정하는 부정적인 신념과 혹시라도 자신이 실수할까봐 걱정하는 강박이 사랑의 감정을 억누르고 있어서 그의 입에서는 칭찬과 사랑의 달콤한 말이 나올 수 없었던 것이다.

유달과 캐롤은 사이먼을 위해 여행을 떠나고 여행지에서 유달과 캐롤은 첫 데이트를 하게 된다. 춤이나 노래 등 유흥에 대해 청교도적인 자세를 취하는 1유형인 유달은 캐롤이 춤을 추자는 제의를 무시한다. 다시 분위기를 잡고 사랑은 이루어질 듯 하지만 결정적인 순간의 유달은 또다시 실언을 하며 산통을 깨고 만다.

하지만 사이먼의 도움으로 두 사람은 다시 만나게 되고, 유달은 처음으로 사랑을 고백한다. "난 진심으로 당신이 최고로 멋진 여자라는 것을 유일하게 알고 있는 남자요. 다른 사람들은 당신의 참모습을 놓쳐도 난 알기에 늘 흐뭇하오. 내가 당신 곁에 있는 게 그렇게 싫어요?"

강박 속에서 살던 1유형의 유달이 자신의 껍질 속에 숨겨진 진짜 마음을 알게 되고 표현하기에 이른 것이다. 유달의 고백을 받은 캐롤은 그의 괴이함(강박)에 여전히 벽을 느끼지만 그의 따뜻함과 선함을 알기에 용기를 내본다. 2유형인 그녀는 다른 사람들보다 사랑을 많이 받고 많이 줄 수 있는 사람이기에 두 사람의 사랑은 가능성과 희망이 보인다.

성격을 벗어나 변화하려는 유달은 그토록 밟기 꺼려했던 작은 금을 살짝 밟아보는 자유에 이르는 첫 발을 내디딘다. 작은 금을 밟고 캐롤에게 가지만 여전히 중앙의 큰 금은 피해 밟고 있는 자신을 보면서 유달은 더욱 노력해야 함을 스스로 느꼈을 것이다.

빵가게가 문을 연 새벽, 두 사람은 금을 사이에 두고 두 손을 맞잡고 함께 걷고 있다. 새벽의 데이트는 한계를 알면서도 사랑하게 된 두 사람의 시작을 말하고 있다. 한계를 알면서 사랑하게 된 두 사람. 이제부터 1유형의 강박증은 극복 가능할지도 모른다. 2유형의 넘치는 사랑이 1유형의 강박을 서서히 녹일 것이고, 사랑을 알게 된 1유형은 자신의 철저함을 두 사람을 위해 헌신할 것이니까. 그래서 둘 사이의 한계는 점점 사라지게 될 것이니까.

드림걸즈(Dreamgirls, 2006)

남들을 감동시키려면 우선 자기부터 감동하지 않으면 안 된다. 그렇지 않으면 아무리 뛰어난 작품이라도 생명이 길지 못하다.
– 밀레

드림메츠의 세 멤버인 디나(비욘세 놀즈 분), 에피(제니퍼 허드슨 분), 로렐(애니카 노니 로즈 분). 그녀들은 열정과 재능에 젊음과 아름다움까지 겸비했지만 정작 오디션은 매번 탈락하며 가수의 꿈을 이루지 못한다. 하지만 커티스(제이미 폭스 분)가 드림메츠의 가능성을 한눈에 알아보고 인기가수 제임스 썬더 얼리(에디 머피 분)의 백업으로 영입하면서 그녀들의 앞날은 서서히 열리기 시작한다. 얼마 후 커티스의 놀라운 수완 덕에 그녀들은 백업가수가 아닌 진짜 가수로서 당당히 데뷔하고, 그녀들은 강력한 에너지를 내뿜으며 화려한 인기가도를 숨 막히게 달려 나간다.

여성 가수들의 폭발하는 가창력, 화려한 의상과 춤 솜씨가 관객들의 눈과 귀를 쉴새없이 자극하는 뮤지컬 영화 〈드림걸즈〉는 꿈을 이루기 위해 치열하게 노력하고 끝내 성공을 일궈내고야 마는 3유형의 적극성을 완벽하게 보여주는 작품이다.

남들은 알아보지 못한 보석의 원석을 발견한 남자 커티스. 그는 날카로

운 안목으로 상대방의 재능과 욕구를 단번에 알아채고 성공하는 방법을 본
능적으로 알고 있는 3유형의 인물이다. 미국의 1960년대는 아무리 뛰어난
흑인가수라 할지라도 아직까지는 백인 사회에서는 인정받을 수 없던 시절
이었다. 방송조차 탈 수 없었던 열악한 상황에서 커티스는 드림메츠 3인방
을 주류 사회에 편입시키기로 마음먹고 백방으로 뛰어다닌다. 모두가 불가
능하다고 하지만 그는 수단과 방법을 가리지 않고 돈을 긁어모았고 그 돈
으로 백인 프로듀서를 구워삶아 마침내 드림메츠를 드림걸즈로 이름을 바
꾸고 화려하게 데뷔시킨다. 타고난 사업가 커티스는 유능한 3유형이 마음
만 먹으면 불가능도 가능하게 만드는 놀라운 재능을 지녔음을 단적으로 보
여준다.

이후, 커티스는 에피의 반발에도 불구하고 팀의 리더를 에피에서 미모가
뛰어난 디나로 바꾸면서 드림걸즈를 철저하게 성공할 수 있는 시스템으로
재구성한다. 또한 동업자이자 성공의 발판이 되어주었던 제임스와 그의 매
니저를 배신하고 자신만의 레코드사를 차리며 사업가로도 자리를 굳힌다.
그는 가수와 음악을 모두 팔 수 있는 상품으로 생각하고 그 기준에 맞춰 신
곡을 선택하고 새로운 콘셉트를 잡아간다. 공연장을 찾아와 딸의 성공에 감
탄하는 디나의 어머니에게 커티스는 이렇게 말한다. "그녀는 품질이 좋은 상
품입니다."

커티스의 이런 모습은 3유형이 성공에 과도하게 집착할 때 종종 나타나는
행동들이다. 성공을 위한 과정을 무시하거나 생략하고, 주위 사람의 기분에
는 상관하지 않고, 상대의 이용 가치가 떨어지면 가차 없이 내쫓아버리는 모
습들. 성공에 눈이 먼 커티스는 백인이 흑인들에게 자행하던 악행─많은 백
인가수들이 흑인은 중앙무대에 진입할 수 없다는 약점을 이용해 흑인들의
히트곡을 자신의 곡으로 바꿔 발표함─을 팀을 탈퇴한 에피에게 그대로 저

지르고 만다.

초심을 잃고 지배적이고 독단적으로 변한 커티스. 심하게 면박을 준 제임스가 자살하고, 디나에 의해 에피에게 저지른 악행이 들통나면서 그에게서 사람들은 하나둘 떠나간다. 이제는 초일류 디바이자 세계적인 유명인사가 된 '디나와 드림걸즈'(에피 대신 새 멤버를 영입하며 새로 지은 이름)도 그를 떠나기로 마음먹고 마지막 고별 무대에 오른다.

그 어느 무엇도 영원할 수 없지만 팬들은 영원히 잊지 않고 사랑하겠다며 노래를 부르는 드림걸즈. 디나는 마지막 무대에서 드림걸즈는 원래 세 명이 아니라 네 명이라며 탈퇴했던 에피를 소개한다. 초대 리더이자 강력한 가창력을 소유한 에피가 등장하면서 고별무대는 절정에 다다른다.

고별 무대를 씁쓸한 얼굴로 지켜보고 있던 커티스. 그는 관객들 틈에서 한 아이를 발견하고 황급히 아이에게 달려간다. 에피가 낳은 자신의 딸이란 사실을 직감한 커티스는 애통한 표정을 짓고 영화는 막을 내린다.

영화 〈드림걸즈〉는 커티스의 말과 행동을 통해서 3유형이 건강할 때와 그렇지 못할 때 상황을 무리 없이 잘 보여주고 있다. 영화 속에는 3유형의 커티스 이외에도 여러 유형이 등장해 커티스와 역동적인 관계를 맺는다. 이를테면 커티스에게 실연당하고 팀에서 쫓겨나는 에피는 원래 팀의 리더였을 만큼 리더십이 있고 차라리 부러질지언정 휘지는 않는 8유형의 여성이다. 팀에서 나간 후 팀원들에 맺힌 원한은 사그라들 줄 모르고, 그들이 내민 도움의 손길도 매정하게 거절한다. 또 드림걸즈의 새 리더인 디나는 리더가 바뀌는 상황을 방관하거나 자신의 선택을 남편 커티스에 일임하는 것을 보면 6유형에 가깝다. 마지막으로 왕년엔 스타였으나 재기 불능의 상태에서 자살한 제임스는 7유형의 인물이다. 커티스의 지시를 무시하고 무대에서 노래를 바꿔 부르고 수많은 사람들 앞에서 바지를 벗어버리는 장난기는 7유형이 억압을 받을 때 보여주는 그들만의 엉뚱한 저항 방식이다.

〈드림걸즈〉는 3유형적인 작품이다. 영화 속 인물들은 3유형을 중심으로 6유형, 7유형, 8유형이 역동적으로 얽히고 설키면서 성공을 향해 매진해 나가는 3유형적인 삶의 전형을 보여주고 있다.

글루미 선데이(Gloomy Sunday, 1999)

무한한 가능성을 잉태한 미래의 관념이 미래 그 자체보다 더 중요한 것이다. 소유
보다 희망에, 현실보다 꿈에 한층 더 많은 매력이 있는 것이다.
－앙리 베르그송

영화 〈글루미 선데이〉는 한 여인과 그녀를 사랑한 세 명의 남자가 만들어
낸 낭만적이고 비극적인 사랑과 실연 그리고 복수의 이야기를 동명의 테마
곡 '글루미 선데이' 선율처럼 매혹적이고 음울하게 표현한 작품이다.

영화의 테마곡 '글루미 선데이'에는 비극적 사건이 얽혀 있다. 1935년 헝
가리에서 처음 발표됐을 당시 헝가리는 물론 유럽과 미국에서 수백 명의 젊
은이들이 이 곡을 듣고 자살을 선택한 비극적인 사건이 실제로 있었던 것이
다. 이 영화는 그런 실화와 제2차 세계대전이라는 비인간적인 상황과 유대
인과 독일인의 관계 속에서 여러 유형의 인물들을 다채롭게 묘사한다.

영화는 1999년 헝가리 부다페스트의 한 레스토랑에서 노령의 독일인 사
업가가 갑작스런 죽음을 맞이하면서 시작한다. 죽은 사업가의 이름은 한스
(벤 벡커 분). 60년 전의 추억이 서린 레스토랑을 방문한 그는 사랑했던 여인,
일로나(에리카 마로잔 분)의 낡은 흑백사진을 본 후 잠시 감상에 빠져 있다 글
루미 선데이의 선율이 흐르자 갑작스런 심장마비로 사망한다. 그리고 쓰러

진 그의 옆에서 들려오는 외침소리. "이 곡은 저주 받은 곡이야!"

60년 전 그 레스토랑. 사장인 자보(조아킴 크롤 분)와 지배인이자 그의 매력적인 연인 일로나는 다정하게 가게를 꾸려나가고 있다. 새로 들어온 피아니스트 안드라스(스테파노 디오니시 분)와 일로나가 서로의 매력에 빠지며 애정의 삼각관계가 그려진다. 거기에 독일인 한스까지 일로나를 사랑하면서 세 남자가 동시에 한 여인을 사랑하는 상황이 벌어진다. 자보는 일로나에게 실연당하고 강에 뛰어든 한스를 구해내고, 사랑에 빠진 일로나와 안드라스 앞에서 일로나의 반만이라도 가지겠다고 당당하게 선언한다. 그 후 세 사람은 레스토랑 사장, 지배인, 피아니스트의 자리를 지켜가면서 공동의 사랑과 공동의 사업을 유지해간다. 그러나 행복도 잠시, 독일군 장교가 된 한스가 그들 앞에 등장하면서 네 사람의 관계는 비극으로 치달아간다.

작품을 지배하는 '글루미 선데이'를 작곡한 피아니스트 안드라스. 그는 4유형에 속하는 인물이다. 우수한 찬 눈빛, 온몸에 흐르는 외로움, 예민함과 감수성, 물건에 대한 애착은 독특하고 감성적인 4유형 예술가의 모습이다. 그의 정신세계는 현실보다는 예술에, 물질보다는 정신에 더 가치는 두며 종국에는 모멸 속의 생존이 아닌 존엄한 가치를 위해 자살을 선택하고 만다.

그를 사랑했던 매혹적인 여인 일로나 역시 4유형의 인물이다. 한스가 그녀를 인간이 아닌 천사라 칭송할 만큼 천상의 매력을 지녔던 그녀는 세 남자 사이에 핀 꽃이며 이 영화의 핵심이기도 하다. 안드라스가 우수와 외로움의 4유형이라면 일로나는 우아한 아름다움의 4유형이다. 사회성이 부족한 안드라스에 비해 일로나는 내면과 현실이 균형 잡힌 모습, 즉 예술 감각이 있는 레스토랑의 지배인으로 세상을 살아간다. 그녀의 사회성과 섬세함은 내적으로 고통받는 안드라스에게 위로와 용기가 되어준다.

한 여자와 두 남자의 기묘한 공생관계를 가능하게 한 사람은 바로 자보이다. 그는 일로나의 첫 번째 연인이자 자보 레스토랑의 주인이고 안드라스를 고용한 사장이며 안드라스를 대신해 안드라스의 곡 '글루미 선데이'를 음반 회사와 성공적으로 계약한 타고난 협상가이다. 그는 자신의 왕국(자보 레스토랑)에서나 밖에서나 매력적인 존재로 자신을 잘 드러낼 줄 알고 사람을 다룰 줄 아는 3유형의 인물이다. 안드라스에게 돈밖에 모른다는 말을 듣고 같은 유대인들에게서 안식일에도 일한다는 비난을 받아도 그는 능수능란하게 받아넘기며 오히려 그들을 자신의 편으로 만든다. 사랑에 있어 4유형이 전부를 가질 수 없다면 아무것도 갖지 않겠다는 신념이라면 3유형의 자보는 "당신의 반만이라도 갖겠어."라며 실연 즉 자신의 실패를 인정하지 않는다.

피크닉을 떠난 세 사람. 일로나를 중심으로 왼쪽에는 자보가 오른쪽에는 안드라스가 누워 있다. 일로나는 말한다. "이제부터 우린 하나라고." 이들의 행복은 영원히 이어질 것만 같다.

하지만 그들 사이에 달갑지 않은 손님 한스가 끼어든다. 일로나에게 거절당할 때만 해도 순진하고 의존적이었던 그는 독일군 장교가 되어 세 남녀 앞에 나타나면서 비열한 유대인 장사꾼으로 돌변한다. 가슴보다는 머리에서 나오는 대사들, 남의 시선에 대한 과도한 의식, 야심과 권위적인 태도로 볼 때 한스는 건강하지 못한 6유형의 인물이다.

제2차 세계대전이라는 비인간적인 상황 속에서, 한스는 세 남녀를 비극 속으로 내모는 인물이다. 그는 안드라스에게 연주를 강요하고 안드라스는 내면에서 마지막 남은 자존심마저 짓밟히는 소리를 듣고 그의 권총을 빼앗아 자살한다. 생명의 은인이고 실연당한 자신에게 용기를 주었던 자보를 유대인 수용소로 끌려가도록 내버려두고, 그 틈에 자보의 연인 일로나를 겁탈한다.

안드라스가 권총 자살한 후, 자보는 슬퍼하는 일로나에게 '글루미 선데이' 와 안드라스에 대해 이런 말을 남긴다. "그 음악의 의미는 인간에게 있는 존엄성을 일깨워준다. 모멸 속에 사느니 죽음을 선택하는 게 낫다. 그는 결국 존엄을 찾아 떠났다."

마지막 남은 존엄을 지키기 위해 죽음을 선택했던 사람들의 영화 〈글루미 선데이〉. 이 영화는 그 자체로도 이미 4유형의 영화라고 볼 수 있다.

<글루미 선데이> 속에 나타난 자살 심리―등장인물들의 관점에서 본 자살 심리에 대하여

정경숙 (한국에니어마인드연구소 회원, 4유형)

음울하고도 감미로우며 듣는 이의 마음에 호소하는 듯한 아름다운 음악을 들으면 자살하고픈 충동이 생기는 것일까?

영화에서 '글루미 선데이' 를 듣고 처음 자살하는 사람은 레스토랑에서 늘 그림을 그리던 남자다. 그는 음악을 들으며 심각하게 고뇌하더니 이런 메모를 남기고 다음날 목을 매 자살한다. "너무나 아름다운 곡, 떠나야겠소." 너무나 아름답다고 느끼면 이 세상을 떠나고 싶어지는 걸까? 다른 무슨 이유가 있다 하더라도 그 곡이 그에게 이 세상을 버리고 싶게 만드는 동기를 준 것만은 분명하다.

첫 번째 희생자를 필두로, 아름답고 부유한 재벌가의 딸도 손목의 동맥을 끊어 자살한다. 자보 레스토랑에서 그 음악을 들을 때, 매료된 그녀의 멍한 눈길은 그녀가 현실 저 너머 다른 세계로 이미 빠져 나간 상태임을 보여준다. "감정의 조화가 완벽해요. 곡에 가사를 붙일 필요가 없죠, 선율로 느껴지

364

는데.” 그녀는 생활고에 시달리지 않아도, 실연을 당하지 않았어도, 혹은 허무주의에 침몰당하지 않았어도, 때론 그렇게 아름다움만을 위해 기꺼이 죽을 수도 있지 않았을까? 유미주의자라면 그녀의 죽음은 행복했을 것이다.

그리고 안드라스의 자살! 나치 독일의 비인간성에 분노하던 그는 독일군 장교 한스가 유대인 자보를 모욕하는 자리에서 견딜 수 없는 모멸감을 느낀다. 피아노 연주를 강요하는 한스와 꼼짝 않고 버티는 안드라스, 그들의 팽팽한 긴장감속에서 애인을 구하려고 노래를 부르는 일로나. 안드라스에게 피아노를 치도록 하기 위해 부른 노래였지만, 처음으로 듣게 된 일로나의 노랫소리에 안드라스는 그만 빠져들고 만다.

독일군의 총 앞에서 무력할 수밖에 없는 절대절명의 순간을 무사히 넘겼다고 일로나가 안도하는 순간 울려퍼지는 총소리—순간 그녀는 독일군 한스가 안드라스를 죽였다고 생각했다. 그러나 사실은 안드라스가 한스의 총을 빼앗아 자살한 것이었다. 자신의 곡 때문에 수많은 사람들이 자살한 데 대해 자책감을 느낀 안드라스는 몇 년 전부터 이미 자살을 염두에 두고 있었다. 심장을 멎게 하는 약병은 자보가 빼앗아 보관했지만, 그에게 자살할 시간은 언제라도 열려 있는 셈이었다.

무시당하고 모멸감 속에 사느니 스스로 존엄을 지키고자 선택하는 사람, 수치를 감수하면서 목숨을 이어가는 것은 더 이상 그에게 가치 없는 일이었다. 차라리 사랑하는 여인이 노래를 불러주는 황홀한 도취 속에 순간적으로 맞이하는 권총자살을 택하는 편이 최상일 수도 있을 것이다. “내 마지막 호흡 안고 집으로 돌아가네. 나 헤쳐온 어둠 속 안전한 대지에.” 안드라스가 그 곡에 붙여 놓은 가사에서 그의 죽음은 이미 예고되어 있었고, 그로서는 가장 절묘한 타이밍에 맞춘 극적인 자살이었다.

자보는 가스실의 연기로 사라져 갔지만, 사실 그도 자살할 기회를 놓쳤을 뿐 스스로 약을 먹고 죽으려 하였다. 삶의 당위성에 대해 결코 흔들림 없이 가능한 한 생의 낙관적인 면만을 보던 자보이지만, 한스에게서 독일인의 냉혹함을 깨닫는 순간 삶에 대한 그의 의지는 무너지고 만다. '글루미 선데이' 가 들리자 "빠지지 않기 위해서!"라고 하며 거칠게 음악을 꺼버린 그가 감상적인 그 곡을 거부하고 일상의 삶을 위해 집을 나서는 순간, 그를 잡으러 온 한스의 부하들을 보고는 절망한다. 그리고 안쓰러운 그의 마지막 노력을 포기하고 만다. 급히 몸을 숨겨 잠시 시간을 번 그가 유서를 쓴 직후, 보관하고 있던 약병을 마실 사이도 없이 독일병들이 들이닥치고 만다.

나중에 일로나가 피아노 안에서 발견한 자보의 유서에는 "안드라스의 곡이 울려퍼지고 있소, 내게도 결국은 존엄이 있었고, 난 그의 길을 택하겠소. 당신만은 꼭 살아주시오." 인간에게 있어 생존보다 더 중요한 건 자신의 존엄성인가?

그러나 비굴할지라도 끝까지 살아남으려던 자보가 막다른 골목에서 자살을 선택함으로써 마지막 존엄을 지키려 했던 그의 의도는 실현되지 못하였다. 그는 체포되었고, 독가스로 처형될 수용소행 기차에 오르기 직전 한스를 만난 그가 잠시 또 희망을 가져보지만 한스의 비열함 앞에서 그의 기대는 여지없이 무너지고 만다. 그가 자살을 택할 수밖에 없었음을 확인시켜주는 장면이다.

이 영화에 나오는 여러 사람들이 자살과 연관되어 있지만, 한스만은 자살하지 않고 80세까지 부당한 영화를 누리고 산다. 애초에 한스는 일로나에게 실연당하고서 한 번 자살을 시도한 적이 있었다. 그러나 그때는 그의 진실성을 의심해보지 않을 수가 없다. 자보가 지척에 있어 곧 달려와 구해줄 수 있는 상황이었기 때문에, 짐짓 자신의 감정을 과장해서 보여주기 위한 해프닝의 냄새가 짙다.

　나치의 유대인 학살 때 누구보다도 악행을 저지른 그이지만 과거 자신이 유대인들에게 저지른 행위에 대하여 전혀 뉘우침이 없었다. 다시 찾은 자보 레스토랑에서 그때의 그 음악—'글루미 선데이'를 들으며 회한에 젖어 자살을 하지도 않는다. 만일 결말이 그와 같은 도식으로 끝났더라면 '글루미 선데이'라는 음악과 관련된 일관된 흐름—즉 '자살 연쇄사건'의 아귀는 딱 맞았겠지만, 영화의 결론으로는 너무 상투적인 것이 되었을 것이다.

　그 대신, 그는 일로나의 멋진 복수에 의해 죽임을 당한다. 자신의 두 애인을 죽음으로 내몰고 강제로 그녀를 차지하여 아들까지 낳게 한 한스를 그녀는 끝까지 기다려 왔다. 50년간 독약병을 간직하고서! 그리고 마침내 그가 왔을 때 감쪽같이 그를 살해한 것이다. 아무도 눈치채지 못하고, '글루미 선데이'의 저주라는 통설에 휩싸여서 자연스럽게 살인은 마무리된다.

코러스(The Chorus, 2004)

운명의 장난은 재물을 빼앗아갈 수는 있지만 마음의 용기까지는 빼앗아가지 못한다.
－세네카

영화 〈코러스〉에는 천사의 목소리가 들린다. 환상적인 목소리의 아이들과 그 아이들을 지휘하는 대머리 음악교사, 이들의 이야기는 척박함에서 웃을 수 있고 열악함에서 열정을 발휘해낸 5유형과 9유형의 이야기다.

제2차 세계대전 직후, 프랑스의 어느 기숙소년학교. 체벌로서 아이들을 가르치는 이곳에 마티유라는 중년남자가 임시직 교사로 부임해 온다. 음악가인 그는 엄격하고 비인격적으로 아이들을 훈육하는 교장 라신의 방침에 반발심을 갖고 학생들을 위해 합창단을 꾸린다.

토요일마다 아빠를 기다리며 교문에 서 있는 고아 페피노, 엄마의 관심을 얻기 위해 천사의 얼굴로 말썽을 일삼는 모항주(바티스트 모니에 분)처럼 어른들의 관심과 애정에 목말라 하는 아이들은 자신들의 실수와 말썽을 유머와 용서로 받아넘기는 마티유 선생에게 조금씩 감화되어 열성적으로 합창 연습에 몰입한다.

교정에 노래 소리가 울려 퍼지자 아이들은 물론 동료 교사, 심지어는 합창단에 탐탁지 않던 교장조차도 밝게 변하면서 어둡고 엄격했던 학교는 활기가 넘친다. 하지만 문제 학생 몽당이 전학 오면서 학교는 술렁이기 시작한다. 마티유는 몽당을 합창단에 합류시키려 노력하나 몽당은 마티유에게 대들고 친구들을 괴롭히다 누명을 쓰고 학교에서 쫓겨나고 만다.

그런 몽당 때문에 합창단은 잠시 해체되지만 학교를 후원하는 백작부인 앞에서 그동안 갈고 닦은 실력을 뽐내면서 아이들과 마티유는 진정한 행복감을 맛본다. 그러나 앙심을 품은 몽당이 학교에 불을 지르고 마티유는 사건의 책임을 지고 학교를 떠난다. 오랜 세월이 흘러 모항주는 유명한 음악가가 되고 페피노는 그에게 마티유 선생의 낡은 일기장을 그에게 건넨다. 일기장을 읽으며 모항주와 페피노는 옛 추억에 잠긴다.

영화 속에서 학교장 라신은 액션 – 리액션(말썽 – 체벌)을 최상의 교육방침으로 삼고 아이들과 교사 위에서 군림하는 건강하지 못한 1유형의 인물로 등장한다. 그가 지배하는 학교에서 아이들은 억울하고 부당한 대우를 받고, 권위자라 할 수 있는 교사들마저도 교장에게 억눌려 지낸다.

억압과 권위에 짓눌린 곳에 9유형의 대머리 음악교사 마티유가 등장하며 상황은 변한다. 마티유는 교장과 다른 교사들과 달리 아이들에게 체벌이 아닌 용서가 있음을 보여준다. 자신을 조롱하는 그림을 그린 모항주를 체벌하는 대신 모항주를 우스꽝스럽게 그림으로써 아이들을 웃기고, 자신의 악보를 훔쳐간 아이들에게 화를 내지만 용서한다.

교장의 방침에 불만을 가진 마티유는 그만 두었던 음악을 아이들에게 가르치기로 결심한다. 그는 아이들과 함께 합창단을 꾸리고 아이들의 재능, 특히 모항주의 천부적인 목소리를 발견해낸다. 그는 자신의 공을 가로채는 교장을 대수롭지 않게 웃어넘기고 아이들의 코러스를 지휘하는 데만 전념한다. 공적이나 성공에는 관심이 없고 자신의 잃어버린 꿈을 아이들과 함께 꾸는 마티유는 메마르고 권위적인 1유형의 공간에 여유와 용서 그리고 음악의 감동을 선사하는 9유형으로 영화 속에 큰 역할을 해낸다.

엄마와 교사들은 모항주를 말썽장이인 줄로만 안다. 하지만 모항주는 홀어머니에게서 더 큰 애정을 받기 위해서 말썽을 부리고 있었다. 그런 소년의 마음을 마티유 선생만은 알아봐주고 그의 숨겨진 재능까지 키워준다. 제대로 된 교사를 만나자 어두웠던 모항주의 얼굴이 밝게 변하고 심금을 울리는 목소리로 사람들을 감동시킨다. 그러나 마티유 선생이 어머니와 친하게 지내자 그에게 해코지를 하고, 또 마티유가 일부러 그를 따돌리자 심하게 토라져버린다. 앞에 나서지 않으려는 모습, 남들과 쉽게 친해지지 않고 자신만의 세계 속에 들어가 있는 모항주의 모습은 5유형의 특징과 닿아 있다. 재능은 있지만 꼭꼭 숨겨만 놓았던 5유형의 내성적인 소년을 알아봐주고 구원한 것이 바로 9유형의 마티유였다.

1유형의 학교에 활기를 불어넣은 것이 9유형이었다면 그 학교를 무너뜨린 것은 바로 8유형이다. 문제 학생으로 등장한 몽당이 바로 8유형이다. 몽당이 처음부터 문제아는 아니었을 것이다. 하지만 타고는 8유형의 공격적인 성격과 불우한 가정환경 때문에 예기치 않게 문제아로 낙인찍히고 세상의 눈총을 받고 살았음에 틀림없다. 세상을 적대적으로 보는 8유형이 거칠게 상대방에게 겁을 주는 것처럼 몽당은 친구들에게 겁을 주고 교사인 마티유에게도 대든다. 교장과 다른 교사들은 그런 몽당을 폭력과 체벌로 대하지만 마티유만은 그러지 않으려고 노력하고 몽당의 목소리가 바리톤에 어울리며 합창단에 들어올 것을 권하지만 몽당은 거절한다. 이후 누명을 쓰고 쫓겨난 몽당은 자신을 괴롭혔던 학교에 불을 질러 앙갚음을 한다. 8유형의 성격대로.

화재의 책임을 지고 떠나는 마티유 선생. 그를 배웅하지 말라는 교장의 엄
명이 있어 아이들은 그의 앞에 나타나지 못한다. 그가 학교 건물을 돌아설
즈음, 그를 향해 한 떼의 종이비행기가 날아오고 그를 위한 아이들의 코러스
가 하늘 높이 울려 퍼진다.

맺음말

나는 매일 아침 다음과 같은 세 가지를 반성한다. 첫째, 남의 일을 돌보아주는 데 있어서 진심으로 하였는가, 둘째, 친구와 사귈 때 거짓말을 하지 않았는가, 셋째, 스승에게 배운 것을 잘 익혔는가.
－증자

에니어그램 초급강좌의 마지막 날, 한 주부 수강생이 나에게 이런 말을 했다.

"선생님, 제가 예뻐졌대요. 주변에서 얼굴이 편안하고 좋아 보인대요."

말 그대로 그녀의 얼굴은 환하게 변해 있었다. 처음 만났을 때 얼굴에 드리운 수심이 사라지고, 자연스럽고 편안해 보이는 표정이 드러나 실제로도 아주 예뻐 보였다. 덩달아 내 기분이 좋은 것은 말할 필요도 없었다.

이 수강생처럼 많은 이들이 에니어그램 공부를 마치고 비슷한 말을 한다.

"아이와 남편과의 관계가 나아졌어요."

"가족 간의 역동을 알게되니 순간순간 대처가 쉬어졌어요."

"어렵던 일들이 그렇게 쉽게 풀릴 수가 없어요. 너무 좋아요."

몰라서 오해했던 내 모습과 네 모습을 바로 보게 되니 인생이 쉽게 풀리는 것이다.

또 기질상 걱정이나 의심이 많은 분들은 이런 말도 한다.

"아이고, 이거 완전히 식자우환(識字憂患)입니다. 몰라도 될 걸 알아서 걱정이 됩니다 그려, 허허허."

그래도 공부한 것을 후회한다는 말은 하지 않는다.

간혹 에니어그램에 대해 이런 말을 하는 사람들도 있다.

"그거 공부해서 뭐해? 귀찮게. 지금 이대로 살다 죽으면 그만이야."

"사람을 아홉 개로 나눠? 사람이 육십 억인데? 말도 안 되는구만."

이런 사람들에게는 공통점이 있다. 바로 자기 자신을 솔직히 바라보려는 정직함과 용기가 없다는 것, 변화 없이 그냥 이대로 살겠다는 것.

정치인, 사업가, 연예인 등처럼 사람들의 시선이 집중된 공인들의 경우 종종 구설수에 오르거나 불화에 휩싸일 때, 그럴 때마다의 반응은 딱 잡아떼거나, 남 탓을 하거나, 아니면 무조건 잘못했다고 반성하는 것을 볼 수 있다. 그리고 그때마다 곧잘 하는 말이 "나도 모르게 그만……"이다. 이 말이 사실이라면 그는 성격의 충동대로 행동하는, 자기 자신에 대해 아무것도 모르는 부족한 사람이다. 그런 사람이 사회적인 공인의 자리에 앉아 남들의 모범이나 사표로 자부하고, 거대한 영향력을 행사하면서 무책임한 행위를 하는 것을 보면 참으로 아찔하다.

사회적 공인들이건 평범한 우리들이건 내면탐색은 힘든 과정이다. 하지만 내면을 비추는 거울인 에니어그램을 통해 자신의 긍정성과 함께 부정성, 즉 늑대 또한 함께 만나야 한다. 그래야 나를 찾는 여정이 시작될 수 있다. 다시 말해 집착을 통해 소명을 찾는 것이고 그 과정에서 자신의 덕목을 발견해내는 것이다.

에니어그램은 지식을 추구하는 공부가 아니기에, 내 삶에서 알아차려져야 하고 살아져야 한다. 그래야 지혜가 내 안에서 작은 촛불 하나를 밝혀서 환한 태양을 만드는 것이다.

에니어그램은 결코 지적 갈망을 채우기 위한 공부가 아니고 삶이다.

여기 독(항아리)이 하나 있다.

이 독에 뭔가가 들어가서 나오지 않으면 어떻게 될까. 그 뭔가는 썩게 마련이다. 사람으로 치면 지식을 독에 채워 넣고 꺼내지 않으면 그 지식은 사람에게 독(毒)이 된다. 또한 그 지식을 타인을 향해 내세워 무기 삼으면 "난 너보다 더 잘 알아, 그러니 입 다물어." 독은 질병을 부른다.

에니어그램은 양날의 칼이다. 이 시퍼렇게 날이 선 칼이 미숙한 사람의 손에 쥐어지면 아주 흉측한 무기가 된다. 나와 이웃에게 엄청난 상처를 안길 수 있다. 그런가 하면 한쪽은 무디고 다른 한쪽은 날을 세운 칼이 될 수도 있다. 자신에게는 합리화의 도구로 이웃에게는 단죄의 도구로.

나는 언제나 에니어그램의 칼이 성숙한 사람의 손에 들리기를 소원한다. 현명하고 성숙한 이들이 빚어낸 형상(요리, 작품, 세공 등)이 얼마나 아름답겠는가!

삶에서 활용되지 않는 지식은 말한 것처럼 독과 흉측한 무기가 된다. 아름다운 노래로 불러져야 할 지혜가 독이 되고 무기가 되어 나와 이웃의 삶을 좀먹는다면 이 공부는 할 필요가 없다. 지식으로 아무리 많이 알고 있어도 삶에서 제대로 활용되지 않는다면 아무 소용 없다.

모든 살아 있는 존재는 자기 자신이 되고자 한다.

올챙이는 개구리가 되고자 하고, 애벌레는 나비가 되고자 하고, 상처받은 인간은 온전한 인간이 되고자 한다. 꿈틀거리며 움직이며 실천하며 변화하려는 인간. 에니어그램의 진짜 메시지는 우리가 그렇게 살아 움직이며 변화(성장)할 수 있다는 사실, 그래서 온전한 인간이 될 수 있다는 진실이다.

명상은 몸의 상처(콤플렉스)를 치유하고 지혜는 마음의 상처를 치유한다. 에니어그램이 마음공부인 까닭이다. 또한 에니어그램에서 명상(수련)을 강조하는 이유이다.

우리 모두 명상과 지혜를 통해 심신이 치유되기를 바란다. 이것이 에니어그램의 궁극점이다.